HTML XHTML & CSS POUR LES NULS

2e édition

Ed Tittel & Jeff Noble

FI
In

HTML XHTML & CSS pour les Nuls (2e édition)

Titre de l'édition originale : HTML XHTML & CSS 7th Edition For Dummies

Publié par Wiley Publishing, Inc.
111 River Street
Hoboken, NJ 07030-5774
USA

Edition française publiée en accord avec Wiley Publishing, Inc.
© 2012 Éditions First-Grund
60 rue Mazarine
75006 Paris - France
Tél. 01 45 49 60 00
Fax 01 45 49 60 01
E-mail : firstinfo@efirst.com
Web : www.editionsfirst.fr
ISBN : 978-2-7540-3589-7
Dépôt légal : 1er trimestre 2012

Collection dirigée par Jean-Pierre Cano
Traduction : Patricia Moritz et Jean-Louis Gréco

Imprimé en France

Sommaire

Introduction

Bienvenue dans le monde sauvage et merveilleux du World Wide Web, le grand Web mondial ou, plus simplement, le Web. Dans ce livre, nous allons vous révéler les mystères des langages de balisage qui sont au cœur du Web : le langage de balisage hypertexte (HTML) et son successeur, XHTML, ainsi que le langage des feuilles de style en cascade (CSS), utilisé pour contrôler plus finement la présentation des informations. Comme HTML, XHTML (nous utiliserons *(X)HTML* dans ce livre pour nous référer aux deux versions simultanément) et CSS permettent de créer des pages Web. Nous allons vous apprendre à les utiliser et vous mettre sur les rails pour devenir auteur ou développeur de contenu pour le Web.

Si vous avez déjà essayé de créer vos propres pages Web mais que vous avez trouvé cela trop intimidant, n'ayez plus peur. En effet, si vous savez composer un numéro sur un téléphone ou tourner une clé dans une serrure, c'est que vous disposez de tous les atouts pour devenir un auteur (X)HTML. Sans plaisanter !

Le recours au jargon technique est limité au minimum dans ce livre, qui s'en tient essentiellement à du français accessible à tous. Hormis le propos sur l'hypertexte, (X)HTML et le Web, nous avons inclus de nombreux exemples et des instructions, balise par balise, pour vous aider à créer vos propres pages Web le plus facilement possible. Nous présentons aussi des exemples de ce que vous pouvez faire une fois que vous avez créé vos pages pour les partager avec le monde entier. Nous expliquons également les différences entre HTML 4, HTML 5 et XHTML, afin que vous puissiez décider si vous souhaitez vous en tenir au plus connu et plus vieux des langages de balisage du Web (HTML) ou opter pour son excellent successeur (XHTML).

À propos de ce livre

Considérez ce livre comme un guide amical et accessible dont l'objet est de vous faire découvrir les outils de (X)HTML et de CSS pour créer des pages lisibles et attractives sur le Web. Toutes ces choses ne sont pas difficiles à comprendre mais elles fourmillent de détails que vous devez gérer quand vous créez vos propres pages Web. Parmi les thèmes abordés dans ce livre, vous trouverez :

- Concevoir et créer des pages Web.
- Télécharger et publier des pages Web que tout le monde peut consulter.
- Tester et déboguer des pages Web.

Vous pouvez créer des pages Web sans subir des années de formation, sans faire preuve d'un grand talent artistique, ni passer par des rituels d'initiation à base de jets d'eau glacée. Si vous pouvez indiquer à quelqu'un comment traverser la ville pour se rendre chez vous, alors vous pouvez créer un document Web. L'objet de ce livre n'est pas de faire de vous un Prix Nobel mais de vous présenter les éléments dont vous avez besoin pour créer une page Web lisible et présentable et de vous donner assez confiance pour vous y mettre !

Comment utiliser ce livre

Ce livre vous explique comment utiliser (X)HTML et CSS pour publier des pages fonctionnelles sur le Web. Nous vous exposons ce qu'impliquent la conception et la réalisation de documents Web efficaces qui peuvent vous permettre de partager vos idées et vos informations avec le monde entier (si c'est ce que vous souhaitez) et peut-être vous amuser comme un technicien s'amuserait en le faisant.

Pour vous faciliter la lecture de ce livre, nous utilisons certaines conventions. Par exemple, le code (X)HTML et CSS apparaît en police non proportionnelle, comme ceci :

```
<head><title>Ceci est un titre</title></head>
```

Lorsque vous saisissez du code (X)HTML, CSS ou toute autre information, veillez à tout copier exactement à l'identique, y compris les crochets (< et >) ; chaque détail compte pour que la magie (X)HTML et CSS opère. Par ailleurs, nous vous proposons d'améliorer le contenu de vos pages pour les rendre spéciales et vous indiquons exactement la démarche à suivre pour intégrer les éléments de (X)HTML et de CSS dans votre propre travail.

Les marges de ce livre ne nous laissent pas beaucoup d'espace. Pour cette raison, il se peut que certaines lignes de code (X)HTML et CSS très longues ou certaines adresses de sites Web (aussi appelées *URL*, pour localisateur unique de ressource) s'étalent sur plusieurs lignes.

Notez que votre ordinateur affiche ces lignes comme une seule ligne de (X)HTML ou de CSS ou une seule adresse URL. Si vous les copiez, faites-le sur une seule ligne et n'insérez pas de retour à la ligne. Pour signifier qu'il s'agit d'une seule ligne de code, nous scindons la ligne au niveau d'un caractère de ponctuation et indentons la suite, comme dans cet exemple :

```
http://www.infocadabra.transylvanie.com/nexus/plexus/lexus/
        praxis/bon/ça/doit/être/une/URL/peu/crédible/mais/
        certaines/sont/VRAIMENT/longues.html
```

HTML 4 se moque que vous écriviez en minuscules ou en majuscules, ou les deux (sauf pour les entités ou codes de caractères). En revanche, HTML 5, XHTML et CSS exigent que vous écriviez uniquement en minuscules pour être conforme aux règles en vigueur. Ainsi, pour que votre propre travail ressemble autant que possible au nôtre, saisissez tout le texte (X)HTML et CSS et tout autre code *en minuscules uniquement.*

Si vous disposez d'une version antérieure de ce livre, vous remarquerez que nous prenons le contre-pied de nos instructions d'alors. Les gardiens de la doctrine transcendantale du standard HTML, le consortium du Web (W3C), ont changé les règles et nous devons nous soumettre à leur volonté. Nous n'avons pas écrit les règles du jeu mais nous savons y jouer !

Trois suppositions présomptueuses

Inutile d'être un expert de la logique ou un maître des arcanes de la programmation, ni d'avoir un doctorat en informatique, ni même de savoir précisément ce qui se passe dans votre ordinateur pour aborder le contenu de ce livre.

Toutefois, nous devons faire quelques suppositions à votre sujet, gentil lecteur : vous savez allumer et éteindre votre ordinateur ; vous savez utiliser une souris et un clavier et vous souhaitez créer vos propres pages Web pour vous amuser, pour en tirer profit ou pour toute autre raison qui vous appartient. Nous supposons aussi que vous disposez d'une connexion à Internet et d'un navigateur Web.

Si vous savez écrire une phrase et faire la différence entre un titre et un paragraphe, vous pouvez créer et publier vos propres documents sur le Web. Le reste n'est que détails !

Comment ce livre est organisé

Ce livre contient six parties principales, rangées comme des poupées russes. Les parties contiennent au moins trois chapitres et chaque chapitre contient plusieurs sections modulaires. De la sorte, vous pouvez utiliser ce livre pour feuilleter quelques pages, trouver les sujets ou les mots-clés dans l'index ou dans la table des matières ou lire le livre du début à la fin.

Partie I : Découvrir (X)HTML et CSS

Cette partie pose le décor. Il s'agit d'un aperçu général et d'une introduction au Web et aux logiciels que les gens utilisent pour en extraire les trésors. Cette partie vous explique aussi comment le Web fonctionne et tout particulièrement (X)HTML et CSS dont il est question dans ce livre, ainsi que les logiciels et les services côté serveur qui fournissent les données aux utilisateurs finaux.

Les documents (X)HTML, aussi appelés *pages Web*, sont les unités fondamentales d'organisation et d'échange de l'information sur le Web. Vous apprendrez en quoi consiste HTML, comment l'hypertexte peut enrichir le texte ordinaire et ce que CSS permet pour modifier et gérer la manière dont le texte est affiché. Ensuite, vous serez invité à vous promener du côté du Web et à créer votre tout premier document (X) HTML.

Partie II : Mettre en forme des pages Web avec (X)HTML

HTML mélange le texte ordinaire avec des chaînes de caractères spéciales nommées *balises*, qui servent à indiquer aux navigateurs comment afficher les documents (X)HTML. Dans cette partie du livre, vous découvrirez le balisage en général et (X)HTML en particulier. Nous commençons par une discussion passionnante sur l'organisation et la structure d'un document (X)HTML (enfin… que nous trouvons fascinante du moins, en espérant que ce soit votre cas). Ensuite, nous expliquons comment le texte peut être organisé en blocs et en listes. Après cela, nous vous montrons comment trouver et utiliser des images dans vos pages Web et vous dévoilons quelques astuces de mise en forme pour les peaufiner.

Tout au long de cette partie, nous discutons des balises (X)HTML et de leur fonctionnement. Lorsque vous aurez terminé de lire la partie II, nous espérons que vous aurez une bonne idée de ce qu'est HTML et de la manière dont vous pouvez l'utiliser.

Partie III : Prendre le contrôle des pages Web et des styles

Le premier chapitre de la partie III traite des balises qui ne sont plus recommandées ou obsolètes afin que vous puissiez les identifier et éviter de les utiliser. S'ensuit une discussion sur les feuilles de styles en cascade (CSS), une autre forme de langage de balisage qui laisse (X) HTML contrôler le contenu tandis que ce langage contrôle l'apparence des pages Web dans le navigateur Web ou sur d'autres dispositifs (PDA, téléphone mobile et tout dispositif permettant aux déficients visuels de lire). Après avoir exploré la syntaxe et les structures de CSS et découvert comment les utiliser, vous apprenez à manipuler la couleur et la police d'un texte, des arrière-plans et autres éléments de vos pages Web. Vous découvrez aussi des collections plus complexes de balises, en particulier les tables, en observant leurs possibilités dans le détail. Nous vous donnons beaucoup d'exemples pour vous aider à concevoir et créer des documents (X)HTML de qualité professionnelle. Vous pouvez commencer à travailler avec la syntaxe et les structures du (X)HTML que vous devez connaître pour créer des pages Web complexes.

Partie IV : Intégrer des scripts avec (X)HTML

(X)HTML ne permet qu'une mise en forme relativement limitée du texte et des graphiques (alors que CSS excelle dans ce domaine). Les concepteurs de sites Web créent souvent des pages Web interactives et dynamiques en utilisant du script qu'ils insèrent dans ces pages.

Dans cette partie, vous découvrez à quoi correspondent les langages de script qui permettent aux pages Web d'interagir avec les utilisateurs en fournissant les moyens de répondre à leurs actions et de traiter leurs données. Nous vous présentons les principaux langages de script, avant de nous focaliser sur le plus populaire d'entre eux : JavaScript. Vous découvrez alors les éléments de base de ce langage de script et comment l'utiliser pour ajouter de l'interactivité dans vos pages Web. Nous vous présentons aussi quelques scripts typiques que vous pouvez reprendre et modifier pour les ajouter à votre propre site Web. Ensuite, nous vous apprenons à insérer du contenu de tiers dans vos pages Web, à utiliser du contenu dynamique d'autres personnes, à affiner votre site sans gros effort et à recevoir des tas de retours intéressants de services tels que Flickr, Twitter, YouTube et Google Maps.

Tout au long de cette partie, nous multiplions les exemples, les conseils et les détails pour vous montrer comment des scripts peuvent améliorer les capacités de vos pages Web et enrichir l'expérience des utilisateurs qui les consultent.

Partie V : Les Dix Commandements

Dans cette partie, nous résumons et distillons l'essence des secrets de (X)HTML.

Icônes utilisées dans ce livre

Cette icône symbolise une indication qui facilite la compréhension d'une balise HTML ou de toute autre information importante.

Cette icône pointe une information à ne pas négliger : ne faites pas l'impasse sur ces petits rappels.

Faites attention lorsque vous rencontrez cette icône. Elle vous signale les choses que vous ne devez pas faire ; les conséquences peuvent être graves si vous n'en tenez pas compte.

L'information mise en valeur à l'aide de cette icône correspond aux meilleures pratiques : des conseils dont nous aurions été heureux de bénéficier avant de commencer ! Ces techniques peuvent vous faire gagner du temps, de l'argent et vous épargner de sévères migraines.

Par où commencer ?

C'est maintenant que vous choisissez votre chemin et que vous vous mettez en route ! Peu importe d'où vous partez. Ne vous inquiétez pas, vous y arriverez. Nous savons que vous êtes prêt à vous instruire et surtout à vous amuser. Profitez-en bien !

Partie I

Découvrir (X)HTML et CSS

"Ce que tu veux faire c'est équilibrer l'image de la camionnette placée derrière ta page d'accueil avec un lave-linge en ruine en avant-plan."

Dans cette partie

Dans cette partie, nous explorons et expliquons les structures et les liens dans les documents HTML de base. Nous décrivons aussi le rôle essentiel que les navigateurs Web jouent pour afficher tout cela sur l'ordinateur d'un utilisateur. Nous expliquons même d'où provient le *(X)* (une réécriture de la description des balises HTML qui utilise la syntaxe XML pour créer XHTML) et nous vous aidons à comprendre pourquoi XHTML est différent (et éventuellement meilleur, d'après certains) du bon vieux HTML. Nous jetons aussi un œil à l'anatomie générale d'une page Web, aux différentes parties qui la composent ainsi qu'à la manière dont CSS aide à gérer leur présentation, leur placement et même leurs couleurs.

Ensuite, nous vous présentons un exercice consistant à créer et visualiser une page Web simple pour que vous puissiez comprendre ce que cela implique. Nous vous expliquons comment apporter des modifications à une page Web déjà existante et comment répercuter ces changements en ligne.

Cette partie se termine par une exhortation à comprendre ce que vous faites avant de poser inconsidérément des balises. Tout comme une maison solide commence par des plans et des dessins architecturaux, une page Web devrait commencer par un plan ou une carte recensant quelques idées sur l'endroit où vos pages vont résider dans le cyberespace et comment les hordes d'utilisateurs pourront se frayer un chemin jusqu'à elles.

Chapitre 1

Ce qu'il faut savoir sur HTML, CSS et le Web

Dans ce chapitre :

- Créer du HTML dans des fichiers texte.
- Présenter et naviguer dans des pages Web.
- Comprendre les liens et les URL.
- Comprendre la syntaxe de base HTML.
- Comprendre les bases de CSS.

Bienvenue dans le monde merveilleux du Web, de (X)HTML et de CSS. Avec un tout petit peu de connaissances, de pratique et un message à transmettre, vous pouvez créer votre petit morceau de cyberespace ou agrandir celui dont vous disposez déjà.

N'OUBLIEZ PAS

Notez que nous utilisons (X)HTML tout au long de ce livre. Il s'agit d'un acronyme qui désigne simultanément HTML et XHTML, HTML signifiant langage de balisage hypertexte et XHTML langage de balisage hypertexte extensible. Même si HTML et XHTML ne sont pas totalement identiques, ils sont assez ressemblants pour que cette référence ait du sens.

Ce livre est votre guide de survie pour comprendre les documents Web, affiner une page déjà existante ou créer des pages complexes et excitantes qui intègrent design, multimédia et script.

La meilleure méthode pour commencer à travailler avec HTML est de se jeter dans le bain et c'est exactement ce que ce chapitre vous propose : il vous permet de comprendre rapidement comment (X)

HTML et CSS fonctionnent dans les coulisses des pages Web en vous présentant leurs blocs de construction sous-jacents. Lorsque vous aurez terminé ce chapitre, vous aurez saisi ce fonctionnement et pourrez immédiatement commencer à créer ou modifier vos propres pages Web.

Les pages Web dans leur habitat naturel

Les pages Web peuvent contenir de nombreux types de contenu, comme *du texte*, *des graphismes*, *des formulaires*, *des fichiers audio et vidéo* et même *des jeux interactifs*.

Il suffit de naviguer sur le Web un court instant pour être confronté à un tas d'informations et de contenus affichés de diverses manières. Tous les sites Web sont différents mais la plupart ont une chose en commun : le langage de balisage hypertexte (HTML). Vous risquez aussi de rencontrer assez souvent du langage de balisage hypertexte extensible (XHTML) et des feuilles de styles en cascade (CSS).

Quelle que soit l'information qu'une page Web contient, elle est créée avec du HTML (ou une pâle copie). HTML est le ciment qui maintient l'ensemble d'une page Web. Les graphismes, le contenu et les autres informations sont les briques tandis que CSS indique à quoi les pages Web doivent ressembler à l'écran.

Toutefois, les pages Web ne sont pas seulement des documents texte. Elles sont composées d'un texte spécial au goût étrange venu d'ailleurs nommé HTML, XHTML ou CSS. Chacun utilise son propre jeu d'instructions que vous pouvez inclure (avec votre contenu) dans le fichier texte pour spécifier comment la page correspondante doit s'afficher et se comporter.

Restez avec nous pour découvrir tous les détails que vous devez connaître sur (X)HTML et CSS !

L'hypertexte

Des instructions spéciales en HTML permettent à des lignes de texte de pointer (autrement dit, de *faire un lien vers*) un autre endroit dans le cyberespace. De tels pointeurs sont nommés *hyperliens*. Les hyperliens sont comme la colle qui tient ensemble toutes les pages qui composent le Web. Dans votre navigateur Web, les hyperliens apparaissent généralement en bleu et sont soulignés. Lorsque vous cliquez sur l'un d'entre eux, il vous emmène quelque part.

Hypertexte ou non, une page Web est un fichier texte, ce qui signifie que vous pouvez créer et modifier une page Web dans n'importe quelle application pouvant créer un fichier texte (telle que Bloc-notes ou TextEdit). Quelques outils logiciels proposent des options et des applications pour vous aider à créer des pages Web mais ils génèrent les mêmes fichiers texte que ceux que vous créez à l'aide d'éditeurs de texte de base. Toutefois, nous pensons que les débutants en HTML feraient mieux de se servir d'un éditeur de texte simple. Lancez donc Bloc-notes sur votre PC (ou TextEdit sur Mac) et vous êtes prêt à vous lancer.

N'utilisez pas des traitements de texte comme WordPad ou Word pour créer du HTML car ils introduisent toutes sortes de codes supplémentaires dans les pages Web dont vous n'avez pas envie ni besoin.

Le Web porte bien son nom. C'est littéralement une toile de pages en ligne hébergées sur des serveurs Web dans le monde entier, connectées de milliards de manières par des hyperliens qui relient une page à une autre. Sans ces liens, le Web ne serait qu'un ensemble de pages isolées.

L'atout principal du Web est la possibilité de relier des pages et d'autres ressources (telles que des images, des fichiers à télécharger et des présentations multimédia) se trouvant sur le même site Web ou sur un autre. Par exemple, service-public.fr (`www.service-public.fr`) est un site Web *portail* ; sa seule fonction est de fournir un accès à d'autres sites. Si vous ne savez pas quelles démarches administratives effectuer en cas de déménagement ou si vous allez vous marier, visitez le site représenté dans la Figure 1.1.

Les navigateurs Web ont été créés spécifiquement pour lire les instructions HTML (ou encore *balises*) et afficher la page Web résultante.

Les balises sont stockées dans un fichier texte (avec votre contenu). Elles donnent des ordres au navigateur. Par exemple, regardez la page représentée dans la Figure 1.2. Vous pouvez comprendre comment la page est constituée et comment elle est mise en forme en observant son HTML sous-jacent.

Cette page contient une image, un titre qui décrit la page, plusieurs paragraphes de texte dont l'un porte sur vos auteurs et un bloc d'adresses comprenant des liens vers un CV et une liste de publications.

Cependant, les diverses parties de la page sont mises en forme différemment :

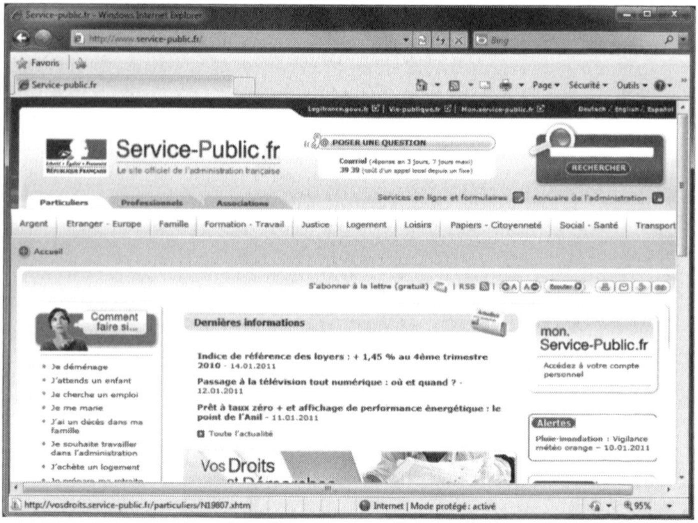

Figure 1.1 : service-public.fr utilise des hyperliens pour aider les visiteurs à trouver des informations sur leurs démarches administratives.

Figure 1.2 : Pour avoir cette apparence, cette page Web compte plusieurs parties et de nombreuses balises HTML et CSS.

- Le titre en haut de la page est plus grand que le texte dans les paragraphes.
- Les blocs de texte sont séparés par plus d'espace que les lignes de texte dans les blocs en question.

- Certains textes sont blancs, d'autres orange, d'autres encore bleu clair.

Le navigateur sait comment afficher les différents éléments de la page grâce au *balisage HTML*, représenté dans le Listing 1.1 (vous pourrez consulter le listing dans toute sa splendeur à la fin du chapitre).

Tout texte qui est compris entre les signes inférieur et supérieur (< >) est une *balise* HTML. Par exemple, un `p` entre crochets (`<p>`...`<p>`) identifie le texte affiché comme un paragraphe. Le texte placé entre les balises `<style>` et `</style>` au début du fichier correspond à des instructions CSS qui déterminent l'apparence de divers éléments HTML présents dans la page. C'est vraiment tout ce qu'il faut savoir. Vous ajoutez les balises dans le fichier texte avec le texte que vous souhaitez présenter aux utilisateurs pour indiquer au navigateur comment il doit afficher votre page Web.

Les balises et le contenu qu'elles délimitent forment ce qui est appelé un *élément*. Les signes < et > délimitent les balises XHTML et HTML, les accolades `{` et `}` délimitent les balises CSS.

Les navigateurs

Le morceau que l'utilisateur détient dans le puzzle du Web, c'est le navigateur. Les navigateurs Web peuvent lire les instructions écrites en HTML et les utiliser pour afficher le contenu d'une page Web sur votre écran.

Vous devriez toujours écrire votre HTML en gardant à l'esprit que les gens qui vont regarder le contenu utilisent un navigateur Web. N'oubliez pas qu'il existe plusieurs sortes de navigateurs dans la nature et que chacun existe en plusieurs versions.

Généralement, les navigateurs Web interrogent et affichent les pages Web mises à disposition sur Internet *via* des serveurs Web. Vous pouvez aussi afficher des pages HTML que vous avez sauvegardées sur votre propre ordinateur avant de les rendre disponibles *via* un serveur Web sur Internet. Lorsque vous développez vos propres pages Web, vous visualisez ces dernières (appelées pages *locales*) dans votre navigateur. Vous pouvez utiliser les pages locales pour vous faire une idée de ce que les gens verront lorsque la page sera en ligne sur Internet.

Chaque navigateur interprète le HTML d'une manière qui lui est propre. Le même HTML peut ne pas être représenté à l'identique d'un navigateur à un autre. Lorsque vous travaillez avec du HTML de base, les variations sont mineures mais lorsque vous intégrez d'autres éléments (tels que du script et du multimédia), le résultat à l'écran peut considérablement varier.

Le Chapitre 2 vous montre comment utiliser un navigateur Web pour visualiser une copie locale de votre première page Web.

Certaines personnes utilisent des navigateurs Web qui n'affichent que du texte, tels que Lynx, car :

- Ils sont déficients visuels et ne peuvent pas utiliser un affichage graphique.
- Ils apprécient les navigateurs Web simples et rapides qui n'affichent que du texte.

Une foule de navigateurs

Le monde du Web est plein de navigateurs de différentes tailles et de formes ou plutôt de différentes versions et jeux de fonctionnalités. Les navigateurs les plus populaires sont Internet Explorer de Microsoft, Firefox de Mozilla, Safari d'Apple et Chrome de Google. D'autres navigateurs sont très utilisés, tels que Opera et Lynx. En tant que développeur HTML, vous devez penser à ceux qui vont consulter vos pages et non seulement à votre propre navigateur et à vos préférences. Chaque utilisateur ajuste ses préférences personnelles dans son navigateur.

Chaque navigateur affiche le HTML un peu différemment des autres. De même, chaque navigateur gère le JavaScript, le multimédia, les feuilles de styles et autres extensions du HTML différemment. Ajoutez à tout cela les différents systèmes d'exploitation pour que cela commence vraiment à devenir amusant.

Généralement, les différences entre navigateurs sont mineures. Parfois, une combinaison de HTML, de texte et de multimédia peut mettre un navigateur à genoux. Lorsque vous travaillez avec HTML, testez vos pages sur autant de navigateurs différents que possible. Installez au moins trois navigateurs différents sur votre propre système d'exploitation pour effectuer les tests. Nous vous recommandons d'utiliser au moins les dernières versions d'Internet Explorer, de Firefox et de Chrome.

Yahoo! dispose d'une liste plutôt complète des navigateurs sur :

```
http://dir.yahoo.com/Computers_and_Internet/Software/Internet/
World_Wide_Web/Browsers
```

Les serveurs Web

Vos pages HTML ne valent pas grand-chose si vous ne pouvez pas les partager avec le reste du monde. C'est pourquoi il existe des serveurs Web. Un *serveur Web* est un ordinateur qui :

- Se connecte à Internet.
- Fait tourner un logiciel de serveur Web.
- Répond aux requêtes des pages Web des navigateurs Web.

Presque tout ordinateur peut être un serveur Web, y compris votre ordinateur personnel. Toutefois, les serveurs Web sont généralement des ordinateurs dédiés à cette tâche. Vous n'avez pas besoin d'être un gourou de l'informatique ou d'Internet pour publier vos pages Web mais vous devez trouver un serveur Web pour servir vos pages :

- Si vous créez des pages pour le site Web d'une entreprise, votre département informatique peut disposer d'un serveur Web (renseignez-vous auprès de votre gourou informatique local).
- Si vous commencez un nouveau site, vous aurez besoin d'un hôte pour héberger vos pages.

  TRUC

  Il est très facile de trouver un hébergeur bon marché avec une simple recherche Google. GoDaddy (`www.godaddy.com`) est un hôte peu cher qui héberge vos pages pour moins de 2 euros par mois. Si vous cherchez bien, vous pouvez même trouver des hébergeurs gratuits. Free Web Hosts dispose d'une liste d'hébergeurs gratuits que vous pouvez consulter sur `www.free-webhosts.com`. Le Chapitre 3 montre comment déterminer vos besoins en hébergement et trouver le prestataire le mieux adapté.

Anatomie d'une URL

Le Web est constitué de milliards de ressources vers lesquelles il est possible de créer des liens. La localisation exacte d'une ressource est la clé pour s'y connecter. Sans une adresse exacte (une URL, ou identifiant unique de localisation), vous ne pouvez pas utiliser la barre d'adresse d'un navigateur Web pour visiter directement la page.

N'OUBLIEZ PAS

Les URL sont un système d'adressage standardisé des ressources du Web. Chaque ressource (page Web, site, fichier individuel) dispose d'une URL unique. Les URL fonctionnent à peu près comme votre adresse postale. La Figure 1.3 détaille les composants d'une URL.

Figure 1.3 : Les composants d'une URL permettent de définir exactement la localisation d'un fichier sur le Web.

Les protocoles d'Internet

Les interactions entre les navigateurs et les serveurs sont rendues possibles par un jeu d'instructions de communication entre ordinateurs : HTTP (protocole de transfert hypertexte). Ce protocole définit la manière dont les navigateurs devraient interroger les pages Web et comment les serveurs Web devraient répondre à ces requêtes.

HTTP n'est pas le seul protocole qui fonctionne sur Internet. Le protocole simple de transfert de courrier (SMTP) et le protocole de boîte postale (POP) permettent l'échange de courrier électronique et le protocole de transfert de fichiers (FTP) vous permet de télécharger, déplacer, copier et supprimer des fichiers et des dossiers sur Internet. La bonne nouvelle, c'est que les navigateurs Web et les serveurs font tout le travail HTTP pour vous, si bien que vous n'avez qu'à stocker vos pages sur un serveur ou saisir une adresse Web dans un navigateur.

Pour comprendre comment HTTP fonctionne, référez-vous au chapitre de David Gourley et Brian Totty sur les messages http, disponible sur Google en recherchant "understanding http transactions". Commencez votre recherche sur `http://books.google.com` puis faites défiler les résultats jusqu'au lien "http: the definitive guide" et reportez-vous à la page 80.

Chaque composant de l'URL aide à définir l'emplacement d'une page ou d'une ressource Web :

- **Protocole :** Spécifie le protocole que le navigateur doit respecter pour interroger le fichier.

  Le protocole pour interroger des pages Web est `http://` (le préfixe classique de la plupart des URL).

- **Domaine :** Correspond au site Web (tel que `www.sun.com`) où se trouve le fichier. Un domaine peut contenir quelques fichiers (comme un site Web personnel) ou des millions (comme le site d'une entreprise, tel que `www.sun.com`).
- **Chemin d'accès :** Enumère la série de dossiers qu'il faut parcourir pour atteindre un fichier spécifique.

  Par exemple, pour atteindre un fichier dans le répertoire `evangcentral` qui se trouve dans le répertoire `developers`, vous devez utiliser le chemin d'accès `developers/evangcentral/`.
- **Nom de fichier :** Désigne le fichier qui se trouve dans le répertoire auquel le navigateur accède.

Bien que l'URL de la Figure 1.3 ne soit pas accessible au public, elle renvoie au domaine de Sun et contient un chemin d'accès qui permet d'atteindre un fichier spécifique nommé `bios.html` :

```
http://www.sun.com/developers/evangcentral/bios.html
```

TRUC

Le Chapitre 6 explique comment utiliser HTML et les URL pour ajouter des hyperliens à vos pages Web et le Chapitre 3 montre comment obtenir une URL pour votre site Web une fois que vous êtes prêt à vous installer sur un serveur Web.

Les parties du composant (X)HTML

La section suivante lève le mystère sur le *X*. Cette section explique :

- Les différences entre HTML et XHTML.
- Comment le HTML est écrit (sa *syntaxe*).
- Les règles qui régissent l'utilisation du HTML (et XHTML).
- Les noms des éléments importants des balises HTML (et XHTML).
- Comment utiliser au mieux les possibilités de (X)HTML.

HTML et XHMTL : quelle est la différence ?

HTML, c'est le langage de balisage hypertexte, une notation développée vers la fin des années 1980 et au début des années 1990 pour décrire les pages Web. HTML est dorénavant gravé dans le marbre de nombreuses descriptions de standards (*spécifications*) par le World

Wide Web Consortium (W3C). La dernière spécification de HTML a été finalisée en 1999.

Lorsque vous ajoutez un *X* devant *HTML* pour *XHTML*, vous obtenez une version améliorée de HTML, fondée sur le langage de balisage extensible (*XML*). XML est conçu pour fonctionner correctement et être compris par les ordinateurs, les logiciels et Internet.

La formulation initiale du HTML présente quelques imperfections qui peuvent tourmenter les logiciels qui lisent les documents HTML. A l'inverse, XHTML utilise une syntaxe extrêmement régulière et prévisible que les logiciels gèrent plus facilement. XHTML remplacera HTML un jour mais HTML reste d'actualité. Ce livre traite des deux versions et vous montre les étapes à suivre pour ajouter le X devant vos documents HTML et les convertir en documents XHTML.

- La plupart des balises HTML et XHTML sont identiques.
- Dans certains cas, les balises HTML et XHTML sont un peu différentes.
- Dans certains cas, les balises HTML et XHTML doivent être utilisées différemment.

Ce livre vous montre comment créer du code qui fonctionne en HTML et en XHTML.

La syntaxe et les règles

Chaque élément de balise HTML et/ou XHTML qui décrit le contenu d'une page Web comprend une combinaison d'éléments, d'attributs et d'entités.

TRUC

Ce chapitre traite de la forme et de la syntaxe de base des éléments, des attributs et des entités. Les parties II et III du livre exposent comment les éléments et les attributs :

- décrivent des types de texte (comme des paragraphes ou des tableaux) ;
- créent un effet dans la page (comme modifier le style de la police) ;
- ajoutent des images et des liens dans la page.

Les éléments

Les éléments sont les blocs de base de (X)HTML. Vous les utilisez pour décrire chaque morceau de texte dans votre page. Les éléments sont faits de balises et du contenu qu'elles délimitent. Il existe deux grands types d'éléments :

- Les éléments dont le contenu est fait d'une paire de balises et du contenu qui se trouve entre la balise d'ouverture et la balise de clôture.
- Les éléments qui insèrent quelque chose dans la page en utilisant une seule balise.

Les balises appariées

Les éléments qui décrivent le contenu utilisent des paires de balises pour marquer le début et la fin de l'élément. Les paires ressemblent à ceci :

```
<balise>...</balise>
```

Le contenu, comme les *paragraphes*, les *titres*, les *tableaux* et les *listes*, utilisent toujours des balises appariées :

- La balise ouvrante (`<balise>`) dit au navigateur : « L'élément commence ici. »
- La balise fermante (`<balise>`) dit au navigateur : « L'élément se termine là. »

Le contenu correspond à ce qui se trouve entre les balises ouvrante et fermante. Par exemple, la page d'Ed Tittel, représentée dans le Listing 1.1, utilise un élément paragraphe (`<p>`) pour délimiter le texte d'un paragraphe (nous avons éliminé le CSS pour plus de clarté) :

```
<p>Ed a commencé à écrire sur l'informatique en 1986 pour un
magazine traitant de Macintosh. Vers 1989, il a contribué à des
 publications telles que LAN Times, Network World, Mac World et LAN
 Magazine. Il a travaillé sur notre premier livre en 1991 et en 1994
 il avait contribué à une dizaine de titres différents.</p>
```

Les balises isolées

Les éléments qui insèrent quelque chose dans une page sont nommés *éléments vides* (car ils ne délimitent aucun contenu) et utilisent une balise unique, comme ceci :

```
<balise />
```

Les images et les sauts de lignes insèrent quelque chose dans le fichier HTML et c'est pourquoi ils utilisent des balises isolées.

L'une des différences essentielles entre XHTML et HTML, c'est qu'en XHTML tous les éléments vides doivent se terminer par une barre oblique placée avant le signe supérieur. Ceci s'explique par le fait que XHTML est basé sur XML et que XML exige de fermer tous les éléments avec une barre oblique, comme ceci :

```
<balise/>
```

Cependant, pour que ce type de balise soit lisible par les navigateurs plus anciens, il faut insérer un espace avant la barre oblique, comme ceci :

```
<balise />
```

Cet espace permet aux vieux navigateurs d'ignorer la barre oblique finale (puisqu'ils ne connaissent pas XHTML). Les navigateurs plus récents qui comprennent XHTML ignorent l'espace et interprètent la balise comme il se doit, c'est-à-dire `<balise/>` (conformément aux règles de XML).

Le Listing 1.1 utilise l'élément image (`<img />`) pour inclure une image dans la page :

```
<img src="images/header.gif" alt="Image" width="794" height="160" />
```

L'élément `<img />` fait référence à une image. Lorsque le navigateur affiche la page, il remplace l'élément `<img />` par le fichier vers lequel ce dernier renvoie (pour cela, il utilise un attribut qui est présenté dans la section suivante). D'après les règles XHTML présentées plus tôt, ce qui apparaît en HTML comme `<img>` apparaît en XHTML comme `<img />` (et cela s'applique à tous les éléments à base de balise isolée).

Vous ne pouvez pas fabriquer vos propres éléments HTML ou XHTML. Les éléments de (X)HTML forment un ensemble très spécifique. Si vous utilisez des éléments qui ne font pas partie de cet ensemble, les navigateurs les ignoreront. La liste des éléments que vous pouvez utiliser est définie dans les spécifications HTML 4.01 ou XHTML 1.0 (les spécifications pour HTML 4.01 se trouvent sur `www.w3.org/TR/html4` et celles de XHTML 1.0 sont disponibles sur `www.w3.org/TR/xhtml1/`).

L'imbrication

De nombreuses structures de pages combinent des éléments imbriqués. Vous pouvez vous représenter les éléments imbriqués comme des enveloppes rangées les unes dans les autres.

Par exemple, une liste à puces utilise deux types d'éléments :

- L'élément `<ul>` spécifie que la liste n'est pas triée (à puces).
- L'élément `<li>` désigne un élément de la liste.

Lorsque vous combinez les éléments en utilisant cette méthode, n'oubliez pas de fermer complètement l'élément intérieur avant de fermer l'élément extérieur :

```
<ul>
  <li>élément 1</li>
  <li>élément 2</li>
</ul>
```

Les attributs

Les attributs d'un élément permettent de varier la manière dont cet élément décrit son contenu ou fonctionne. Par exemple, l'élément `<img />` utilise l'attribut `src` pour spécifier l'endroit où se trouve l'image que vous souhaitez inclure dans votre page :

```
<img src="images/header.gif" alt="Image" width="794" height="160" />
```

Dans cette partie de HTML, l'élément `<img />` lui-même signale au navigateur que vous souhaitez inclure une image ; l'attribut `src` fournit des informations spécifiques à l'image, `header.gif` dans cet exemple. D'autres attributs (tels que `width` ou `height`) fournissent des informations sur la manière d'afficher l'image, tandis que l'attribut `alt` fournit un texte à afficher à la place de l'image dans les navigateurs qui n'affichent que du texte (ou qu'un logiciel de conversion de texte en paroles peut prononcer, pour les déficients visuels).

TRUC

Le Chapitre 7 décrit l'élément `<img />` et ses attributs en détail.

Les attributs doivent figurer dans la balise ouvrante de l'élément souhaité, après le nom de l'élément mais avant le signe supérieur, comme ceci :

```
<balise attribut="valeur" attribut="valeur">
```

Les règles de syntaxe XML imposent que les valeurs des attributs figurent toujours entre guillemets mais vous pouvez faire figurer les attributs et leurs valeurs dans l'ordre que vous souhaitez à l'intérieur de la balise.

Chaque élément de (X)HTML dispose d'une collection d'attributs avec lesquels il peut être utilisé mais vous ne pouvez pas mélanger les attributs des éléments à votre guise. Certains attributs peuvent prendre pour valeur n'importe quel texte car la valeur peut être n'importe quoi, comme l'endroit où se trouve une image ou une page vers laquelle vous souhaitez créer un lien. D'autres ne peuvent prendre qu'une valeur parmi une liste de valeurs spécifiques, telles que les options d'alignement du texte dans la cellule d'un tableau.

Les spécifications HTML 4.01 et XHTML 1.0 définissent exactement quels attributs vous pouvez utiliser pour tel élément et quelles valeurs (si elles sont explicitement définies) tel attribut peut prendre.

Chaque chapitre des parties II et III explique les attributs que vous pouvez utiliser avec chaque élément de (X)HTML.

Les entités

Le texte permet au Web d'exister mais il a ses limites. Les *entités* sont des caractères spéciaux que vous pouvez afficher dans votre page Web.

Les caractères non ASCII

Le code standard américain pour l'échange d'information (ASCII) ne définit qu'un petit nombre de caractères. Il ne comprend pas de caractères spéciaux, tels que le symbole copyright ou les caractères accentués.

Par exemple, si nous traduisons un des paragraphes de texte de la page de la Figure 1.2 en allemand, le résultat comprendra trois caractères *u* avec un tréma (l'umlaut, *ü*), comme le montre la Figure 1.4.

Le texte ASCII n'inclut pas le *u* avec tréma, si bien que HTML doit utiliser des *entités* pour représenter ce caractère. Le navigateur remplace

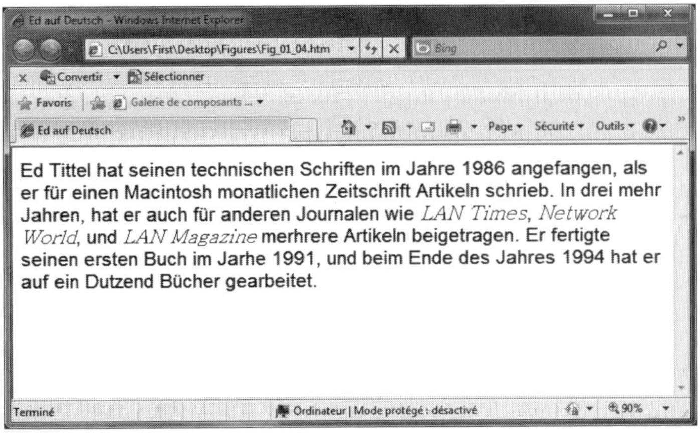

Figure 1.4 : Le texte ASCII ne peut pas représenter tous les caractères, si bien qu'il faut recourir à des entités de HTML.

l'entité par le caractère auquel elle fait référence. Chaque entité commence par une esperluette (&) et se termine par un point-virgule (;). Les entités proviennent de SGML, aussi les codons-nous en violet pour signaler cette origine. Les balises suivantes affichent les caractères correspondants en gras :

```
<html>
<head>
<style type="text/css">
  body {
    font-family: sans-serif;
    font-size: large;
    }
  cite {
    font-family: serif;
    font-style: italic;
    }
</style>
<title>Ed auf Deutsch</title>
</head>
<body>
<p>Ed Tittel hat seinen technischen Schriften im Jahre 1986
angefangen, als er f&uuml;r einen Macintosh monatlichen Zeitschrift
Artikeln schrieb. In drei mehr Jahren, hat er auch f&uuml;r anderen
Journalen wie <cite>LAN Times</cite>, <cite>Network World</cite>,
und <cite>LAN Magazine</cite> merhrere Artikeln beigetragen. Er
fertigte seinen ersten Buch im Jarhe 1991, und beim Ende des
Jahres 1994 hat er auf ein Dutzend B&uuml;cher gearbeitet.</p>
</body>
</html>
```

L'entité qui représente le tréma est `ü`.

Les codes de caractères (X)HTML

Le code de caractères ISO-Latin-1 est fourni par défaut et les entités correspondantes peuvent être interrogées et utilisées sans contorsions particulières. Toutefois, l'utilisation d'autres encodages mentionnés plus haut exige l'insertion d'une balise spéciale pour indiquer au navigateur qu'il doit se préparer à interpréter des codes de caractères Unicode (Unicode est un standard international, le standard ISO 10646 pour être plus précis, qui comprend assez de codes de caractères pour gérer presque tous les alphabets, plus plein d'autres caractères symboliques et non alphabétiques). Cette balise particulière prend la forme `<meta http-equiv="Content-Type" content="text/html; charset=UTF 8">`. Lorsque la valeur de `charset` est passée à `UTF-8`, vous pouvez faire référence aux valeurs Unicode.

Les délimiteurs de balises

Tout logiciel susceptible d'interpréter du HTML estime que certains caractères HTML, tels que les signes inférieur et supérieur, ne doivent pas être affichés dans la page Web restituée à l'écran. Si vous souhaitez afficher un signe inférieur ou supérieur dans votre page, vous allez devoir le préciser explicitement au navigateur. Les entités suivantes vous permettent d'afficher ces caractères qui appartiennent normalement au balisage HTML caché :

- **signe inférieur (<) :** <
- **signe supérieur (>) :** >
- **esperluette (&) :** &

N'OUBLIEZ PAS

Les signes < et > sont utilisés dans les balises mais ces symboles sont des instructions destinées au navigateur et ne seront pas affichés à l'écran. Si vous avez besoin d'afficher ces symboles dans une page Web, faites figurer les entités correspondantes dans votre texte, comme ceci :

```
<p>Ce qui suit correspond à du texte affiché sous la forme d'un
   paragraphe:</p>
<p>&lt;p&gt;Ceci est un paragraphe.&lt;/p&gt;</p>
```

Dans la balise précédente, la première ligne utilise des *balises* pour décrire un paragraphe, et la seconde affiche les *entités* correspondant aux symboles < et >.

La Figure 1.5 montre ces entités sous la forme de caractères dans la fenêtre du navigateur.

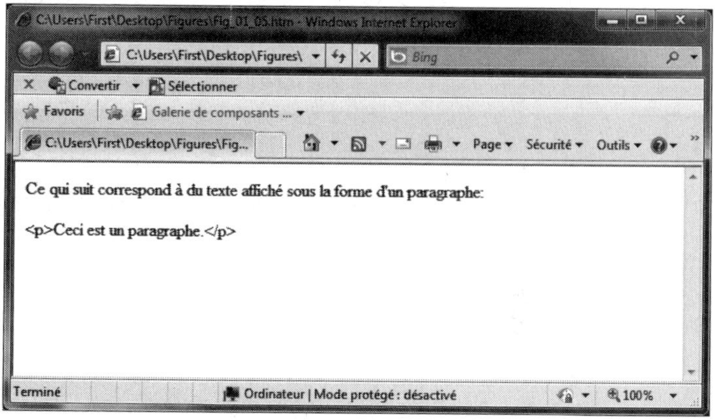

Figure 1.5 : Les entités permettent aux symboles <, > et & d'apparaître dans la fenêtre du navigateur.

Les parties de la partie I : ce dont les pages Web sont faites

Les *commentaires* correspondent au texte dans les fichiers (X)HTML qui n'est pas affiché dans la page finale. Chaque commentaire est identifié par deux séries spécifiques de caractères de balisage :

- Chaque commentaire commence par `<!--`.
- Chaque commentaire finit par `-->`.

Dans le code suivant, les commentaires expliquent comment chaque élément fonctionne et où il se place dans la hiérarchie des éléments du HTML.

Les éléments sont organisés selon une structure :

- Certains éléments peuvent figurer plusieurs fois à l'intérieur d'autres éléments.
- Certains éléments sont requis pour former un document (X) HTML bien structuré.

```
<html>  <!-- Cette balise doit toujours se trouver au début ou près
             du début de tout document HTML bien structuré -->
```

```
<head>  <!-- L'élément head fournit des informations pour désigner
          l'ensemble du document HTML -->
<title>Welcome to Ed Tittel.com</title> <!-- Le texte qui figure dans
   l'élément title apparaît dans la barre de titre de la fenêtre du
   navigateur lorsque la page est visualisée -->
</head> <!-- ferme l'élément head -->


<body>  <!-- Le contenu qui apparaît dans n'importe quelle page Web
    ou qui est invoqué depuis l'intérieur de l'élément body -->
        <!-- Nous sautons une partie du code ici . . . -->
<!—Subtitle text -->
  <h1>Contact:</h1>
  <!—List -->
    <ul>
      <li><b>Email:</b> etittel at yahoo dot com</li>
      <li><b>Address:</b> 2443 Arbor Drive, Round Rock, TX 78681-
          2160</li>
      <li><b>Phone:</b> 512-252-7497 (No solicitors, please)</li>
      <li>List of publications available in: <a href="docs/v_et.doc"
          target="_blank">MS Word</a></li>
      <li>Resume available in: <a href="docs/Resu-etl3.doc"
          target="_blank">
          MS Word</a></li>
    </ul></body>  <!-- Fin de la section body -->
</html>  <!-- Fin du document HTML -->
```

Le précédent document est composé des sections head et body. Dans chaque section, certains types d'éléments apparaissent. De nombreuses combinaisons sont possibles, comme vous pourrez le constater tout au long de ce livre !

Organiser le texte HTML

Au-delà de la division en sections head et body, le texte peut être organisé de nombreuses manières dans les documents HTML.

L'en-tête du document

Dans la section head, vous pouvez définir toutes sortes de libellés et d'informations au-delà du titre destiné à identifier le document qui suit, comme le jeu de caractères utilisé, des métadonnées sur le document, des scripts à interroger et des informations sur le style. Le vrai contenu et la plupart des éléments (X)HTML n'apparaissent que dans la section body.

Le titre du document

Les titres (désignés par les éléments `h1` à `h6`) sont à distinguer de l'en-tête du document. Les titres structurent le texte qui les suit, alors que `head` identifie ou décrit le document tout entier.

Les paragraphes et plus encore

Lorsque vous souhaitez écrire du texte dans une page Web, l'élément paragraphe `p` (qui comprend les balises `<p>` et `</p>`) vous permet de découper ce texte en paragraphes. Vous pouvez aussi créer une ligne de séparation horizontale en utilisant l'élément `<hr />`.

HTML offre également diverses possibilités pour mettre en valeur ou repérer du texte dans les paragraphes. Les parties II et III de ce livre en présentent quelques-unes.

Les listes

HTML permet de définir facilement des listes triées ou non. Divers mécanismes pour créer d'autres types de listes, dont des listes numérotées, sont aussi disponibles. Une liste peut être imbriquée dans une autre liste pour créer autant de niveaux de hiérarchie que nécessaire (par exemple, lorsque vous souhaitez dérouler un sujet complexe ou présenter une table des matières contenant plusieurs niveaux de titre). Le Chapitre 5 explique comment créer des listes dans le détail.

Les tableaux

En plus de fournir un mécanisme pour créer des listes, HTML propose aussi des balises pour créer des tableaux. Fut un temps, les tableaux étaient très prisés en HTML pour réaliser tous types de mises en page. Aujourd'hui, ils sont utilisés, comme ils auraient toujours dû l'être, pour représenter des tableaux. Dans la définition d'un tableau, vous pouvez :

- distinguer les titres des colonnes et les données du tableau ;
- gérer la présentation des lignes et des colonnes.

Les balises de feuilles de styles en cascade

Les balises CSS peuvent se trouver dans des documents séparés (feuilles de style), dans un bloc de texte situé dans l'en-tête d'un document HTML ou dans l'attribut style d'éléments, voire aux trois endroits simultanément ! CSS permet de contrôler plus précisément la sélection de la police, l'utilisation des couleurs du texte et d'arrière-plan, le positionnement du texte et d'autres éléments dans la page et bien plus encore.

Vous explorerez CSS dans le détail dans la partie III de ce livre mais nous en présenterons des morceaux tout au long de ce livre lorsque le sujet s'y prêtera. Vous pouvez créer un site Web sans utiliser CSS. CSS génère du travail supplémentaire mais c'est le bon outil pour contrôler précisément la disposition et l'apparence de vos pages.

Les images dans les documents HTML

Il est facile d'ajouter une image à un document HTML. L'utilisation réfléchie d'images permet de donner beaucoup d'effet aux pages Web. Le Chapitre 7 montre comment extraire des images de leurs fichiers. Le Chapitre 9 est consacré à l'utilisation de balises complexes pour positionner du texte autour d'images. Vous découvrirez aussi comment sélectionner et utiliser des images intéressantes et attirantes pour ajouter des informations et améliorer l'allure de vos pages Web.

Les liens et les outils de navigation

La structure d'une page Web devrait aider les visiteurs à trouver leur chemin dans les collections de pages Web, à rechercher (et on l'espère, trouver) les éléments intéressants et à aller où ils veulent se rendre aussi rapidement et facilement que possible. Les liens fournissent une solution pour conduire les utilisateurs vers des pages Web. Aussi le Chapitre 6 explique-t-il comment :

- faire référence à des éléments ou des ressources externes ;
- basculer d'une page à la suivante ;
- passer d'un endroit d'une page à un autre ;
- structurer et organiser vos pages.

  Plus vous ajouterez d'informations à présenter à vos visiteurs, plus l'importance de la structure et de l'organisation se fera sentir.

Les *outils de navigation* (des outils standardisés pour permettre de se déplacer sur un site Web) offrent la possibilité de créer et de présenter la structure de votre page Web (et de votre site) aux visiteurs et permettent aux utilisateurs d'extraire et d'utiliser des menus de sélection.

Lorsque vous additionnez tout cela, le résultat doit être un ensemble bien organisé d'informations et d'images dont il est facile de saisir la cohérence et au sein duquel il est aisé de naviguer.

Listing 1.1 : rencontre avec l'auteur

Le Listing 1.1 est entièrement reproduit ici. Si vous pensez qu'Ed fait preuve de vanité, laissez-nous vous préciser qu'il s'agit de la trame utilisée pour réaliser la page "A propos de moi-même" décrite dans le Chapitre 16 de ce livre, ce qui devrait la rendre plus intéressante que repoussante !

Listing 1.1 : La page Web "About Me" d'Ed Tittel

```
<!DOCTYPE html PUBLIC "-//W3C//DTD XHTML 1.0 Transitional//EN"
    "http://www.w3.org/TR/xhtml/DTD/xhtml1-transitional.dtd">
<html xmlns="http://www.w3.org/1999/xhtml">
<head>
<meta http-equiv="Content-Type" content="text/html;
   charset=iso-8859-1" />
<title>Ed Tittel - Edtittel.com</title>
<style type="text/css">

body {
  background-image: url(images/background_page.gif);
  }
  font-family: Verdana, Arial, Helvetica, sans-serif;
  font-size: .9em;
  line-height: 1.3;
  color: #FFF;
  margin: 0px;
  padding: 0px;}
#container{
  width: 794px;
  margin: 0px auto; }
#headerGraphic{
  background-image: url(images/header.gif);
;
  width: 794px;
  height: 160px; }
b {
  font-weight: bold;
  }
h2 {
  font-weight: bold;
```

```
  font-size: 1.5em;
  color:#96CDFF;
  border-bottom: 1px solid white; }

h1 {
  font-weight : bold;
  font-size: 1.2em;
  color: #96CDFF; }
ul {
  list-style-type: none;
  margin: 0px;
  padding: 0px; }
a:link {
  font-weight : bold;
  text-decoration : none;
  color: #FF7A00;
  background: transparent; }
a:visited {
  font-weight : bold;
  text-decoration : none;
  color: #91a3b4;
  background: transparent; }
a:hover {
  color: #FA0000;
  background: transparent;
  text-decoration : underline; }
a:active {
  color: #494949;
  background: transparent;
  font-weight : bold;
  text-decoration : underline; }
</style>
</head>

<body>
<div id="container">
<!-- Top graphic of Ed and title -->
<div id="headerGraphic"></div>
<!—Header text -->
  <h2>About me</h2>
  <!—Paragraphs -->
    <p>Ed Tittel a travaillé dans l'industrie informatique depuis le
    début des années 80, période à laquelle il a quitté le monde
    académique pour devenir programmeur. Après avoir écrit du code
    et géré des projets informatiques durant sept ans, il est passé
    de l'autre côté de l'industrie en travaillant à l'avant-vente
    technique et au marketing. De 1981 à 1994, il a travaillé pour
```

```
    6 entreprises, dont Information Research Associates, Burroughs,
    Schlumberger et Novell.</p>
    <p>Ed a commencé à écrire sur des sujets liés à l'informatique
    en 1986 pour un magazine mensuel consacré au Macintosh. Vers
    1989, il a contribué à des publications telles que LAN Times,
    Network World, Mac World, et LAN Magazine.

    Il a travaillé sur son premier livre vers 1991 et vers 1994, il
    avait contribué à une dizaine de titres différents.</p>
    <p>Ed travaille à son compte depuis 1994, à deux brèves
    périodes de salariat près (1987-8 pour Tivoli, 2006 pour NetQoS,
    Inc.).
    Il a contribué à plus de 140 livres informatiques dont de
    nombreux titres... Pour les nuls, manuels d'enseignement,
    matériau pour la préparation à la certification et autres.
    Actuellement, Ed révise un livre de temps en temps, écrit pour
    Tom's Hardware, TechTarget et ITExpertVoice et donne des cours
    en ligne pour de grandes entreprises comme HP.</p>
    <p>Pour en savoir plus sur l'histoire professionnelle d'Ed,
    lisez sa <a href="bio.htm">biographie personnelle</a>.</p>
  <!-Subtitle text -->
  <h1>Contact :</h1>
  <!-List -->
  <ul>
    <li><b>Email :</b> etittel at yahoo point com</li>
    <li><b>Adresse :</b> 2443 Arbor Drive, Round Rock, TX 78681-
       2160</li>
    <li><b>Téléphone :</b> 512-252-7497</li>
    <li>Liste des publications disponibles sur :<a href="docs/v_
       et.doc"
       target="_blank">MS Word</a></li>
    <li>CV disponible sur :<a href="docs/Resu-et13.doc" target="_
       blank">
       MS Word</a></li>
  </ul>

</div>
</body>
</html>
```

C'est une énorme quantité de HTML à ingérer au début de ce livre. Mais croyez-nous sur parole : si vous lisez suffisamment de contenu de ce livre, tout cela prendra sens !

Chapitre 2

Créer et visualiser une page Web

Dans ce chapitre :

- Planifier une page Web.
- Ecrire un peu de HTML.
- Sauvegarder une page.
- Visualiser une page hors ligne et en ligne.

Créer sa propre page Web peut paraître une entreprise redoutable mais c'est en fait très amusant et nous pouvons dire d'expérience que le meilleur moyen pour commencer consiste à se jeter dans le bain. Vous risquez de patauger un peu au début mais vous pourrez garder la tête hors de l'eau sans trop de peine.

Ce chapitre vous guide dans les quatre étapes élémentaires de la création d'une page Web. Nous ne nous arrêtons pas en cours de route pour expliquer toutes les variantes des balises que vous utilisez mais réservons ces détails pour les autres chapitres. Ce que nous cherchons, c'est que vous vous sentiez assez à l'aise pour travailler avec les balises et le contenu afin de créer une page Web simple et fonctionnelle.

Avant de commencer

La création de documents HTML diffère de celle de documents de traitement de texte qui mobilise une seule application telle que Microsoft Word. En effet, pour la création de documents HTML, vous utilisez deux applications :

- Vous créez les pages Web dans votre éditeur de texte ou HTML.
- Vous visualisez les résultats dans votre navigateur Web.

Même si de nombreux éditeurs HTML tels que Dreamweaver et HTML-Kit peuvent afficher un aperçu du résultat obtenu dans le navigateur, il est extrêmement important de prévisualiser vos pages Web dans de vrais navigateurs Web (tels qu'Internet Explorer, Firefox ou Safari) pour les voir telles que vos utilisateurs les verront. Cela peut sembler assez peu naturel d'éditer dans une application et de basculer sur une autre pour jeter un œil à votre travail mais vous constaterez rapidement que vous pouvez basculer de l'éditeur de texte au navigateur comme un pro en un rien de temps (ou presque).

Comme tous les navigateurs Web ne sont pas identiques, vos pages Web s'afficheront de différentes manières en fonction du navigateur utilisé. Prenez l'habitude de prévisualiser vos pages Web dans plusieurs navigateurs pour vous faire une idée de ce que les utilisateurs verront quand ils les ouvriront.

Pour commencer votre première page Web, vous avez besoin de deux types de logiciels :

- **Un éditeur de texte, tel que Bloc-notes TextPad ou SimpleText.**

  Bloc-notes est l'éditeur de texte par défaut dans Windows. TextPad est un éditeur shareware disponible sur `www.textpad.com`. SimpleText est l'éditeur de texte livré avec le système d'exploitation de Macintosh.

- **Un navigateur Web.**

Nous vous recommandons d'utiliser un éditeur de texte pour réaliser votre première page Web. Voici pourquoi :

- Un éditeur HTML élaboré, comme Expression Web ou Dreamweaver, vous *cache* souvent le HTML. Or, pour votre première page, vous voudrez sans doute visualiser le HTML dans toute sa (petite) splendeur.

  Vous pouvez facilement visualiser votre HTML si vous utilisez Dreamweaver CS5 ou plus récent. Cliquez simplement sur l'onglet Code et votre HTML caché apparaît. Il est aussi possible de configurer Dreamweaver de sorte à afficher le HTML en permanence. Il suffit d'activer l'affichage du code par défaut dans le fichier des préférences.

  Vous pourrez basculer en douceur sur un éditeur plus sophistiqué une fois que vous serez familiarisé avec les balises, la syntaxe et la structure de (X)HTML et CSS.

- Les traitements de texte équipés de tous les gadgets imaginables (comme Microsoft Word par exemple) ajoutent généralement beaucoup d'informations supplémentaires dans les coulisses (par exemple, des instructions de mise en page pour imprimer ou afficher le fichier). Vous ne pouvez ni visualiser ni modifier ces informations supplémentaires lorsque vous éditez et, pire encore, elles interfèrent avec votre (X)HTML.

Créer une page à partir de rien

Ecrire du HTML à partir de rien passe par quatre étapes plutôt intuitives :

1. **Planifier la conception de la page.**
2. **Combiner le HTML et le texte dans l'éditeur de texte pour donner corps à cette conception.**
3. **Sauvegarder la page.**
4. **Visualiser la page dans un navigateur Web.**

Lancez donc votre éditeur de texte et votre navigateur Web et retroussez vos manches.

Etape 1 : planifier une conception élémentaire

Consacrer quelques minutes à la planification de l'approche générale d'une page permet d'accélérer et de faciliter le travail de création.

Il n'est pas utile de créer un diagramme compliqué ou une représentation graphique sophistiquée à ce stade. Lancez simplement quelques idées sur *ce que vous voulez que la page contienne* et *comment vous souhaitez que ce contenu se présente*.

TRUC

Vous n'avez pas besoin de vous trouver devant votre écran pour planifier. Attrapez un bloc-notes et un stylo et planifiez au soleil ou griffonnez sur un morceau de nappe lors du déjeuner. Rappelez-vous que tout ceci est censé être amusant.

L'exemple donné dans ce chapitre est notre version du traditionnel exercice "Bonjour tout le monde" appliqué à presque tous les langages de programmation : la première chose que vous apprenez lorsque vous vous confrontez à un nouveau langage de programmation, c'est comment afficher la phrase `Bonjour tout le monde` à l'écran. Dans notre exemple, nous écrivons une courte lettre au monde entier, si bien que la page est un peu plus substantielle ; cela vous permet de disposer de plus de texte sur lequel travailler. La Figure 2.1 représente notre projet pour cette page.

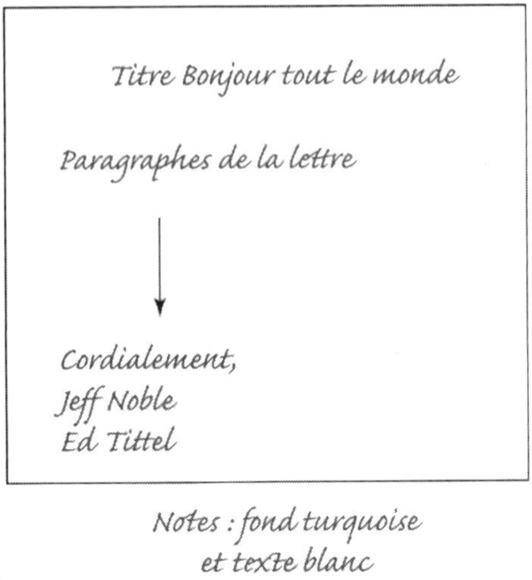

Figure 2.1 : Prendre quelques minutes pour dessiner la conception de votre page Web facilite l'écriture du HTML.

La page se compose de quatre parties :

- Un titre accrocheur : "Bonjour tout le monde".
- Quelques paragraphes expliquant comment le HTML peut vous aider à communiquer avec le monde entier.
- Un "Cordialement" pour terminer.
- Une signature.

TRUC

Jetez sur le papier quelques notes sur la gamme de couleurs que vous souhaitez utiliser dans la page. Dans notre exemple, nous utilisons un fond turquoise et du texte blanc. Le titre de la page devrait être "HTML permet au Web de fonctionner".

Lorsque vous savez quel type d'informations vous souhaitez faire figurer dans la page, vous pouvez passer à l'étape 2, l'écriture du code.

Etape 2 : écrire un peu de HTML

Vous disposez de plusieurs options lorsque vous êtes prêt à écrire votre HTML. Au final, vous mettrez sans doute en œuvre une combinaison de ces dernières :

- Si vous avez déjà du texte que vous souhaitez juste mettre en forme à l'aide de HTML, sauvegardez-le dans un fichier texte et ajoutez le balisage HTML.
- Commencez par créer le balisage et ajoutez le texte au fur et à mesure.

Notre exemple dans ce chapitre commence avec du texte provenant d'un document au format Word. Nous avons sauvegardé le contenu dans un fichier texte, avons ouvert ce fichier dans notre éditeur et avons ajouté des balises dans le texte.

Pour enregistrer un fichier Word 2007 sous la forme d'un fichier texte, sélectionnez Fichier>Enregistrer sous. Dans la boîte de dialogue qui apparaît, sélectionnez Texte seulement (*.txt) dans la liste déroulante Type de fichier. Dans les versions antérieures de Word, le nom du type de fichier peut sensiblement varier. Par exemple, dans Word 2003, vous devez sélectionner Texte brut (*.txt) dans la liste déroulante Type de fichier. Assurez-vous simplement de sélectionner l'option texte ou *.txt dans les versions plus anciennes de Word.

La Figure 2.2 vous montre comment le brouillon de notre lettre apparaît dans Word avant que nous ne le convertissions en texte pour notre page.

Le Listing 2.1 vous montre ce que vous devez ajouter à la prose de Word pour en faire un fichier HTML totalement exploitable.

Figure 2.2 : La lettre qui contient le texte pour notre page, dans un traitement de texte.

Listing 2.1 : Page HTML complète pour la lettre "Bonjour tout le monde"

```
<!DOCTYPE html PUBLIC "-//W3C//DTD XHTML 1.0 Transitional//EN"
      "http://www.w3.org/TR/xhtml1/DTD/xhtml1-transitional.dtd">
<html xmlns="http://www.w3.org/1999/xhtml">

  <head>
    <title>HTML fait tourner le Web</title>
    <meta http-equiv="Content-Type" content="text/
        html;charset=iso-8859-1" />
  </head>

  <body style="color: white;
              background-color: teal;
              font-size: 12pt;
              font-family: sans-serif;">

  <h1>Bonjour tout le monde</h1>

  <p>Nous pensons sincèrement que la maîtrise de connaissances de
     base sur le HTML est essentielle pour concevoir, créer et
     maintenir des pages Web fonctionnelles. Notre but dans ce livre
     est d'expliquer exactement ce que sont HTML, XHTML et CSS et
     comment ils fonctionnent et ensuite vous montrer comment les
     utiliser pour en tirer le meilleur.
  </p>

  <p>Au fil du chemin, nous allons passer en revue les principes et
     les meilleures pratiques qui gouvernent la conception et la
     création de pages Web et vous aider à comprendre comment rendre
     votre contenu accessible à l'audience la plus large possible.
  </p>

  <p>Lorsque vous aurez fait votre chemin dans ce livre, vous
     devriez vous sentir à l'aise pour créer et gérer votre propre
     site Web. Vous devriez aussi comprendre ce qu'il faut pour
     identifier votre public, communiquer avec lui et maintenir un
     contenu à jour et intéressant pour le faire revenir.
  </p>

  <p>Cordialement,</p>
    <p>Jeff Noble et Ed Tittel, vos humbles auteurs</p>

  </body>
</html>
```

Le balisage HTML comprend toute une série d'éléments et d'attributs qui décrivent le contenu de la lettre :

- L'élément `<html>` définit le document comme un document HTML.
- L'élément `<head>` crée une section d'en-tête dans le document.
- L'élément `<title>` définit un titre de document qui apparaît dans la barre de titre du navigateur.
- L'élément `<body>` contient tout le texte qui apparaît dans la fenêtre du navigateur.

  La balise qui suit l'attribut `style=" "` dans l'élément `<body>` est un élément CSS, le langage de balisage des feuilles de styles en cascade. Elle précise que nous voulons du texte blanc sur un fond turquoise, où le texte est plus grand que d'habitude et dans une police sans empattements (vous en saurez plus sur les styles et les attributs dans les Chapitres 9 et 10).
- L'élément `<h1>` définit le texte `Bonjour tout le monde` comme un premier niveau de titre.
- Les éléments `<p>` identifient les paragraphes du document.

Ne vous souciez pas de la manière dont les éléments du HTML fonctionnent. Ils sont traités en détail dans les Chapitres 4 et 5. Par ailleurs, notez que la page Web peut comprendre des images, des scripts et d'autres éléments que nous évitons délibérément de mentionner dans cet exemple pour qu'il reste simple. Nous aborderons ces détails ultérieurement.

Une fois que vous avez créé une page HTML complète (ou la première partie de cette dernière que vous souhaitez visualiser), vous devez l'enregistrer avant de contempler votre travail dans le navigateur.

Etape 3 : enregistrer la page

Vous utilisez un éditeur pour créer des documents HTML et un navigateur Web pour les visualiser mais avant de laisser votre navigateur se débrouiller avec votre page Web, vous devez l'enregistrer. Si vous ne créez qu'une seule page, enregistrez-en une copie sur votre disque dur local et visualisez-la avec votre navigateur.

Sélectionner un répertoire et un nom pour le fichier

Gardez les points suivants à l'esprit lorsque vous sauvegardez votre fichier sur votre disque dur :

- Vous devez pouvoir retrouver le fichier facilement.
- Le nom doit être suffisamment explicite pour que vous vous rappeliez du contenu du fichier sans avoir à l'ouvrir.
- Le nom doit fonctionner correctement avec un navigateur Web.

Créez un dossier spécifiquement pour vos pages Web sur votre disque dur. Nommez-le `Pages Web` ou `HTML` (ou tout autre nom qui fait sens pour vous) et n'oubliez pas de le ranger à un endroit où vous pourrez facilement le retrouver.

N'utilisez pas d'espaces dans le nom. Quelques systèmes d'exploitation, notamment Unix et Linux (les systèmes d'exploitation les plus utilisés pour héberger des serveurs Web), ne tolèrent pas la présence d'espaces dans les noms de fichiers. Utilisez un tiret bas (_) ou un tiret (-) à la place. Aussi, mieux vaut ne pas utiliser de caractères de ponctuation dans les noms de fichiers et choisir principalement des noms courts.

Dans notre exemple, nous avons enregistré notre fichier dans un dossier nommé `Pages Web` et nous l'avons baptisé (roulements de tambour) `lettre_html.html`, comme le montre la Figure 2.3.

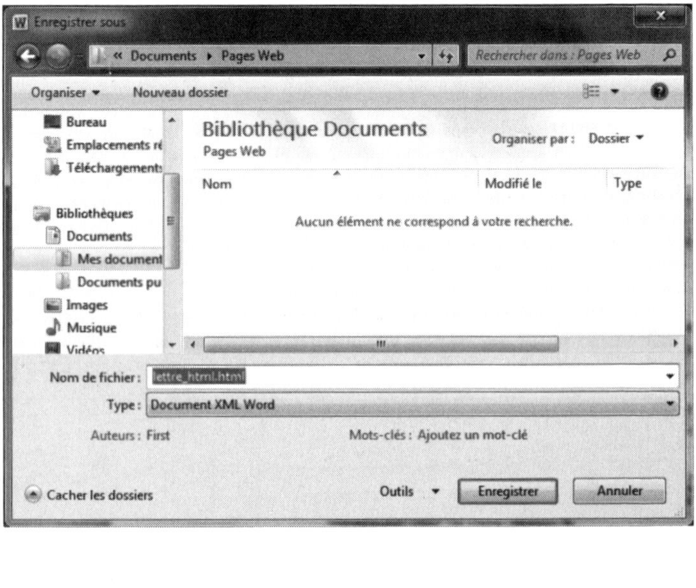

Figure 2.3 : Utilisez un emplacement pratique et un nom de fichier logique pour les pages HTML.

.htm ou .html

Vous avez le choix entre deux extensions pour vos pages : `.html` ou `.htm` (notre fichier exemple, `lettre_html.html`, utilise l'extension `.html`).

Les serveurs et les navigateurs Web gèrent aussi bien `.htm` que `.html`.

Faites votre choix est restez-y fidèle. Les fichiers `.html` et `.htm` sont traités de la même manière par les navigateurs et les serveurs mais ce sont des extensions différentes qui créent des noms de fichiers différents (le nom `lettre_html.html` est différent de `lettre_html.htm`). La différence est notable quand vous créez des *hyperliens* (dont il est question au Chapitre 6).

Etape 4 : visualiser la page

Une fois que vous avez enregistré votre page, vous êtes prêt à la visualiser dans un navigateur Web. Suivez ces étapes pour contempler votre page Web dans Internet Explorer (ces étapes peuvent légèrement varier si vous utilisez un autre navigateur).

1. **Si vous n'avez pas ouvert votre navigateur, faites-le maintenant.**

2. **Sélectionnez Fichier>Ouvrir.**

3. **Dans la boîte de dialogue qui apparaît, cliquez sur le bouton Parcourir.**

4. **Dans la nouvelle boîte de dialogue qui s'ouvre, naviguez dans votre système de fichiers jusqu'à trouver le fichier HTML et sélectionnez-le pour qu'il apparaisse dans la zone Nom du fichier.**

   La Figure 2.4 montre un fichier HTML sélectionné, prêt à être ouvert.

5. **Cliquez sur le bouton Ouvrir.**

   Vous basculez dans la boîte de dialogue Ouvrir. Note : si vous êtes connecté à Internet, certaines versions d'IE vous avertissent qu'elles vont ouvrir une nouvelle fenêtre de navigation pour afficher le fichier local, pour des raisons de sécurité. Cela ne pose pas de problème.

6. **Cliquez sur OK.**

La page apparaît dans votre navigateur Web dans toute sa splendeur, comme dans la Figure 2.5.

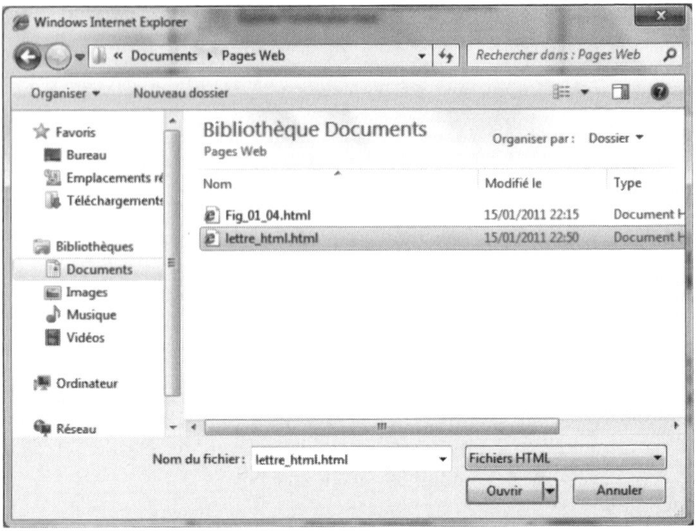

Figure 2.4 : Utilisez Internet Explorer pour naviguer jusqu'à vos pages Web.

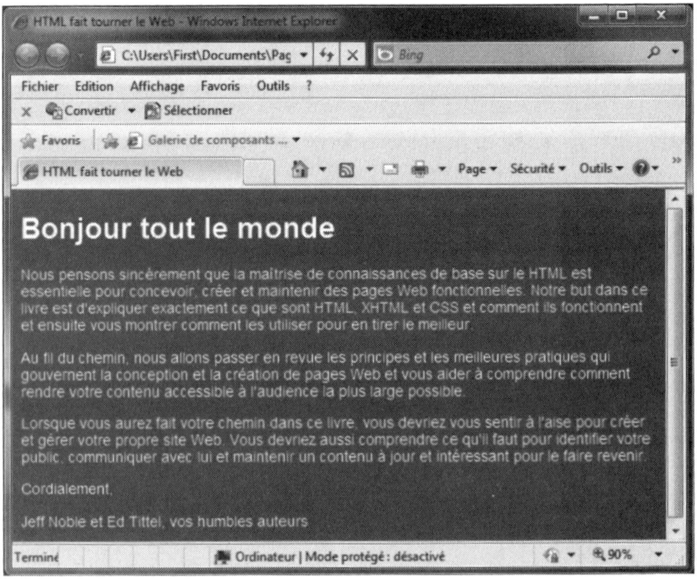

Figure 2.5 : Visualiser un fichier local dans son navigateur Web.

Vous n'êtes pas encore en train de visualiser ce fichier sur le Web ; vous ne faites que visualiser une *copie* enregistrée sur votre disque dur. Ne communiquez pas encore l'URL du fichier mais n'hésitez pas à modifier le fichier HTML source et à observer les effets de vos modifications.

Un moyen encore plus rapide pour visualiser une page Web localement dans un navigateur consiste à glisser-déposer le fichier HTML dans une fenêtre ouverte du navigateur. Vous pouvez le faire depuis l'explorateur de Windows ou tout autre programme qui vous donne accès aux fichiers.

Modifier une page Web existante

Vous souhaiterez certainement modifier une chose (au moins) dans votre page une fois que vous l'aurez visualisée dans un navigateur Web pour la première fois. Après tout, vous ne pouvez pas vraiment visualiser la manière dont la page se présente lorsque vous ajoutez les balises. Finalement, il se peut que le premier titre vous semble trop gros ou que le texte soit violet sur un fond vert (idée horrible, s'il en est).

Pour modifier la page Web que vous venez de créer dans l'éditeur de texte et la visualiser dans le navigateur Web, répétez ces étapes jusqu'à ce que l'apparence finale de votre page vous convienne :

1. **Laissez la fenêtre du navigateur où la page HTML s'affiche ouverte et retournez dans l'éditeur de texte.**

2. **Si la page HTML n'est pas ouverte dans l'éditeur, ouvrez-la.**

   Le même fichier devrait apparaître dans le navigateur et dans l'éditeur de texte, comme dans la Figure 2.6.

3. **Apportez vos modifications au HTML et au contenu dans l'éditeur de texte.**

4. **Enregistrez les modifications.**

   C'est l'étape la plus importante. Si vous n'enregistrez pas vos modifications, vous n'en visualiserez pas les effets dans le navigateur.

5. **Retournez dans le navigateur Web et cliquez sur le bouton Actualiser.**

Si vous gardez le fichier HTML ouvert dans le navigateur et l'éditeur de texte tandis que vous travaillez, vous pouvez observer les résultats

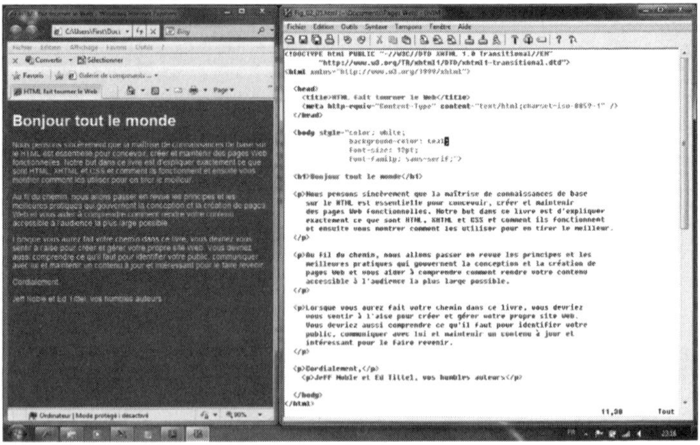

Figure 2.6 : Visualiser un fichier HTML simultanément dans l'éditeur de texte et dans le navigateur Web.

de vos modifications en un clin d'œil. Vous pouvez rapidement sauvegarder ces modifications dans l'éditeur de texte, basculer vers le navigateur et recharger la page, rebasculer dans l'éditeur de texte et apporter plus de modifications et ainsi de suite.

Dans notre exemple de lettre, nous avons décidé, après avoir converti notre brouillon en page HTML, d'ajouter la date. La Figure 2.7 montre la modification apportée au HTML pour insérer la date ainsi que le résultat produit dans le navigateur Web.

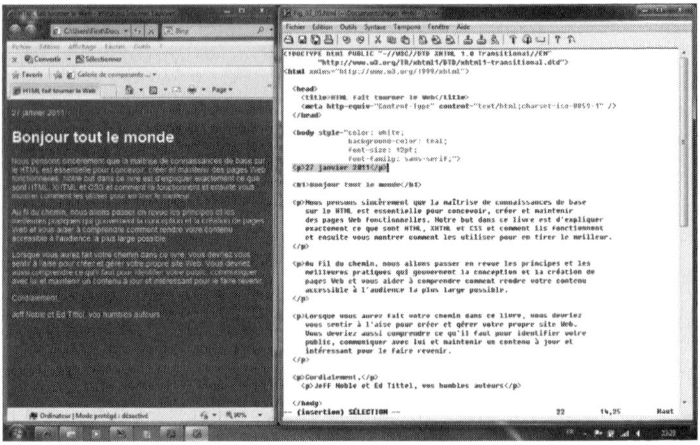

Figure 2.7 : Les modifications apportées au HTML s'affichent dans le navigateur une fois la page sauvegardée et rechargée.

Cette solution pour modifier une page HTML ne s'applique qu'aux pages enregistrées sur votre disque dur local. Si vous souhaitez modifier une page que vous avez déjà stockée sur un serveur Web, vous devez en enregistrer une copie sur votre disque dur, la modifier, vérifier vos modifications puis la télécharger une nouvelle fois sur le serveur, comme cela est expliqué dans la section suivante.

Mettre une page en ligne

Une fois que vous êtes satisfait de votre page Web, il est temps de la mettre en ligne. Le Chapitre 3 explique précisément comment vous devez procéder, mais voici un résumé en quelques étapes :

1. **Trouvez un hébergeur pour mettre en ligne vos pages Web.**

   Votre hébergeur Web peut être un serveur Web ou l'espace d'une entreprise pour la location duquel vous payez un fournisseur d'accès Internet (FAI). Si vous ne disposez pas encore d'un hébergeur, contactez le FAI que vous utilisez pour accéder à Internet. Il se peut qu'il vous donne un peu d'espace sur un serveur Web, parallèlement à votre accès à Internet. Quelle que soit la solution, demandez à l'hébergeur de vous communiquer votre URL et de vous expliquer comment procéder pour déplacer les fichiers sur votre site.

2. **Utilisez un client FTP ou un navigateur Web pour établir une connexion à votre serveur Web.**

   Utilisez le nom d'utilisateur et le mot de passe que vous a fournis votre hébergeur pour ouvrir une session FTP sur le serveur Web.

3. **Copiez le fichier HTML de votre disque dur sur votre serveur Web.**

4. **Utilisez votre navigateur Web pour visualiser le fichier sur Internet.**

Par exemple, pour héberger notre lettre en ligne sur `http://www.edtittel.com/examples/ch02`, nous avons utilisé Internet Explorer pour accéder au site et avons renseigné l'identifiant et le mot de passe fournis par notre FAI. Nous avons copié le fichier sur le serveur *via* une simple opération de glisser-déposer depuis l'explorateur Windows jusqu'à Internet Explorer.

L'URL de la page est `http://www.edtittel.com/examples/ch02/html_letter.html` et la page est dorénavant accessible sur le serveur

Web plutôt que sur le système de fichier local, comme le montre la Figure 2.8.

Le Chapitre 3 explique comment rendre votre page Web accessible au monde entier.

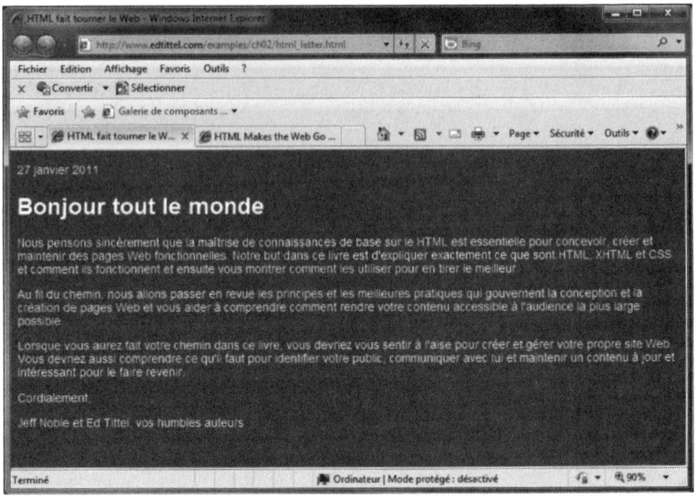

Figure 2.8 : Un fichier sur un serveur Web est accessible à toute personne disposant d'une connexion Internet.

Chapitre 3

Planifier correctement pour créer des pages performantes

Dans ce chapitre :

- Planifier une page Web.
- Définir la hiérarchie du site Web.
- Créer une navigation ergonomique.
- Héberger un site.
- Télécharger et éditer un site Web.

La conception générale de votre site comprend celle de son interface utilisateur (IU). Lorsque vous concevez une bonne IU, vous donnez aux utilisateurs les moyens de naviguer sur votre site Web avec un minimum de gêne. Ce chapitre présente les principes de base de la conception de sites Web en (X)HTML et CSS. Les respecter, c'est s'assurer que vous créerez une IU ergonomique.

L'IU est le mécanisme qui donne à un utilisateur accès à l'information que contient votre site Web. Chaque IU est unique mais elles sont toutes faites des mêmes composants (*texte*, *images* et *fichier médias*), tous assemblés à l'aide de (X)HTML.

ATTENTION !

Les visiteurs ne retourneront probablement pas sur votre site si :

- Il est difficile d'y naviguer.
- Il est encombré de texte scintillant et de mille couleurs criardes.
- Il n'aide pas les utilisateurs à trouver ce qu'ils recherchent.

Vous avez créé une IU performante si :

- La navigation sur votre site est intuitive.
- Les images et les médias soulignent votre conception plutôt qu'ils ne l'écrasent.
- Vous faites tout ce que vous pouvez pour aider les utilisateurs à trouver l'information qu'ils recherchent.

Ce chapitre vous propose de suivre des étapes simples pour concevoir un site et votre page Web de base (les autres chapitres expliquent toutes les subtilités du balisage mis en œuvre).

Planifier le site

La première étape importante avant de créer l'IU de votre site n'a rien à voir avec le balisage mais concerne la planification. Avant que votre site ne devienne trop vaste (ou avant sa création si vous n'avez pas encore commencé), déterminez l'objectif exact et la portée de votre site. Lancez-vous ensuite dans la conception ; vous créerez une meilleure interface.

Avant de concevoir votre site, posez-vous ces questions :

- Pourquoi créez-vous ce site ?
- Quel message souhaitez-vous transmettre aux utilisateurs ?
- Qui est votre public cible ? Par exemple :
    - Quel est l'âge moyen de vos utilisateurs ?
    - Vos utilisateurs sont-ils familiers d'Internet ?
- Combien de pages sont nécessaires pour votre site ?
- Quel type de hiérarchie allez-vous utiliser pour organiser vos pages ? Par exemple :
    - Les utilisateurs le visiteront-ils de manière linéaire ?
    - Les utilisateurs pourront-ils naviguer de thème en thème ?

Si vous pouvez répondre à ces questions, vous cernez mieux les objectifs et les besoins de votre site. Par exemple, une boutique en ligne peut poursuivre les objectifs suivants :

- Permettre aux visiteurs de consulter un catalogue en ligne et ajouter des articles dans un panier d'achat.

- Fournir aux visiteurs un moyen d'acheter les articles de leur panier d'achat.
- Aider les utilisateurs à prendre des décisions d'achat avisées.
- Faciliter les retours et les échanges de marchandises.
- Demander aux utilisateurs de vous signaler les produits qu'ils veulent voir figurer dans le catalogue et les améliorations à apporter au site.
- Permettre aux utilisateurs de commenter et de noter les produits.

Enoncer des objectifs clairs vous aidera à mieux comprendre ce que votre site Web doit faire pour les atteindre. Par exemple, pour réaliser la boutique en ligne, votre site doit disposer des éléments suivants :

- Un catalogue en ligne avec un panier d'achat.
- Des guides ou d'autres informations qui peuvent aider les utilisateurs à prendre leurs décisions d'achat.
- Une section d'aide et de retour, comprenant éventuellement des forums pour permettre aux utilisateurs et aux experts d'interagir.
- Un jeu d'outils pour retourner et échanger les produits.

Lorsque vous fixez les objectifs de votre site, vous pouvez identifier des éléments tels que :

- Un système de navigation qui permet d'identifier les principales parties de votre site, pour aider les utilisateurs dans ces tâches :
  - Identifier rapidement la partie dans laquelle ils se trouvent.
  - Se déplacer d'une partie à une autre sans se perdre.
- Un jeu d'éléments de conception, tels que les boutons, les styles de titres de pages, la gamme de couleurs, afin que les utilisateurs aient toujours l'impression de se trouver sur le même site, quelle que soit la page qu'ils consultent.
- Un affichage standard des articles du catalogue, comprenant des informations sur les produits comme des images et des descriptions, des prix, la disponibilité.
- Des formulaires bien conçus pour aider les utilisateurs à trouver les produits dans le catalogue, acheter les articles qu'ils ont mis dans leur panier d'achat, demander un remboursement ou retourner un article et soumettre leurs commentaires sur le site.

- Des pages de texte qui fournissent des informations sur les options d'achat, le retour des produits et d'autres informations utiles qui doivent rester faciles à trouver et à lire.

Les objectifs de votre site doivent déterminer les aspects suivants :

- **Les éléments de l'IU.**

  Lorsque vous ajoutez une section à un site existant, identifiez les éléments d'IU qui :

  - répondent aux besoins de la nouvelle section ;
  - complètent l'IU générale du site.
- Le design.
- L'organisation.

Le design est important

Ce chapitre recommande de bons principes de conception mais c'est à vous de choisir les gammes de couleurs et l'apparence générale. Ce qui plaît à une personne peut parfaitement déplaire à une autre.

Si vous créez un site pour votre entreprise, n'oubliez pas que ce site offre une première image de l'entreprise à vos clients. Pour cette raison, un tel site doit refléter votre style de business. Par exemple, si vous avez une entreprise d'architecture, des lignes fortes et une apparence léchée peuvent être le meilleur moyen de porter l'image de votre entreprise. Si vous tenez une boutique de fleurs, votre site pourra prendre une apparence plus organique et décorée pour suggérer aux visiteurs à quoi ils doivent s'attendre lorsqu'ils entrent dans votre boutique.

Si vous êtes nouveau dans la conception et les graphismes sur le Web et que vous avez besoin d'un site qui signale la présence de votre entreprise sur le Web, songez à recourir aux services d'un professionnel de la conception Web. Utilisez les images, l'agencement et les aides à la navigation qu'il élaborera pour bâtir et gérer le site vous-même. Une fois qu'elle est fixée, une présentation distinctive et cohérente est facile à maintenir.

Quelle que soit la personne qui conçoit votre site, prenez le temps de soumettre votre site à la critique de pairs, d'amis, de membres de votre famille et de quiconque est prêt à se montrer assez honnête pour dire ce qui est beau (et ce qui laid). Une critique négative mais constructive de quelqu'un qui vous connaît et vous respecte présente bien plus d'intérêt qu'un simple "Beurk ! c'est laid !" lancé par quelqu'un que vous cherchez à séduire dans votre entreprise.

Cartographier le site

Il est plus facile d'atteindre votre objectif si vous savez comment y arriver. Cartographier le site peut se révéler une étape vitale pour planifier (et plus tard, gérer) ce site. Ce processus comprend deux phases créatives :

- Créer un guide visuel sur le papier ou sur informatique que vous pouvez utiliser pour vous guider dans le développement de votre site.
- Créer un guide visuel sur votre site Web pour aider les visiteurs à trouver leur chemin.

Ces deux phases jouent un rôle primordial dans la conception d'une bonne IU. C'est pourquoi nous dédions une section à chacune de ces phases.

Utiliser une carte pour le développement du site

Une *carte de site* est un outil de navigation supplémentaire qui offre aux utilisateurs toutes les possibilités pour trouver ce qu'ils recherchent. Une carte de site regroupe tout le contenu de votre site de sorte que les visiteurs puissent visualiser simultanément toutes leurs options.

Lorsque vous utilisez une carte de site durant le développement d'un site Web (même un site qui ne compte que quelques pages), vous pouvez identifier :

- les pages que vous devez créer ;
- les relations entre les pages ;
- les éléments de navigation dont vous avez besoin.

TRUC

En bonus, une carte de site vous permet de disposer d'une *liste de vérification* des pages.

Par exemple, la Figure 3.1 représente la carte du site Web de l'Internal Revenue Service (IRS), l'administration américaine chargée des impôts (`www.irs.gov/sitemap`).

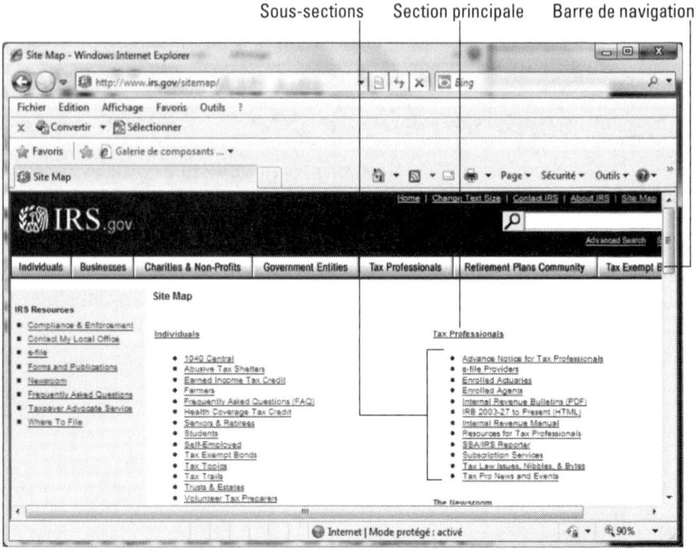

Figure 3.1 : La carte du site Web Internal Revenue Service.

Si vous créez un site partie par partie…

Si vous pensez concevoir un site Web en procédant section après section ou page après page, vous pouvez créer une carte du site final puis décider des pages par lesquelles il vous semble le plus intéressant de commencer. Lorsque vous avez une idée de la manière dont votre site va se développer, vous pouvez planifier des réalisations futures à chaque étape. Par exemple, supposons que vous créiez une carte de site pour le site Web de votre entreprise et que ce site ait besoin de FAQ (questions les plus fréquemment posées). Ce n'est pas un drame si cette section n'est pas totalement terminée lorsque le site est lancé. Ne faites simplement pas figurer de liens vers les FAQ (ni de mention aux FAQ) lorsque vous lancez le site.

Lorsque la section FAQ est prête :

- Ajoutez la section à votre site.
- Ajoutez un lien renvoyant à cette section aux éléments de navigation principaux.

Si vous connaissez les pages à venir, vous pouvez créer un schéma de navigation qui peut facilement intégrer les FAQ lorsqu'elles sont enfin prêtes à être publiées. Sans une carte de site et un plan complet pour le site, intégrer de nouvelles sections peut vous prendre beaucoup de temps et d'énergie.

Cette carte montre que le site contient plusieurs sections principales. Chaque section principale affiche de 2 à 26 sous-sections. Chaque sous-section propose un lien vers une page ou un document relatif au thème de la sous-section.

ATTENTION !

Ne créez pas de sections *en construction* qui ne contiennent pas grand-chose si ce n'est un message signalant que quelque chose figurera dans la page un jour. Les utilisateurs seront déçus si votre site leur promet une information sans la leur donner. A la place, utilisez une petite section de votre page d'accueil pour mettre en valeur des éléments "Bientôt sur ce site" pour que les visiteurs sachent que de nouvelles informations seront disponibles bientôt, sans proposer d'accès à quoi que ce soit qui n'est pas encore accessible dans votre barre ou vos boutons de navigation.

Utiliser une carte pour guider les utilisateurs visuellement

Les utilisateurs ont différentes méthodes pour trouver de l'information. Donnez aux visiteurs autant de choix que vous le pouvez (tout en restant réaliste) pour les aider à naviguer sur votre site :

- Certaines personnes aiment être guidées.
- Certaines personnes aiment se balader partout.
- Certaines personnes aiment visualiser tous les choix possibles avant d'agir.

ATTENTION !

Les cartes de site se développent avec votre site. Si votre site est grand et complexe, votre carte peut occuper plusieurs écrans. Les sites massifs tels que `www.microsoft.com`, `www.hp.com` et `www.amazon.com` ne proposent pas de cartes de site car elles seraient gigantesques. Mais des sites Web plus petits (tels que `www.symantec.com`) peuvent le faire efficacement.

TRUC

Vous devez décider si une carte de site constitue un bon moyen de navigation pour votre site. Voici quelques points à peser pour prendre votre décision :

- Une carte de site peut être *superflue* si votre site ne comprend que quelques pages.
- Une carte de site peut être le *meilleur choix* si :
  - Votre site contient plusieurs sections.
  - Vous ne pouvez pas imaginer d'autre moyen pour donner accès à votre contenu.

De nombreux experts pensent qu'une page contenant une carte de site est toujours une bonne solution. C'est particulièrement utile pour les visiteurs qui naviguent sur le Web en utilisant des dispositifs d'assistance (des lecteurs d'écran, des imprimantes en braille et ainsi de suite). Elle peut aussi se révéler pratique pour naviguer sur un site qui manque de liens en pied de page ou qui utilise des images plutôt que des liens HTML comme système primaire de navigation. Elle aide aussi les utilisateurs qui ont désactivé la fonction JavaScript de leur navigateur à trouver leur chemin (les sites qui utilisent des images survolées pour la navigation sont inutilisables dans ce cas). En bonus, une carte de site peut aider les moteurs de recherche à trouver toutes les pages de votre site.

Elaborer une navigation qui tient la route

La navigation que vous utilisez sur votre site peut garantir ou ruiner son succès. Si les visiteurs ne peuvent pas trouver ce qu'ils recherchent sur votre site, ils vont probablement le quitter et ne jamais revenir. Le type de navigation que vous utilisez dépend des facteurs suivants :

- **Le nombre de pages de votre site :** Si votre site ne compte que quelques pages, votre navigation peut se résumer à une simple liste de liens sur la page d'accueil pour aider les utilisateurs à passer d'une page à une autre.
- **L'organisation de vos pages :** Si votre site comprend de nombreuses pages organisées en différentes sections, votre page d'accueil peut se contenter de renvoyer à ces sections plutôt qu'à chaque page.

Par exemple, le site `www.pourlesnuls.fr` contient une collection de pages organisées en sections diverses ; il serait impossible de renvoyer à chaque page *via* un schéma de navigation unique. Par ailleurs, le site comprend des articles sur une variété de thèmes ainsi que des informations sur les livres. Le site pourrait être organisé en livres et en articles mais les visiteurs recherchent probablement de l'information sur un thème en particulier. Aussi le site est-il finalement organisé par thèmes. La page d'accueil représentée dans la Figure 3.2 met bien en évidence les différentes zones thématiques proposées en haut de page.

Lorsque vous cliquez sur l'une de ces zones thématiques, vous pouvez toujours accéder aux autres thèmes grâce à la barre de navigation située en haut (voir la Figure 3.3). Vous n'avez pas à revenir à la page d'accueil pour choisir un autre thème.

Les thèmes vous lient aux informations (livres, vidéos et articles)

Figure 3.2 : Le site pourlesnuls.fr est organisé par thèmes.

Figure 3.3 : Les zones des thèmes principaux sur le site sont accessibles depuis la barre de navigation supérieure.

La Figure 3.4 montre la zone de navigation du thème Loisirs et ses sous-thèmes. Les liens sont différents mais le schéma de navigation général est cohérent sur tout le site. Cela permet aux visiteurs de savoir à quoi s'attendre lorsqu'ils passent d'une page à une autre.

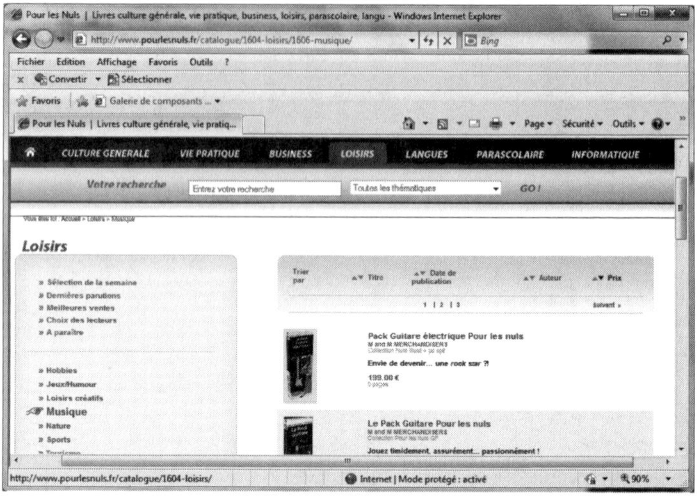

Figure 3.4 : La zone Loisirs contient des sous-thèmes et affiche les derniers livres.

La zone de navigation tout en haut de la page comprend une collection de liens qui apparaissent sur chaque page du site pour aider les visiteurs à accéder rapidement aux zones importantes depuis n'importe quel endroit : un champ de recherche, des informations sur le compte, un panier d'achat, de l'aide. En bas, chaque page reprend le même jeu de liens renvoyant à des informations sur le site Web *Pour les Nuls*, à un moyen de s'abonner à des flux RSS, à une inscription pour des livres, à des contacts, aux mentions légales du site, etc. (voir la Figure 3.5). Comme les liens renvoyant au panier d'achat et à l'aide, ces liens doivent figurer sur chaque page mais ils n'ont pas besoin d'être particulièrement mis en avant. Les intégrer dans un pied de page permet aux visiteurs d'y accéder sans qu'ils empiètent sur le contenu de la page.

TRUC

Si vous créez une carte pour assister le développement du site, elle peut aussi vous aider à sélectionner les outils de navigation dont vous avez besoin. Passez en revue chaque page mentionnée dans la carte et listez les liens qui doivent figurer sur chaque page. Normalement, un modèle doit émerger et vous permettre d'identifier les éléments de navigation principaux que votre site doit contenir (tels que des liens vers toutes les zones thématiques principales et l'information relative

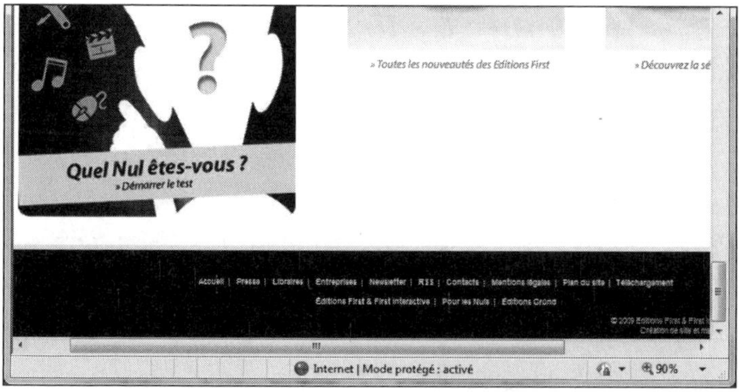

Figure 3.5 : Le pied de page propose une aide de navigation supplémentaire aux visiteurs.

au copyright) ainsi que tous les outils de sous-navigation (comme les liens vers les sous-thèmes dans les pages des thèmes).

Une fois que vous savez quels outils sont nécessaires, vous pouvez commencer à concevoir le schéma visuel de votre IU. Voulez-vous utiliser des boutons en haut de la page, en bas, voire les deux à la fois ? Avez-vous besoin d'un pied de page contenant des liens vers des informations relatives au copyright et à la protection des données personnelles ? C'est en répondant à de telles questions que vous élaborerez un système de navigation robuste qui aidera les utilisateurs à trouver leur chemin sur votre site, en leur permettant de se focaliser sur ce qu'ils sont venus chercher et non sur la manière d'y accéder.

TRUC

Quel que soit le schéma de navigation que vous élaborez, offrez toujours à vos visiteurs un moyen de revenir à la page d'accueil depuis n'importe quel endroit sur le site. La page d'accueil de votre site est la porte d'entrée sur le reste du site. Si les visiteurs se perdent ou s'ils veulent tout reprendre à zéro, il faut qu'ils puissent retourner à la case Départ sans problème.

TRUC

Une fois que vous avez conçu le schéma de navigation et que vous avez assemblé quelques pages, demandez à quelqu'un qui ne connaît pas votre site de l'utiliser. Pour que le test fonctionne, donnez-lui trois ou quatre tâches à accomplir, par exemple, accéder à une certaine page ou remplir un certain formulaire. Si votre cobaye se perd ou se pose de nombreuses questions sur la navigation, vous devrez repenser votre schéma. Votre testeur peut aussi vous faire des suggestions pour clarifier les fonctionnalités de navigation et en faciliter l'usage. Vous connaissez trop bien votre site et son contenu pour rencontrer les mêmes difficultés qu'un visiteur qui le découvre pour la première fois.

Planifier les liens sortants

Le Web ne serait pas le Web sans les hyperliens. Après tout, les hyperliens connectent votre site au reste du Web, transformant une série de pages en un site. Toutefois, trop ou mal utiliser des liens peut fragiliser votre site et même vous coûter cher.

Sélectionner soigneusement les liens hors site

La création de liens internes est une balade de santé comparée à la création de liens sortants. En effet, lorsque vous reliez des pages de votre site entre elles, elles sont sous *votre contrôle*. Vous savez ce qu'elles contiennent aujourd'hui et ce qu'elles contiendront demain et même si elles existeront encore dans quelque temps. Lorsque vous reliez vos pages à des pages du site d'un tiers, tout peut arriver :

- Vous ne gérez pas la maintenance de ces pages.
- Vous ne pouvez pas en modifier le contenu.
- Vous ne savez certainement pas si elles vont disparaître.

  Vos visiteurs ne le savent pas non plus, jusqu'à ce qu'ils se retrouvent face à un message `404 Fichier ou répertoire non trouvé` (le message classique pour vous prévenir que vous venez de cliquer sur un lien cassé, qui pointe donc dans le vide). Le texte du message 404 peut varier selon le serveur qui héberge le site Web où devait se trouver la ressource pointée.

TRUC

Les liens vers les autres sites sont utiles lorsqu'ils sont stables et qu'ils ont donc peu de chances d'être brisés. Nous vous recommandons de respecter ces règles :

- **Reliez vos pages à une *section* d'un site et non à une page spécifique.** Les pages vont et viennent mais l'organisation d'un site reste généralement la même.
- **Reliez vos pages à des sites d'entreprises.** Les sites d'entreprises sont beaucoup plus stables que ceux des particuliers.
- **Ne reliez pas vos pages directement à des fichiers tels que des PDF ou des images.** Si vous souhaitez créer un lien vers des ressources qui se trouvent sur un autre site Web, créez un lien vers la page qui permet d'accéder à ces ressources plutôt qu'aux fichiers de ces ressources. La page qui donne accès aux ressources a, en effet, toutes les chances d'évoluer pour tenir compte de l'éventuel changement de nom d'une ressource.

Se lier à d'autres sites signifie que *vous approuvez le contenu de ces derniers*. Lorsque les visiteurs suivent les liens que vous leur proposez pour aller sur ces sites, ils supposent que vous approuvez ce qu'ils y trouveront. Cela implique quelques règles :

- **Si vous ne souhaitez pas être associé au contenu d'un autre site, ne vous reliez pas à ce site.** La seule manière de savoir si vous approuvez le contenu d'un site consiste à le visiter *avant* de créer un lien qui y renvoie.
- **Consultez régulièrement les sites auxquels vous vous reliez.** Vérifiez que :
  - les propriétaires du site sont toujours les mêmes ;
  - le contenu est approprié.

  Lorsque les noms de domaines expirent, de nouveaux propriétaires peuvent s'en emparer et publier un nouveau contenu qui peut être :
  - totalement sans rapport ;
  - nuisible pour votre image, comme de la pornographie, par exemple.

Du texte utile pour les liens

Le texte que vous associez aux liens est aussi important que les liens que vous utilisez sur votre site. Ce texte donne aux utilisateurs une information sur l'endroit auquel le lien renvoie, ce qui leur permet de décider s'ils doivent faire le voyage. Par exemple, `Visitez pourlesnuls.com pour en savoir plus sur ce livre` est plus utile que `En savoir plus sur ce livre.`

Le premier exemple indique aux visiteurs qu'ils vont quitter le site pour visiter `pourlesnuls.com` et en savoir plus sur un livre là-bas. Le second leur indique seulement qu'ils vont en savoir plus sur ce livre et ils pourraient être surpris de se retrouver transportés du site vers un autre.

Lorsque vous créez le texte d'un lien, rédigez-le dans l'idée de communiquer les informations suivantes aux utilisateurs :

- S'ils vont quitter votre site ou non.
- Le type d'informations que contient la page à laquelle le lien renvoie.
- Comment le site relié se rapporte au contenu de la page actuelle.

L'objectif du texte d'un lien doit être d'informer les utilisateurs et de gagner leur confiance. Si ce texte ne leur donne pas de solides indices sur ce qu'ils peuvent attendre du lien, ils ne vont tout simplement pas vous faire confiance et ne pas l'utiliser.

Evitez d'utiliser *Cliquez ici* dans vos liens. Si le texte du lien est adapté, vous n'avez pas besoin d'utiliser une telle injonction pour inciter l'utilisateur à cliquer. Le texte du lien devrait parler de lui-même : ce doit être une *invitation* à cliquer plutôt qu'une *demande*.

Héberger le site Web

La première (et plus importante) étape pour mettre vos pages en ligne, c'est de trouver un endroit sur le Web où les héberger : un hôte. En général, vous disposez de deux solutions :

- Les héberger vous-même.
- Payer quelqu'un pour les héberger.

Le terme *hôte* est utilisé dans l'industrie du Web pour désigner un serveur Web configuré pour détenir des pages Web (et les fichiers reliés) de sorte qu'elles soient accessibles par le reste du monde. Un *hôte héberge* des pages.

- **Hôte :** L'hôte est typiquement une machine physique sur laquelle les pages Web sont stockées.
- **Héberger :** Héberger est l'acte consistant à permettre l'accès à des pages Web.

Vous devez choisir entre héberger vos propres pages ou payer quelqu'un qui les hébergera pour vous. Ce chapitre expose les deux solutions dans ce qu'elles ont d'essentiel. A vous de voir celle qui vous convient le mieux.

Votre choix initial n'a rien de définitif. Si vous trouvez qu'héberger vos pages est une corvée, vous pouvez déplacer vos fichiers chez un fournisseur d'accès Internet (ou inversement, si le service offert par le fournisseur ne vous satisfait pas). Pour retenir la solution qui vous conviendra le mieux, évaluez vos besoins pour l'année prochaine mais envisagez de les réviser dans moins de six mois.

Héberger son propre site Web

Cette solution convient à un site de taille moyenne (approximativement 100 pages) qui n'utilise que quelques fichiers multimédia et qui ne dispose d'aucune application spécifique liée à la sécurité ou au commerce électronique (e-commerce).

Si vous avez besoin de faire tourner un site complexe, comme le site d'une grande entreprise ou d'un magasin en ligne, vous aurez besoin de plus d'expertise et de logiciels que cette section n'en mobilise. Voici quelques tuyaux :

- Lisez `e-commerce pour les Nuls` et `Créer un site Web pour les Nuls` pour vous initier à la création de sites d'e-commerce et d'autres sites complexes.
- Consultez un professionnel du Web qui dispose de l'expérience requise pour créer et effectuer la maintenance des sites Web complexes.

Vous pouvez configurer votre propre serveur Web et héberger vos pages Web vous-même. Pour ce faire, vous aurez besoin de :

- **Un ordinateur conçu pour être votre serveur Web :** Les serveurs Web sont souvent *dédiés* à cette tâche, une autre machine étant utilisée pour le traitement de texte et toutes les autres tâches.
- **Un logiciel de serveur Web :** Les logiciels de serveur Web les plus connus sont Apache et Microsoft Internet Information Server (IIS), appelé Internet Information Services dans les versions modernes de Windows.

  Dans le monde du Web, le terme de *serveur Web* désigne à la fois :

  - Un ordinateur dédié (le matériel actuel).
  - Le logiciel de serveur Web.

  Vous ne pouvez pas utiliser l'un sans l'autre.
- **Une connexion Internet dédiée :** Votre serveur Web n'est pas utile ni fiable s'il se connecte à Internet uniquement lorsque vous établissez une liaison commutée. Il peut aussi être pénible à utiliser si la connexion Internet est lente (de nos jours, les liaisons T1 avec un débit de 1,544 Mbps ou moins sont considérées comme lentes).

Si héberger un site Web vous-même vous semble compliqué et coûteux, vous avez raison. Non seulement vous devez payer pour l'équipement et pour la connexion Internet mais vous devez aussi savoir comment configurer et administrer un serveur Web et le maintenir en état de marche 24 heures sur 24, 7 jours sur 7. Défendre et protéger ses données ou ses informations clients (numéro de carte de crédit, noms, adresses, etc.) contre les hackers peut aussi poser problème à un hébergeur novice. De plus, le principal problème auquel l'hébergeur doit faire face est d'assurer le fonctionnement du système d'hébergement Web pendant les coupures d'électricité ou les pannes du service Internet. A tous ces problèmes s'ajoutent des frustrations et des maux de tête que tout le monde préfère fuir. Lorsque c'est possible, envisagez d'abord de recourir aux services d'un hébergeur.

Utiliser un hébergeur

Un *hébergeur* gère tous les aspects techniques de l'hébergement Web, du matériel au logiciel en passant par les connexions Internet. Vous n'avez plus qu'à gérer les pages Web. Lorsque le Web en était à ses balbutiements, les solutions d'hébergement étaient rares et toujours onéreuses. Les temps ont changé et les besoins se sont développés. Il est dorénavant possible de trouver des hébergeurs proposant leurs services à des tarifs raisonnables.

Si vous payez un tiers pour héberger vos pages, vous aurez deux possibilités pour couvrir vos frais :

- **Rien :** Quelques hébergeurs proposent d'héberger vos pages gratuitement. C'est bien cela : vous n'avez rien, nada, zéro euro à débourser pour mettre vos pages Web en ligne. Où est l'arnaque ? Vous devez "payer" d'une autre manière ; généralement, en laissant l'hébergeur afficher des publicités sur votre site.
- **Quelque chose :** Toutefois, la plupart des hébergeurs font payer leurs services pour un montant allant de quelques euros à des milliers. Toute l'astuce pour tirer le meilleur parti de votre budget consacré à l'hébergement est de trouver le service qui répond à vos besoins.

TRUC

Pour en savoir plus sur les solutions d'hébergement bon marché, consultez `www-thehostingchart.com`.

Obtenir son propre domaine

Un *nom de domaine* est une adresse de haut niveau pour un site Web, par exemple : `microsoft.com`, `apple.com`, `w3c.org`, et `pourlesnuls.com`.

Vous souhaitez éventuellement disposer de votre propre nom de domaine (donc de votre propre domaine) correspondant à votre image ou à votre business. Si vous ne disposez pas de votre propre domaine, vos pages feront partie du domaine d'un tiers, généralement votre hébergeur. Par exemple, un hypothétique site Web personnel hébergé sans nom de domaine sur `io.com` utiliserait cette URL :

```
http://www.io.com/~edtittel
```

Alors qu'avec le nom de domaine `edtittel.com`, le même site Web serait hébergé sur :

```
http://www.edtittel.com
```

Une des adresses est clairement plus facile à retenir que l'autre. Est-ce une raison valable pour disposer de votre propre domaine ? Peut-être… ou peut-être pas. Les entreprises ou les particuliers qui souhaitent entretenir une présence permanente sur le Web devraient investir dans un nom de domaine. Ceux qui ne sont sur le Web que par passion ou plaisir n'en ont pas besoin.

TRUC

Un bon hébergeur peut vous fournir des instructions détaillées pour enregistrer un nom de domaine sur son système ou pour raccorder votre nom de domaine à votre site Web sur ses ordinateurs. Si vous passez d'un hébergeur à un autre, votre nouvel hébergeur devrait vous aider à transférer votre domaine. La plupart des hébergeurs vous donnent l'information nécessaire ou proposent une aide en ligne pour vous guider dans le processus. Si vous ne comprenez pas très bien comment configurer un domaine, demandez de l'aide. Si vous n'en obtenez pas, changez d'hébergeur.

Déplacer des fichiers sur le serveur Web

Une fois que vous avez choisi un hébergeur ou décidé d'utiliser votre propre serveur Web, vous avez besoin d'une solution pour déplacer les pages Web que vous avez créées sur votre ordinateur local sur le serveur Web. L'opération n'est pas définitive. Tandis que vous effectuerez la maintenance de votre site Web, vous devrez déplacer des fichiers que vous avez produits sur votre ordinateur local sur le serveur Web pour mettre à jour le contenu de votre site.

La solution pour déplacer vos fichiers sur votre serveur Web dépend totalement de la manière dont votre serveur Web est configuré. Normalement, vous disposez de deux options :

- Le protocole de transfert de fichiers (FTP).

- Une interface Web, fournie par l'hébergeur, pour déplacer et gérer les fichiers.

Ressources sur la conception d'IU

Nous vous recommandons ces sites Web et ces livres sur la conception de sites et de leur interface si vous souhaitez créer de bonnes IU :

- Pour un cours sur la base du Web, lisez les articles "Basics" et "Design Process" dans "Your Complete Guide to Web Design" sur `www.webdesi-gnfromscratch.com`.
- Jacob Nielsen crée des sites accessibles, ce qui signifie que leur contenu est accessible à tous les visiteurs, y compris ceux qui souffrent de différents handicaps susceptibles de leur interdire de suivre des indices visuels ou sonores pour naviguer. Son site Web, `http://useit.com`, regorge de ressources et d'articles expliquant comment créer ce genre de sites.
- L'un des auteurs de ce livre, Jeff Noble, est éditeur associé du site UI Trends Web (`http://uitrends.com`) qui traite des tendances en matière de conception d'interface utilisateur, de site et d'application Web.
- Les contre-exemples sont aussi très utiles. Web Pages That Suck vous montre comment bien concevoir un site en vous apprenant à juger des sites mal conçus. Veillez à ce que votre site ne ressemble pas à l'un de ceux présentés sur `www.webpagesthatsuck.com`.
- *Design Web pour les Nuls*, signé Lisa Lopuck, constitue l'étape suivante pour élaborer des sites Web complexes au look percutant.
- *Web Usability For Dummies*, par Richard Mander et Bud Smith, peut vous aider à affiner votre site Web pour le rendre étonnament simple à utiliser, ce qui vous servira beaucoup pour faire revenir vos visiteurs.
- *Web Designer Depot* (`www.webdesignerdepot.com`) est un site communautaire dédié à tout ce qui se rapporte à la conception de sites Web, comme la typographie, les techniques de conception, le code, etc. Consultez ce site pour trouver les réponses à toutes vos questions sur la conception.
- *Smashing Magazine* (`www.smashingmagazine.com`) est une source d'inspiration (photos, exemples, présentations) intéressante pour la conception (documents photoshop appelés PSD, polices), le codage (CSS, JavaScript, WordPress), le graphisme (fonds d'écran, arrière-plans, icônes), etc.

Utiliser FTP pour transférer les fichiers

Des deux options, FTP est la plus probable. FTP est une manière standard pour déplacer des fichiers sur Internet et tout hébergeur devrait offrir un accès FTP à votre serveur Web. Lorsque vous configurez votre site avec votre hébergeur, il vous fournit généralement une documentation écrite (soit sur papier, soit sur le Web) pour vous indiquer exactement comment procéder afin de transférer des fichiers sur votre serveur Web. Ces informations comprennent notamment une URL FTP qui prend généralement la forme `ftp://ftp.domaine.com`.

Vous pouvez utiliser un client FTP tel que SmartFTP (`www.smartftp.com`), WS_FTP (`www.ipswitch.com/Products/WS_FTP/`) ou le logiciel gratuit FileZilla (`http://filezilla-project.org`) pour ouvrir une connexion à l'URL FTP (les utilisateurs de Macintosh préféreront probablement Fetch sur `www.fetchsoftworks.com` ou Cyberduck sur `cyberduck.ch`). Votre hébergeur vous donnera un nom d'utilisateur et un mot de passe pour accéder au répertoire de votre serveur Web sur le site FTP. Vous pourrez alors déplacer les fichiers de votre site Web en utilisant l'interface du logiciel. C'est vraiment très simple. Si vous souhaitez récupérer une copie d'un fichier sur votre site Web pour le modifier, vous pouvez le faire en trois étapes :

1. **Utilisez l'interface du client FTP pour télécharger une copie sur votre ordinateur local.**
2. **Effectuez vos modifications.**
3. **Utilisez l'interface du client FTP pour charger le fichier modifié sur le site Web.**

TRUC

Chaque client FTP dispose d'une interface différente mais ces interfaces sont toujours faciles à utiliser.

Vous n'aurez pas besoin d'un client FTP pour déplacer vos fichiers sur le serveur Web dans certains cas :

- De nombreux navigateurs, tels que les versions actuelles d'Internet Explorer et de Firefox, disposent d'une gestion FTP de base. Vous pouvez télécharger des fichiers mais vous ne pouvez pas créer ou supprimer de répertoires.
- De nombreux utilitaires Web, tels que Dreamweaver, possèdent des fonctionnalités de gestion de fichiers.

Utiliser le site Web de l'hébergeur pour transférer les fichiers

Pour faciliter la vie des utilisateurs et pour réduire les appels à leur hotline, de nombreux hébergeurs proposent des pages Web pour vous aider à télécharger et gérer les fichiers de votre site Web sans avoir à utiliser un client FTP séparé, ni même celui intégré dans les éditeurs de (X)HTML. La plupart de ces pages vous permettent d'effectuer diverses tâches :

- Télécharger des fichiers.
- Créer et supprimer des répertoires.
- Déplacer des fichiers.
- Supprimer des fichiers.

Si vous utilisez les services d'un hébergeur, vérifiez s'il propose des outils Web pour gérer votre site.

Gardez ces idées à l'esprit lorsque vous décidez de sélectionner un hébergeur :

- Lisez la documentation de l'hébergeur avant de commencer à transférer vos fichiers. Chaque hébergeur propose une interface qui lui est propre.
- La plupart des hébergeurs qui proposent des interfaces Web ne vous empêcheront pas de gérer votre site *via* FTP.

TRUC

Utilisez FTP si l'interface de l'hébergeur est compliquée ou si vous avez simplement une préférence pour FTP.

Partie II

Mettre en forme des pages Web avec (X)HTML

"... C'est tout ce qu'il y a à faire pour convertir un document en fichier HTML."

Dans cette partie

Dans cette partie, nous décrivons les structures du balisage et du document qui permettent de réaliser des pages Web attrayantes. Pour commencer, nous examinons la structure générale d'un document HTML, dont les en-têtes et les corps et voyons comment assembler les bons morceaux ensemble. Après cela, nous abordons l'organisation du texte en blocs et en listes.

Ensuite, nous expliquons comment fonctionnent les liens en (X) HTML et comment, ensemble, ils permettent de faire tenir le Web. Nous vous indiquons aussi comment ajouter des images à vos pages. Ainsi, nous passons en revue tous les blocs élémentaires pour créer des pages Web bien construites et correctement proportionnées.

Le premier chapitre de la partie III traite des balises dépréciées, c'est-à-dire des éléments et attributs HTML qui ne sont plus sûrs ou qu'il ne convient plus d'utiliser. Même si ces éléments et attributs dépréciés fonctionnent en HTML 4, seuls certains d'entre eux fonctionnent en XHTML et aucun en HTML 5. C'est pourquoi nous voulons que vous les connaissiez et nous vous conseillons d'éviter de les utiliser quand vous créez vos pages Web.

Chapitre 4

Créer la structure d'un document (X) HTML

Dans ce chapitre :

- Créer la structure de base d'un document (X)HTML.
- Définir l'en-tête d'un document (X)HTML.
- Créer un document (X)HTML complet.

La structure d'un document (X)HTML simple comprend un en-tête et un corps. L'*en-tête* fournit des informations sur le document au navigateur, tandis que le *corps* contient l'information qui apparaît dans la fenêtre du navigateur. La première étape pour créer un document (X)HTML consiste à définir sa structure.

Ce chapitre aborde les éléments essentiels requis pour créer la structure de base d'un document (X)HTML, y compris son en-tête et son corps. Nous vous montrons aussi comment indiquer au navigateur la version de HTML ou de XHTML que vous utilisez. Bien que cette information ne soit pas nécessaire pour les utilisateurs, les navigateurs l'utilisent pour s'assurer qu'ils affichent correctement le contenu du document.

Etablir la structure du document

Même s'il n'existe pas deux pages (X)HTML identiques (chacun utilise une combinaison unique d'éléments et de contenus pour réaliser sa page), toute page (X)HTML proprement construite adopte cette même structure de base :

- Une instruction qui identifie le document comme un document (X)HTML.
- Un en-tête de document.
- Un corps de document.

Dès que vous créez un document (X)HTML, vous devez démarrer avec ces trois éléments et y ajouter du contenu et du balisage pour créer la page.

TRUC

Même si la structure de base d'un document est indispensable pour tout document (X)HTML, la créer encore et encore peut s'avérer quelque peu monotone. La plupart des outils d'édition de (X)HTML génèrent cette structure de base automatiquement lorsque vous ouvrez un nouveau document.

Déclarer le document (X)HTML

Tout en haut de votre document (X)HTML, vous trouvez la *déclaration du type de document* ou déclaration `DOCTYPE`. Cette ligne de code spécifie la version de HTML ou de XHTML que vous utilisez, ce qui permet aux navigateurs de savoir comment interpréter le document. Nous utilisons la spécification XHTML 1.0 dans ce chapitre car elle est largement répandue et correspond à ce que la plupart des navigateurs et des outils d'édition s'attendent à trouver.

Ajouter une déclaration DOCTYPE HTML

Si vous choisissez de créer un document HTML 4.01 au lieu d'un document XHTML, vous pouvez choisir entre trois déclarations `DOCTYPE` possibles :

- **HTML 4.01 Transitional :** C'est la version la plus complète de HTML 4.01, qui inclut tous les éléments structurels de HTML ainsi que tous les éléments de présentation :

```
<!DOCTYPE HTML PUBLIC "-//W3C//DTD HTML 4.01 Transitional//EN"
        "http://www.w3.org/TR/html4/loose.dtd">
```

- **HTML 4.01 Strict :** Cette version de HTML exclut tous les éléments relatifs à la présentation, le mécanisme des feuilles de styles étant utilisé pour gérer l'affichage :

```
<!DOCTYPE HTML PUBLIC "-//W3C//DTD HTML 4.01//EN"
        "http://www.w3.org/TR/html4/strict.dtd">
```

- **HTML 4.01 Frameset :** Cette version part de la version HTML 4.01 Transitional et y ajoute tous les éléments qui permettent de réaliser des cadres :

```
<!DOCTYPE HTML PUBLIC "-//W3C//DTD HTML 4.01 Frameset//EN"
        "http://www.w3.org/TR/html4/frameset.dtd">
```

Même si l'utilisation de HTML 4.01 Frameset est parfaitement possible pour créer votre déclaration DOCTYPE, les cadres ne sont plus considérés comme pertinents. Alors prudence avant de vous décider à utiliser des cadres.

Ajouter une déclaration DOCTYPE XHTML

Pour créer un document XHTML, utilisez l'une des déclarations `DOCTYPE` suivantes :

- **XHTML 1.0 Transitional :**

```
<!DOCTYPE html PUBLIC "-//W3C//DTD XHTML 1.0 Transitional//EN"
        "http://www.w3.org/TR/xhtml1/DTD/xhtml1-transitional
           .dtd">
```

- **XHTML 1.0 Strict :**

```
<!DOCTYPE html PUBLIC "-//W3C//DTD XHTML 1.0 Strict//EN"
        "http://www.w3.org/TR/xhtml1/DTD/xhtml1-strict.dtd">
```

- **XHTML 1.0 Frameset :**

```
<!DOCTYPE html PUBLIC "-//W3C//DTD XHTML 1.0 Frameset//EN"
        "http://www.w3.org/TR/xhtml1/DTD/xhtml1-frameset.dtd">
```

Même remarque que pour les cadres HTML : l'utilisation de cadres XHTML n'est plus considérée comme pertinente.

Les descriptions DTD XHTML sont analogues aux descriptions DTD HTML définies dans le Chapitre 1. Les DTD HTML sont documentées sur www.w3.org/TR/html401/sgml/dtd.html et les DTD XHTML sur www.w3.org/TR/xhtml1/dtds.html.

L'élément <html>

Une fois que vous avez spécifié la version du document (X)HTML, ajoutez un <html> qui contiendra tous les éléments (X)HTML de votre page :

```
<!DOCTYPE html PUBLIC "-//W3C//DTD XHTML 1.0 Transitional//EN"
        "http://www.w3.org/TR/xhtml1/DTD/xhtml1-transitional.dtd">

<html>



</html>
```

Ajouter l'espace de noms XHTML

Un *espace de noms* est une liste de noms utilisés par les éléments et les attributs dans un document XHTML. XHTML utilise une liste spéciale de noms. C'est pourquoi il a besoin d'une définition d'espace de noms qui ressemble à ceci :

```
<!DOCTYPE html PUBLIC "-//W3C//DTD XHTML 1.0 Transitional//EN"
        "http://www.w3.org/TR/xhtml1/DTD/xhtml1-transitional.dtd">

<html xmlns="http://www.w3.org/1999/xhtml">



</html>
```

Si vous travaillez avec d'autres langages XML, vous devez savoir ce qu'est un espace de noms. Pour créer des documents XHTML, vous devez simplement ne pas oublier de faire figurer l'espace de noms du XHTML. La partie de code présentée précédemment vous montre comment procéder. Si vous omettez cette étape, vos fichiers XHTML ne seront pas validés par validator.w3.org.

Ajouter un en-tête de document

L'*en-tête* d'un document (X)HTML est l'un des deux composants d'un document (le *corps* du document étant l'autre). L'en-tête fournit des informations élémentaires sur le document, dont son titre et ses métadonnées (c'est-à-dire des informations sur l'information), telles que les mots-clés, l'information sur l'auteur, une description. Si vous souhaitez utiliser une feuille de styles dans votre page, vous devrez aussi faire figurer dans l'en-tête une information à son sujet.

Le Chapitre 9 contient une présentation complète du processus de création de feuilles de styles en cascade (CSS) et vous montre comment les inclure dans vos documents (X)HTML.

L'élément `<head>`, qui définit l'en-tête de la page, suit immédiatement la balise ouvrante `<html>` :

```
<!DOCTYPE html PUBLIC "-//W3C//DTD XHTML 1.0 Transitional//EN"
        "http://www.w3.org/TR/xhtml1/DTD/xhtml1-transitional.dtd">

<html xmlns="http://www.w3.org/1999/xhtml">
    <head>
      <meta http-equiv="Content-Type" content="text/html;
          charset=iso-8859-1" />
    </head>
</html>
```

L'élément de métadonnée pour le codage de caractères

```
<meta http-equiv="Content-Type" content="text/html;
    charset=iso-8859-1">
```

est également nécessaire pour que la page Web soit validée par `validator.w3.org`. Ne l'oubliez pas !

Donner un titre à la page

Toute page (X)HTML a besoin d'un titre descriptif pour indiquer aux visiteurs ce dont elle traite. Ce texte apparaît dans la barre de titre, tout en haut de la fenêtre du navigateur, comme dans la Figure 4.1. Un titre de page doit être concis tout en restant informatif (par exemple, *Ma page d'accueil* n'est pas aussi informatif que *Services de conception Web de Jeff*).

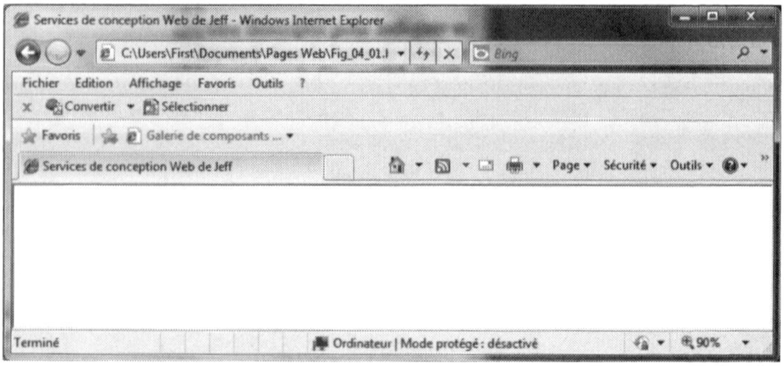

Figure 4.1 : Le titre d'une page (X)HTML apparaît dans la barre de titre de la fenêtre du navigateur.

Pour définir le titre d'une page, utilisez l'élément <title> dans l'élément <head> :

```
<!DOCTYPE html PUBLIC "-//W3C//DTD XHTML 1.0 Transitional//EN"
        "http://www.w3.org/TR/xhtml1/DTD/xhtml1-transitional.dtd">

<html xmlns="http://www.w3.org/1999/xhtml">
    <head>
       <meta http-equiv="Content-Type" content="text/html;
          charset=iso-8859-1" />
<title>Services de conception Web de Jeff</title>
    </head>

</html>
```

N'OUBLIEZ PAS

Les moteurs de recherche utilisent le contenu de <title> lorsqu'ils lisent les pages Web en réponse à une requête. Le titre de la page est la première chose qu'un internaute lit au sujet de votre page, surtout s'il la trouve en utilisant un moteur de recherche. En fait, un moteur de recherche va probablement lister le titre de votre page parmi d'autres dans une page de résultats de recherche, si bien que ce dernier constitue votre seule chance d'attirer l'attention de l'internaute et de le convaincre de consulter votre page. Un titre bien conçu permet d'attirer les visiteurs.

N'OUBLIEZ PAS

Le titre est aussi utilisé dans les Favoris et dans l'Historique d'un navigateur. Pour ces raisons, privilégiez des titres brefs et compréhensibles.

Définir les métadonnées

Le terme de *métadonnées* fait référence aux données sur les données. Dans le contexte du Web, ce sont les données qui décrivent votre page Web. Les métadonnées d'une page peuvent inclure :

- Des mots-clés.
- Une description de votre page.
- Des informations sur l'auteur de la page.
- L'application logicielle que vous utilisez pour créer la page.

Eléments et attributs

Vous définissez les métadonnées de votre page (X)HTML à l'aide de :

- L'élément `<meta />`.
- Les attributs `name` et `content`.

Par exemple, les éléments suivants créent une liste de mots-clés et une description pour une page présentant les services d'un consultant :

```
<!DOCTYPE html PUBLIC "-//W3C//DTD XHTML 1.0 Transitional//EN"
        "http://www.w3.org/TR/xhtml1/DTD/xhtml1-transitional.dtd">

<html xmlns="http://www.w3.org/1999/xhtml">
    <head>
    <title>Services de conception Web de Jeff</title>
      <meta http-equiv="Content-Type" content="text/html;
         charset=iso-8859-1" />
      <meta name="keywords"
        content="Consulting Web, conception de pages, construction
            de sites" />
      <meta name="description"
        content="Description des compétences et des services de
                 Jeff" />
    </head>
</html>
```

Les noms personnalisés

La spécification (X)HTML ne précise pas :

- Les types de métadonnées que vous intégrez dans votre page.

- Comment nommer les différents composants des métadonnées, tels que les mots-clés et les descriptions.

Par exemple, au lieu d'utiliser `keywords` et `description` pour nommer des métadonnées correspondant à des mots-clés et à une description, vous pouvez simplement utiliser `kwrd` et `desc`, comme dans le code suivant :

```
<!DOCTYPE html PUBLIC "-//W3C//DTD XHTML 1.0 Transitional//EN"
        "http://www.w3.org/TR/xhtml1/DTD/xhtml1-transitional.dtd">

<html xmlns="http://www.w3.org/1999/xhtml">
  <head>
    <title>Services de conception Web de Jeff</title>
    <meta http-equiv="Content-Type" content="text/html;
        charset=iso-8859-1" />
    <meta name="kwrd"
        content="Consulting Web, conception de pages, construction
                  de sites" />
    <meta name="desc"
        content="Description des compétences et des services de
                  Jeff" />
    </head>
</html>
```

TRUC

De nombreux développeurs utilisent les métadonnées pour :

- Laisser des messages à l'attention de ceux qui examinent le code source de la page.
- Anticiper les futurs navigateurs et moteurs de recherche qui pourraient utiliser les métadonnées.

TRUC

Bien que les mots-clés et la description d'une page soient optionnels, les moteurs de recherche les utilisent pour collecter des informations sur votre site Web. Il y a quelques années, certains surchargeaient leur site Web de balises `<meta />` dans l'espoir que leur site Web figure aussi souvent que possible dans les résultats des moteurs de recherche. Les moteurs de recherche modernes sont assez "intelligents" pour déjouer de telles pratiques et n'attachent plus d'importance ou ignorent carrément les balises `<meta />`. N'oubliez pas d'inclure des informations détaillées et concises dans votre balise `<meta />` si vous souhaitez que votre site Web soit découvert par les moteurs de recherche.

Rediriger automatiquement les utilisateurs sur une autre page

Vous pouvez utiliser les métadonnées dans votre en-tête pour envoyer des messages aux navigateurs leur indiquant comment afficher (ou gérer) votre page Web. Les créateurs de sites Web utilisent généralement l'élément `<meta />` pour rediriger automatiquement les visiteurs d'une page à une autre. Par exemple, si vous êtes déjà tombé sur une page qui affiche `Cette page a été déplacée. Attendez 10 secondes pour être redirigé automatiquement vers son nouvel emplacement` (ou quelque chose dans le genre), vous avez vu cette astuce à l'œuvre.

Voici les étapes qu'il faut suivre pour utiliser l'élément `<meta />` afin d'envoyer des messages au navigateur :

1. **Utilisez l'attribut** `http-equiv` **au lieu de l'attribut** `name`**.**
2. **Dans une liste prédéfinie de valeurs, choisissez celles qui correspondent aux instructions destinées au navigateur.**

   Ces valeurs utilisent des instructions que vous pouvez envoyer au navigateur dans l'en-tête HTTP mais modifier un en-tête HTTP pour un document est plus complexe que d'inclure ces instructions directement dans la page Web.

Pour indiquer au navigateur qu'il doit rediriger les utilisateurs d'une page à une autre, voici ce que vous devez faire :

1. **Utilisez l'élément** `<meta />` **avec** `http-equiv="refresh"`**.**
2. **Définissez la valeur de** `content` **pour spécifier combien de secondes vont s'écouler avant de basculer sur l'URL que vous indiquez.**

Dans l'exemple ci-dessous, l'élément `<meta />` renvoie vers l'URL `www.w3.org` après 15 secondes d'attente :

```
<!DOCTYPE html PUBLIC "-//W3C//DTD XHTML 1.0 Transitional//EN"
        "http://www.w3.org/TR/xhtml1/DTD/xhtml1-transitional.dtd">

<html xmlns="http://www.w3.org/1999/xhtml">
  <head>
    <title>Tout sur les balises</title>
    <meta http-equiv="Content-Type" content="text/html;
       charset=iso-8859-1" />
    <meta http-equiv="refresh" content="15; url= http://www.w3
        .org/" />
  </head>
```

```
  <body>
    <p>Cette page est en cours de développement. Dans l'attente,
       visitez <a href="http://www.w3.org">le site Web du W3C</a>
       pour consulter la liste exhaustive des balises.
    </p>

    <p>Patientez 15 secondes avant d'être redirigé sur le site du
       W3C.</p>
  </body>
</html>
```

ATTENTION !

Les navigateurs les plus anciens risquent de ne pas savoir quoi faire des éléments `<meta />` qui utilisent l'élément `http-equiv` pour créer une redirection. N'oubliez pas d'insérer du texte et un lien dans votre page pour permettre au visiteur de se rendre manuellement vers la page si votre élément `<meta />` ne fonctionne pas. Le Chapitre 3 traite de la création de liens à l'aide d'éléments `<a>`.

Si le navigateur d'un utilisateur ne sait pas quoi faire de votre redirection, l'utilisateur peut simplement cliquer sur le lien que vous avez inséré dans la page pour se rendre sur la nouvelle page, comme dans la Figure 4.2.

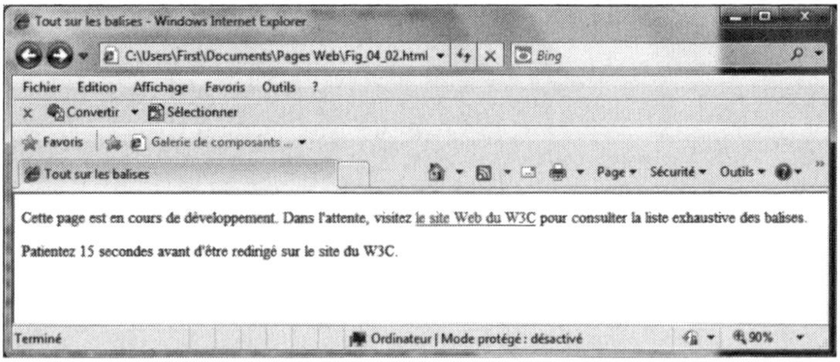

Figure 4.2 : Lorsque vous utilisez un élément <meta /> pour créer une redirection de page, insérez un lien pour le cas où la redirection échoue.

TRUC

Vous pouvez utiliser l'attribut `http-equiv` avec l'élément `<meta />` pour divers objectifs, comme définir la date d'expiration d'une page ou spécifier le code de caractères (le langage) de cette dernière. Pour obtenir la liste des options `http-equiv` (et comprendre comment les utiliser), consultez le dictionnaire des balises HTML META à l'URL suivante :

```
http://vancouver-webpages.com/META/metatags.detail.html
```

Créer le corps du document (X)HTML

Après avoir créé l'en-tête de votre page, créé un titre, défini quelques métadonnées, vous êtes prêt à ajouter des balises (X)HTML et du contenu qui apparaîtra dans la fenêtre du navigateur. L'élément <body> englobe le contenu de votre document.

N'OUBLIEZ PAS

Si vous souhaitez visualiser quelque chose dans la fenêtre de votre navigateur, insérez-le dans l'élément <body>, comme ceci :

```
<!DOCTYPE html PUBLIC "-//W3C//DTD XHTML 1.0 Transitional//EN"
        "http://www.w3.org/TR/xhtml1/DTD/xhtml1-transitional.dtd">

<html xmlns="http://www.w3.org/1999/xhtml">
    <head>
    <meta http-equiv="Content-Type" content="text/html;
        charset=iso-8859-1" />
    <title>Services de conception Web de Jeff</title>
    <meta name="kwrd"
        content="Consulting Web, conception de pages, construction
          de sites" />
    <meta name="desc"
        content="Description des compétences et des services de
                 Jeff" />
    </head>
  <body style="color: white;
        background-color: teal;
        font-size: 1.2;
        font-family: sans-serif">
    <h1>Services de conception Web de Jeff</h1>
    <p>Jeff a aidé de nombreux clients texans, grandes ou petites
       entreprises, à réaliser leur site institutionnel. Il s'est
       spécialisé dans la conception de sites Web à la pointe, le
       multimédia dynamique pour répondre à tous les besoins de
       business.</p>

    <p>Pour plus d'informations, contactez Jeff Noble par mail
       <a href="mailto:jeff@conquestmedia.com></a></p>
  </body>
</html>
```

La Figure 4.3 montre comment le navigateur affiche cette page (X) HTML :

- Le contenu de l'élément <title> apparaît dans la barre de navigation de la fenêtre.

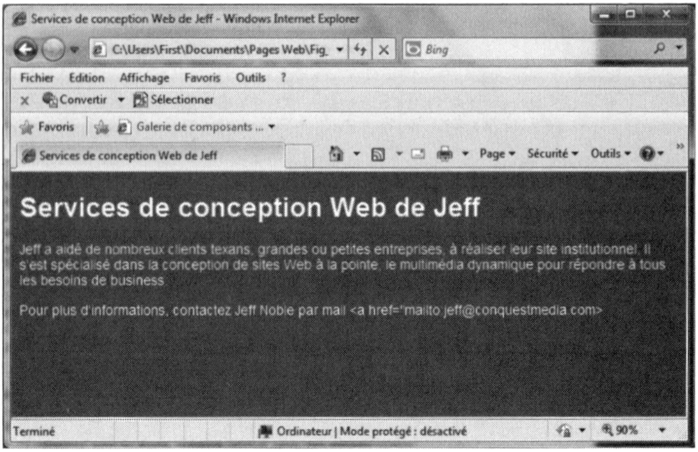

Figure 4.3 : Seul le contenu de l'élément <body> apparaît dans la fenêtre du navigateur.

- Les éléments `<meta />` n'affectent en rien l'apparence de la page.
- Seul le texte du paragraphe contenu dans les éléments `<h1>` et `<p>` (dans l'élément `<body>`) apparaît vraiment dans la fenêtre du navigateur.

Chapitre 5

Le texte et les listes

Dans ce chapitre :

- Travailler avec des blocs de texte élémentaires.
- Manipuler des blocs de texte.
- Créer des listes à puces, numérotées et de définitions.

Les documents HTML contiennent du texte, des images, des fichiers multimédia, des liens et d'autres composants que vous faites tenir ensemble dans la page en utilisant des éléments et des attributs de balisage. Vous utilisez des blocs de texte pour créer notamment les titres, les paragraphes et les listes. Pour concevoir un document HTML consistant, il faut tout d'abord poser les fondations sur lesquelles s'appuiera la structure du document.

Mettre en forme le texte

Voici une définition ultra technique d'un *bloc de texte* : une partie de contenu qui passe d'une ligne à l'autre dans un élément HTML.

En fait, votre page HTML est une gigantesque collection de blocs de texte :

- Chaque morceau du contenu de votre page doit faire partie d'un élément de bloc.
- Chaque élément de bloc doit résider dans l'élément `<body>` de votre page.

HTML reconnaît plusieurs types de blocs de texte que vous pouvez utiliser dans votre document, notamment :

- Les paragraphes.

- Les titres.
- Les blocs de citation.
- Les listes.
- Les tableaux.
- Les formulaires.

Eléments en ligne versus blocs de texte

La différence entre les éléments en ligne et les blocs de texte est importante. Les éléments HTML présentés dans ce chapitre décrivent des blocs de texte. Un *élément en ligne* est un mot ou une chaîne de mots qui se trouve *à l'intérieur* d'un élément de bloc (par exemple, des éléments mettant en valeur le texte, tels que <em> ou <strong>). Les éléments en ligne doivent être imbriqués dans un élément de bloc sinon votre document HTML ne sera pas syntaxiquement correct.

Les éléments en ligne, tels que les éléments de mise en forme ou ceux qui permettent de créer des liens, sont conçus pour modifier l'apparence ou les fonctionnalités des quelques mots ou lignes de contenu qu'ils délimitent.

Les paragraphes

Les paragraphes figurent plus souvent dans les pages Web que tout autre bloc de texte.

Les navigateurs HTML ne reconnaissent pas le retour chariot que vous saisissez lorsque vous créez votre page dans un éditeur. Vous devez utiliser un élément <p> pour dire au navigateur de considérer tout le texte contenu jusqu'au </p> fermant comme un paragraphe.

Mise en forme

Pour créer un paragraphe, suivez ces étapes :

1. **Ajoutez un <p> dans le corps du document.**
2. **Saisissez le contenu du paragraphe.**
3. **Ajoutez un </p> pour fermer ce paragraphe.**

Voici à quoi cela devrait ressembler :

```
<!DOCTYPE html PUBLIC "-//W3C//DTD XHTML 1.0 Transitional//EN"
        "http://www.w3.org/TR/xhtml1/DTD/xhtml1-transitional.dtd">
<html xmlns="http://www.w3.org/1999/xhtml" xml:lang="fr" lang="fr">
  <head>
    <meta http-equiv="Content-Type" content="text/html;
       charset=ISO-8859-1" />
    <title>Tout sur les blocs</title>
  </head>

  <body>
    <p>Ceci est un paragraphe. C'est une structure très simple que
       vous utilisez en permanence dans vos pages Web.</p>
    <p>Voici un autre paragraphe. Qu'y a-t-il de plus simple à
       créer ?</p>
  </body>
</html>
```

Cette page HTML contient deux paragraphes, chacun étant signalé par un élément <p> spécifique. La plupart des navigateurs Web ajoutent un saut de ligne et une ligne blanche après chaque paragraphe, comme le montre la Figure 5.1.

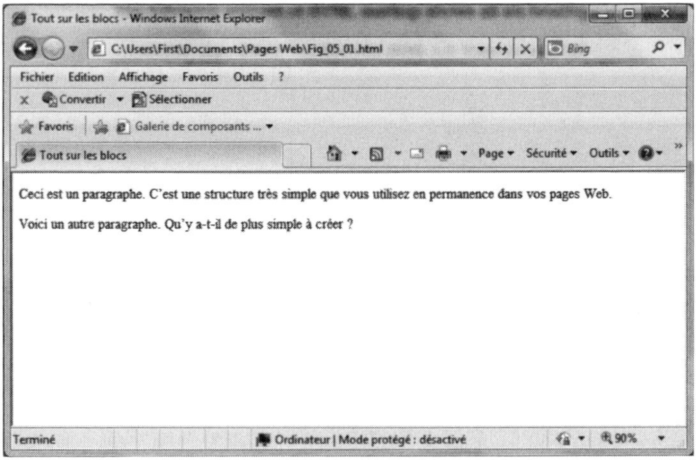

Figure 5.1 : Les navigateurs Web délimitent les paragraphes à l'aide de sauts de ligne.

Les codeurs HTML négligents n'utilisent pas la balise fermante </p> lorsqu'ils créent des paragraphes. Quoique certains navigateurs permettent cette pratique douteuse sans hurler, omettre la balise fermante :

- n'est pas syntaxiquement correct ;
- génère des problèmes si vous utilisez des feuilles de styles ;
- peut entraîner un affichage incohérent d'un navigateur à un autre.

Vous pouvez contrôler la mise en forme d'un paragraphe (couleur, taille, style et alignement) en utilisant les feuilles de styles (CSS) que nous traitons dans les Chapitres 9 à 12.

Les titres

Les titres délimitent des sections dans le document. Ce livre utilise des titres et des sous-titres pour diviser chaque chapitre en sections et vous pouvez faire de même dans votre page Web. Les titres :

- organisent le document ;
- brisent la monotonie visuelle de la page ;
- donnent des indices visuels sur la manière dont le contenu est structuré.

Le HTML compte six éléments pour représenter les différents niveaux de titre dans votre document :

- `<h1>` est le niveau de titre le plus important.
- `<h6>` est le niveau de titre le moins important.

Respectez la hiérarchie lorsque vous utilisez les titres en HTML. Autrement dit, n'utilisez pas un deuxième niveau de titre sans en avoir un premier, n'utilisez pas un troisième niveau sans en avoir un deuxième, etc. Si vous souhaitez modifier l'apparence des titres, les Chapitres 10 et 11 vous expliquent comment y parvenir en utilisant les feuilles de styles.

Mise en forme

Pour créer un titre, suivez ces étapes :

1. **Ajoutez** `<hn>` **dans le corps de votre document.**
2. **Saisissez le contenu du titre.**
3. **Ajoutez** `</hn>`.

Dans ce contexte, *n* correspond au numéro du niveau de titre que vous voulez créer. Par exemple, pour créer un titre de niveau 1, remplacez le *n* par 1 et ajoutez <h1> dans votre page, pour un titre de niveau 2, ajoutez <h2>, etc.

L'affichage par le navigateur

Chaque navigateur affiche les niveaux de titre à sa manière, comme vous pouvez le constater dans les deux sections suivantes.

Les navigateurs graphiques

La plupart des navigateurs graphiques affichent les titres en utilisant des tailles de polices et des mises en forme différentes :

- Le premier niveau de titre (<h1>) est affiché dans le plus grand caractère (généralement deux à trois fois plus grand que celui utilisé pour les paragraphes).
- Tous les titres utilisent une police en gras par défaut, alors que les paragraphes utilisent une police standard (sans gras) par défaut.
- Le titre de sixième niveau (<h6>) est le plus petit, affiché dans un caractère deux à trois fois plus petit que celui du paragraphe.

Les extraits suivants de HTML montrent les six niveaux de titre à l'œuvre :

```
<!DOCTYPE html PUBLIC "-//W3C//DTD XHTML 1.0 Transitional//EN"
      "http://www.w3.org/TR/xhtml1/DTD/xhtml1-transitional.dtd">
<html xmlns="http://www.w3.org/1999/xhtml" xml:lang="fr" lang="fr">
  <head>
    <meta http-equiv="Content-Type" content="text/html;
        charset=ISO-8859-1" />
    <title>Tout sur les blocs</title>
  </head>

  <body>
    <h1>Premier niveau de titre</h1>
    <h2>Deuxième niveau de titre</h2>
    <h3>Troisième niveau de titre</h3>
    <h4>Quatrième niveau de titre</h4>
    <h5>Cinquième niveau de titre</h5>
    <h6>Sixième niveau de titre</h6>
  </body>
</html>
```

La Figure 5.2 montre le rendu de la page HTML dans un navigateur.

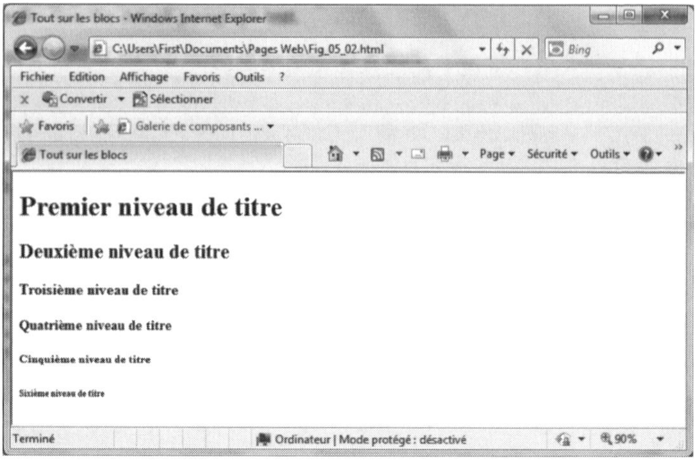

Figure 5.2 : Les navigateurs Web affichent les titres du niveau 1 au niveau 6.

TRUC

Utilisez CSS pour contrôler l'affichage des titres, y compris leur couleur, leur taille, leur espacement et leur alignement.

Les navigateurs en mode texte

Les navigateurs en mode texte utilisent des conventions différentes de celles des navigateurs graphiques car ils affichent le contenu dans une seule police et taille de caractère. Voici quelques bons navigateurs en mode texte : Lynx, ELinks, Cygwin et MIRA.

Contrôler les blocs de texte

Les blocs de texte sont les fondations de votre page. Vous pouvez découper ces blocs en morceaux plus petits pour mieux guider les lecteurs dans votre contenu.

Les blocs de citation

Un *bloc de citation* est une longue citation ou un long extrait d'une source imprimée que vous souhaitez mettre en évidence dans la page. Utilisez l'élément `<blockquote>` pour identifier un bloc de citation :

```
<!DOCTYPE html PUBLIC "-//W3C//DTD XHTML 1.0 Transitional//EN"
        "http://www.w3.org/TR/xhtml1/DTD/xhtml1-transitional.dtd">
<html xmlns="http://www.w3.org/1999/xhtml" xml:lang="fr" lang="fr">
  <head>
    <meta http-equiv="Content-Type" content="text/html;
      charset=ISO-8859-1" />
    <title>Citations célèbres</title>
  </head>

  <body>
    <h1>Une citation à méditer</h1>
    <p>Lorsque j'ai besoin d'un peu d'inspiration pour me rappeler
      pourquoi je passe mes journées dans une salle de classe, je
      me souviens de ce que Lee Iococca a dit :</p>
    <blockquote>Dans une société totalement rationnelle, les
      meilleurs d'entre nous seraient des enseignants et le reste
      devrait se contenter d'autre chose.
    </blockquote>
  </body>
</html>
```

La plupart des navigateurs Web affichent le contenu d'un bloc de citation en l'indentant légèrement à gauche, comme dans la Figure 5.3.

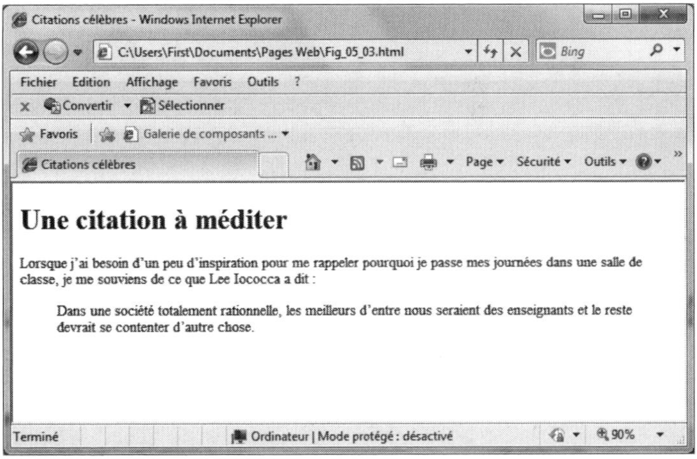

Figure 5.3 : Les navigateurs Web indentent généralement les blocs de citation pour les distinguer des paragraphes.

Le texte préformaté

D'ordinaire, HTML ignore les espaces blancs dans les documents. Un navigateur n'affichera pas les éléments suivants d'un bloc :

- Les retours à la ligne.
- Les sauts de ligne.
- Les séquences ininterrompues d'espaces.

L'exemple suivant contient des retours à la ligne, des sauts de ligne et plusieurs séries d'espaces. La Figure 5.4 montre que le navigateur Web les ignore tous.

```
<p>
  Ceci est un paragraphe



    qui contient beaucoup d'espace vierge



         ajouté pour le fun (et pour faire un test bien entendu.</p>
```

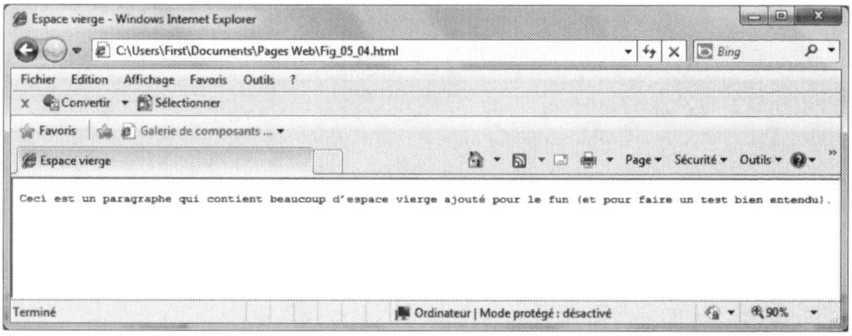

Figure 5.4 : Les navigateurs Web ignorent les espaces vierges.

L'élément de texte préformaté (<pre>) indique aux navigateurs qu'ils doivent préserver les espaces lorsqu'ils affichent votre contenu (comme dans l'exemple suivant). Utilisez l'élément <pre> à la place de l'élément <p> pour contraindre le navigateur à afficher tous les espaces, comme dans la Figure 5.5.

```
<!DOCTYPE html PUBLIC "-//W3C//DTD XHTML 1.0 Transitional//EN"
         "http://www.w3.org/TR/xhtml1/DTD/xhtml1-transitional.dtd">
<html xmlns="http://www.w3.org/1999/xhtml" xml:lang="fr" lang="fr">
  <head>
    <meta http-equiv="Content-Type" content="text/html;
        charset=ISO-8859-1" />
```

```
    <title>Espace vierge</title>
  </head>

  <body>
    <pre>Ceci est un paragraphe


        qui contient beaucoup d'espace vierge


            ajouté pour le fun (et pour faire un test bien entendu).
    </pre>
  </body>
</html>
```

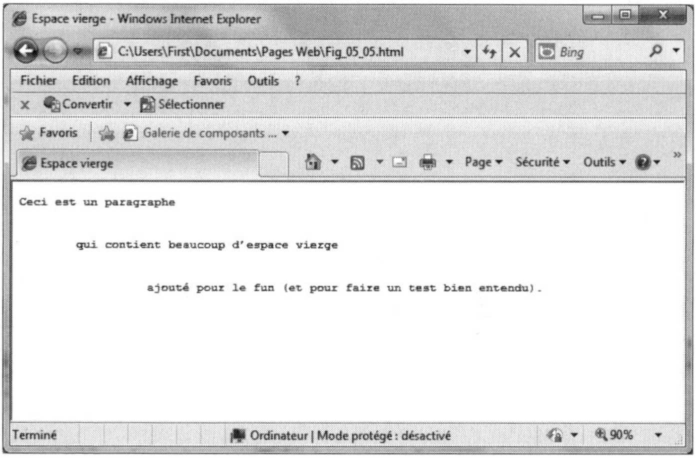

Figure 5.5 : Utilisez du texte préformaté pour obliger les navigateurs à respecter les espaces.

TRUC

Peut-être voudrez-vous que le navigateur affiche des espaces dans une page HTML pour améliorer la lisibilité de contenus tels que :

- Des extraits de code.
- Des colonnes de données, des nombres ou du texte sensible au format.
- Des tableaux de texte.

TRUC

Vous pouvez imbriquer les éléments `<pre>` dans des éléments `<block-quote>` pour contrôler précisément la manière dont les lignes d'une citation apparaissent dans la page. Mieux encore, oubliez toutes ces balises et utilisez CSS pour positionner des blocs de texte dans des éléments `<div>`.

Les séparateurs horizontaux

L'élément séparateur horizontal (`<hr />`) vous permet d'inclure des lignes de séparation dans votre page.

Le navigateur crée la ligne en se basant sur l'élément `<hr />`, si bien que les utilisateurs n'ont pas d'image à télécharger pour l'afficher. Un séparateur horizontal est une bonne solution pour :

- Découper une page en sections logiques.
- Séparer les en-têtes et les pieds de pages du reste de la page.

Mise en forme

Lorsque vous intégrez un élément `<hr />` dans votre page, comme dans l'extrait de XHTML suivant, le navigateur le remplace par une ligne, comme le montre la Figure 5.6.

```
<!DOCTYPE html PUBLIC "-//W3C//DTD XHTML 1.0 Transitional//EN"
        "http://www.w3.org/TR/xhtml1/DTD/xhtml1-transitional.dtd">
<html xmlns="http://www.w3.org/1999/xhtml" xml:lang="fr" lang="fr">
  <head>
    <meta http-equiv="Content-Type" content="text/html;
        charset=ISO-8859-1" />
    <title>Séparateur horizontal</title>
  </head>

  <body>
    <p>Ceci est un paragraphe suivi d'un séparateur horizontal</p>

    <hr />

    <p>Ceci est un paragraphe précédé d'un séparateur horizontal</p>
  </body>
</html>
```

Un séparateur horizontal occupe toujours une ligne à lui seul. Vous ne pouvez pas ajouter un élément `<hr />` au milieu d'un paragraphe (ou d'autres éléments de blocs) en espérant que le séparateur apparaisse au milieu du bloc.

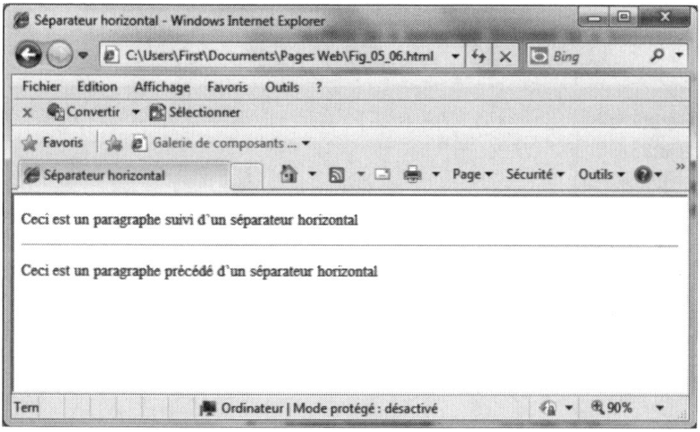

Figure 5.6 : Utilisez l'élément <hr /> pour ajouter des lignes à vos pages.

Cet extrait de HTML crée un séparateur horizontal qui occupe 45 % de la largeur de la page, fait 4 pixels d'épaisseur, est aligné au centre, sans ombre.

```
<p>Ceci est un paragraphe suivi d'un séparateur horizontal</p>

<hr width="45%" size="4" align="center" noshade="noshade" />

<p>Ceci est un paragraphe précédé d'un séparateur horizontal</p>
```

La Figure 5.7 vous montre comment l'ajout de ces attributs affecte l'affichage du séparateur. Notez que ces attributs sont dépréciés et qu'il vaut mieux les remplacer par leur équivalent CSS, comme l'expliquent les Chapitres 9 à 12. Les attributs dépréciés sont traités dans le Chapitre 8.

La Figure 5.8 montre comment vous pouvez utiliser les séparateurs horizontaux dans le monde réel pour mettre en évidence du contenu important. La page d'accueil de EdTittel.com utilise un séparateur coloré pour distinguer le pied de page du reste de la page.

TRUC

Comme le montre la section `<style>` dans l'en-tête du fichier, CSS vous permet de contrôler la couleur, la largeur et l'opacité des séparateurs horizontaux.

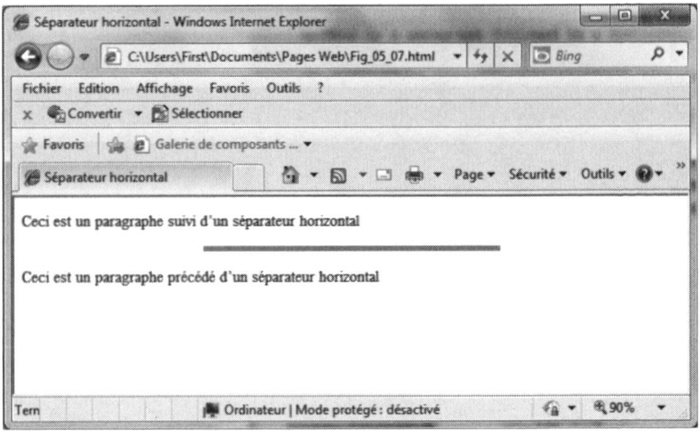

Figure 5.7 : La balise de séparateur horizontal permet de contrôler la manière dont votre navigateur affiche le séparateur.

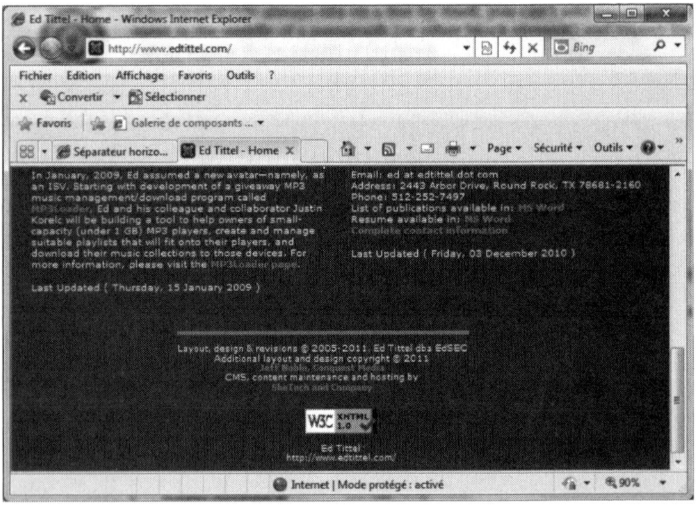

Figure 5.8 : La page d'accueil de EdTittel.com utilise un séparateur horizontal coloré pour distinguer le contenu de la page de l'information figurant dans le pied de page.

Organiser l'information

Les listes sont des outils puissants pour regrouper des éléments similaires et offrir aux visiteurs de votre site une solution facile pour repérer les groupes d'information. Une liste peut contenir tous types d'éléments, du jeu d'instructions à la série de liens.

Les listes utilisent une combinaison d'au moins deux éléments :

- Un élément de balisage qui dit : "He, le navigateur ! Les éléments qui suivent appartiennent à une liste."
- Des éléments de balisage qui disent : "He, le navigateur ! Voici un élément de la liste."

HTML gère trois types de listes :

- Les listes numérotées.
- Les listes à puces.
- Les listes de définitions.

Les listes numérotées

Une *liste numérotée* est composée d'au moins deux éléments, chacun précédé d'un nombre. Généralement, on numérote une liste lorsque l'ordre de ses éléments est important.

Vous pouvez utiliser deux types d'éléments pour une liste numérotée :

- L'élément de liste ordonnée (`<ol>`) désigne une liste numérotée.
- Les éléments de liste (`<li>`) signalent chaque élément de la liste.

Mise en forme

Une liste numérotée comprenant trois éléments doit se présenter de la manière suivante :

1. `<ol>`
2. `<li>`
3. Contenu pour le premier élément de la liste
4. `</li>`
5. `<li>`
6. Contenu pour le deuxième élément de la liste
7. `</li>`
8. `<li>`
9. Contenu pour le troisième élément de la liste
10. `</li>`
11. `</ol>`

L'extrait suivant contient une liste numérotée composée de trois éléments :

```
<!DOCTYPE html PUBLIC "-//W3C//DTD XHTML 1.0 Transitional//EN"
        "http://www.w3.org/TR/xhtml1/DTD/xhtml1-transitional.dtd">
<html xmlns="http://www.w3.org/1999/xhtml" xml:lang="fr" lang="fr">
  <head>
    <meta http-equiv="Content-Type" content="text/html;
        charset=ISO-8859-1" />
    <title>Listes numérotées</title>
  </head>

  <body>
    <h1>Choses à faire aujourd'hui</h1>
    <ol>
      <li>Nourrir le chat</li>
      <li>Laver la voiture</li>
      <li>Faire les courses</li>
    </ol>
  </body>
</html>
```

La Figure 5.9 montre comment le navigateur affiche ce code. Vous n'avez pas à spécifier un numéro pour chaque élément de la liste. Le navigateur identifie chaque élément de la liste à l'aide de la balise et ajoute automatiquement un numéro suivi d'un point.

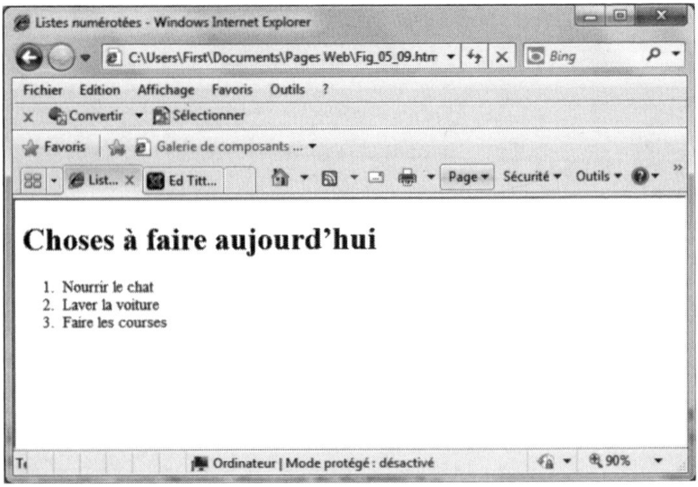

Figure 5.9 : Utilisez les balises <ol> et <li> pour créer une liste numérotée.

Si vous échangez les deux premiers éléments de la liste, ils seront toujours numérotés dans l'ordre lorsque la page sera affichée, comme le montre la Figure 5.10.

```
<ol>
  <li>Laver la voiture</li>
  <li>Nourrir le chat</li>
  <li>Faire les courses</li>
</ol>
```

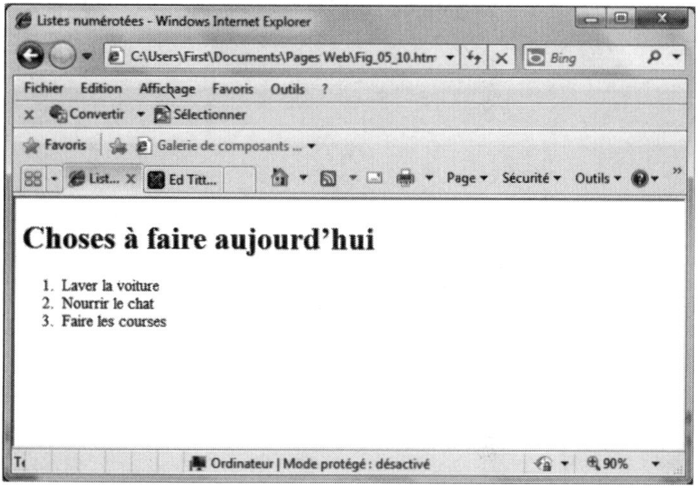

Figure 5.10 : Les navigateurs Web ajoutent des numéros aux éléments de votre liste en fonction de l'ordre d'apparition.

Numérotation

Deux attributs de `<ol>` contrôlent l'apparence d'une liste numérotée :

- `start` : Spécifie le premier numéro de la liste.
  - La valeur de départ par défaut est 1 mais vous pouvez spécifier n'importe quel nombre pour démarrer la nouvelle liste.

    Spécifiez un nombre de départ lorsque vous devez reprendre une liste après un paragraphe ou tout autre élément de bloc.
- `type` : Spécifie le style de numérotation de la liste. Vous avez le choix entre cinq styles de numérotation prédéfinis :
  - 1 : nombres décimaux.

- a : lettres minuscules.
- A : lettres majuscules.
- i : chiffres romains minuscules.
- I : chiffres romains majuscules.

L'extrait suivant utilise des éléments ordonnés et des attributs pour générer une liste qui utilise les chiffres romains en majuscules en partant de 5 (V en chiffres romains) :

```
<ol start="5" type="I">
  <li>Laver la voiture</li>
  <li>Nourrir le chat</li>
  <li>Faire les courses</li>
</ol>
```

La Figure 5.11 montre comment les attributs affectent l'apparence de la liste dans le navigateur.

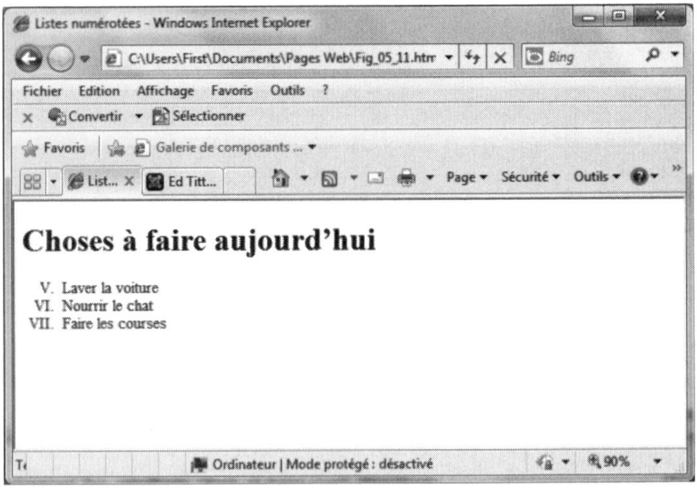

Figure 5.11 : Les attributs type et start permettent de contrôler l'apparence d'une liste d'éléments numérotés dans un navigateur.

TRUC

Vous contrôlez mieux vos listes si vous utilisez CSS pour définir la mise en forme. C'est pourquoi les attributs `start` et `type` sont *dépréciés* (c'est-à-dire abandonnés dans la version actuelle d'HTML).

Les listes à puces

Une *liste à puces* est composée d'un ou plusieurs éléments précédés d'une *puce* (souvent un gros point ; ce livre utilise des *coches* comme puces).

Vous utilisez ce type de listes si l'ordre de présentation des éléments n'est pas essentiel pour comprendre l'information présentée.

Mise en forme

Une liste à puces nécessite les éléments suivants :

- L'élément de liste non ordonnée (`<ul>`) annonce une liste à puces.
- L'élément de liste (`<li>`) signale un élément de la liste.
- La balise fermante de la liste non ordonnée (`</ul>`) annonce la fin de la liste.

Une liste à puces comprenant trois éléments doit se présenter de la manière suivante :

1. `<ul>`
2. `<li>`
3. Contenu pour le premier élément de la liste
4. `</li>`
5. `<li>`
6. Contenu pour le deuxième élément de la liste
7. `</li>`
8. `<li>`
9. Contenu pour le troisième élément de la liste
10. `</li>`
11. `</ul>`

L'extrait suivant contient une liste à puces composée de trois éléments :

```
<!DOCTYPE html PUBLIC "-//W3C//DTD XHTML 1.0 Transitional//EN"
        "http://www.w3.org/TR/xhtml1/DTD/xhtml1-transitional.dtd">
```

```
<html xmlns="http://www.w3.org/1999/xhtml" xml:lang="fr" lang="fr">
  <head>
    <meta http-equiv="Content-Type" content="text/html;
       charset=ISO-8859-1" />
    <title>Listes à puces</title>
  </head>

  <body>
    <h1>Choses à faire aujourd'hui</h1>
    <ul>
      <li>Nourrir le chat</li>
      <li>Laver la voiture</li>
      <li>Faire les courses</li>
    </ul>
  </body>
</html>
```

La Figure 5.12 montre comment le navigateur affiche cette liste à puces.

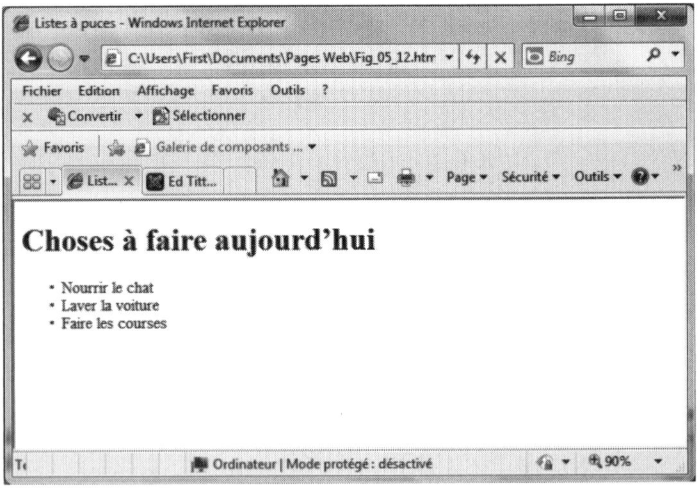

Figure 5.12 : Une liste à puces utilise des puces au lieu de nombres pour marquer ses éléments.

TRUC

Utilisez CSS pour mieux contrôler la mise en forme de vos listes, notamment si vous voulez personnaliser vos puces.

Les listes de définitions

Les *listes de définitions* regroupent des termes et des définitions dans une seule liste et s'appuient sur trois éléments :

- <dl> : Contient les définitions de la liste.
- <dt> : Définit un terme de la liste.
- <dd> : Définit une définition pour un terme.

Votre liste (<dl>) peut contenir autant de termes (définis par <dt>) que vous le souhaitez. Chaque terme peut avoir une ou plusieurs définitions (<dd>).

Pour créer une liste de définitions comprenant deux éléments, vous devez utiliser les éléments suivants :

1. <dl>
2. <dt>
3. Premier terme
4. </dt>
5. <dd>
6. Définition du premier terme
7. </dd>
8. <dt>
9. Deuxième terme
10. </dt>
11. <dd>
12. Définition du deuxième terme
13. </dd>
14. </dl>

La liste de définitions suivante compte trois termes, dont l'un possède deux définitions :

```
<!DOCTYPE html PUBLIC "-//W3C//DTD XHTML 1.0 Transitional//EN"
        "http://www.w3.org/TR/xhtml1/DTD/xhtml1-transitional.dtd">
<html xmlns="http://www.w3.org/1999/xhtml" xml:lang="fr" lang="fr">
```

```
  <head>
    <meta http-equiv="Content-Type" content="text/html;
      charset=ISO-8859-1" />
    <title>Listes de définitions</title>
  </head>

  <body>
    <h1>Définitions des langages de balisage</h1>
    <dl>
      <dt>SGML</dt>
        <dd>Langage normalisé de balisage généralisé</dd>
      <dt>HTML</dt>
         <dd>Langage de balisage hypertexte</dd>
         <dd>Langage de balisage que vous utilisez pour créer des
             pages Web.</dd>
      <dt>XML</dt>
        <dd>Langage de balisage extensible</dd>
    </dl>
  </body>
</html>
```

La Figure 5.13 montre comment un navigateur affiche ce HTML.

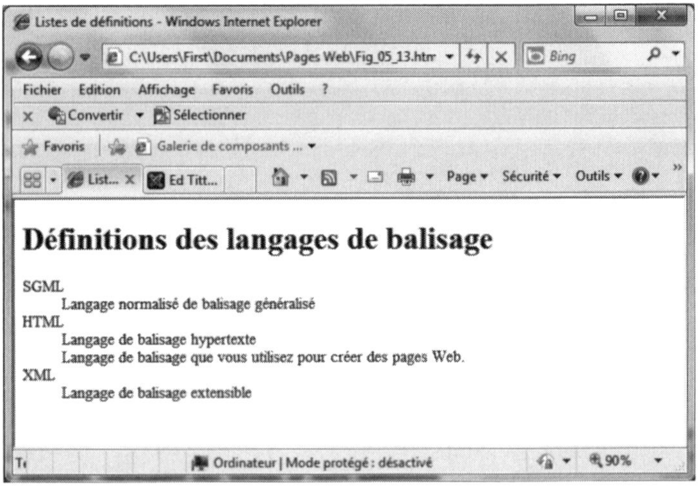

Figure 5.13 : Les listes de définition regroupent des termes et leurs définitions dans une seule liste.

TRUC

Si vous pensez que les éléments d'une liste sont trop proches les uns des autres, vous pouvez utiliser les styles CSS pour contrôler tous les aspects de l'apparence de la liste, comme l'explique le Chapitre 9.

Notez que les listes de définitions s'affichent souvent différemment selon le navigateur et qu'elles ne sont pas toujours gérées de la même manière par les moteurs de recherche et les synthétiseurs vocaux. About.com propose un article intéressant sur les listes de définitions sur `http://webdesign.about.com/od/htmltags/a/aa112006.htm`. Hélas, cela signifie que les listes de définitions ne constituent sans doute pas le meilleur choix pour mettre en forme les listes que vous créez (même les listes des définitions). Pour plus d'informations sur le sujet, reportez-vous à l'excellent article sur `www.maxdesign.com.au/articles/definition`.

Les listes imbriquées

Vous pouvez créer des sous-catégories en *imbriquant* des listes dans des listes. Les listes imbriquées sont souvent utilisées pour :

- Les cartes de sites et autres outils de navigation.
- Les tables des matières pour les livres et les articles en ligne.
- Les plans.

Vous pouvez combiner les trois types de listes pour créer des *listes imbriquées*, telles que des tables des matières à plusieurs niveaux ou des plans qui mélangent des titres numérotés avec des listes à puces d'éléments d'un niveau inférieur.

L'exemple suivant commence par une liste numérotée qui définit une liste de choses à faire pour la journée puis utilise trois listes à puces pour décomposer ces choses en tâches plus spécifiques :

```
<!DOCTYPE HTML PUBLIC "-//W3C//DTD HTML 4.01 Transitional//EN"

<html>
  <head>
    <meta http-equiv="Content-Type" content="text/html;
       charset=iso-8859-1">
    <title>Listes imbriquées</title>
  </head>

  <body>
    <h1>Liste de choses à faire aujourd'hui</h1>
    <ol>
      <li>Nourrir le chat
        <ul>
          <li>Rincer le bol</li>
          <li>Ouvrir la boîte de nourriture</li>
```

```
          <li>Mélanger les croquettes et la pâtée dans le bol</li>
          <li>Apporter le repas de Minou sur un plateau d'argent</li>
        </ul></li>
      <li>Nettoyer la voiture
        <ul>
          <li>Passer l'aspirateur à l'intérieur</li>
          <li>Laver la carrosserie</li>
          <li>Cirer la carrosserie</li>
        </ul></li>
      <li>Faire les courses
        <ul>
          <li>Trouver des recettes</li>
          <li>Nettoyer le réfrigérateur</li>
          <li>Dresser une liste</li>
          <li>Aller à l'épicerie</li>
      </ul></li>
    </ol>
  </body>
</html>
```

Toutes les listes imbriquées suivent le même modèle :

- Chaque élément de la liste ordonnée de plus haut niveau est suivi d'une liste de deuxième niveau complète.
- Les listes de deuxième niveau se trouvent dans la liste de plus haut niveau, pas dans les éléments de cette liste.

La Figure 5.14 montre comment un navigateur affiche ces listes imbriquées.

ATTENTION !

Lorsque vous construisez des listes imbriquées, faites attention aux balises ouvrantes et fermantes. *Fermez d'abord ce que vous avez ouvert en dernier* : c'est une règle essentielle. Si vous n'ouvrez ni ne fermez correctement les balises, les listes ne pourront pas être indentées ou numérotées de manière cohérente ou le texte risque de ne pas être indenté correctement car une liste, quelque part, n'a pas été fermée comme il se doit.

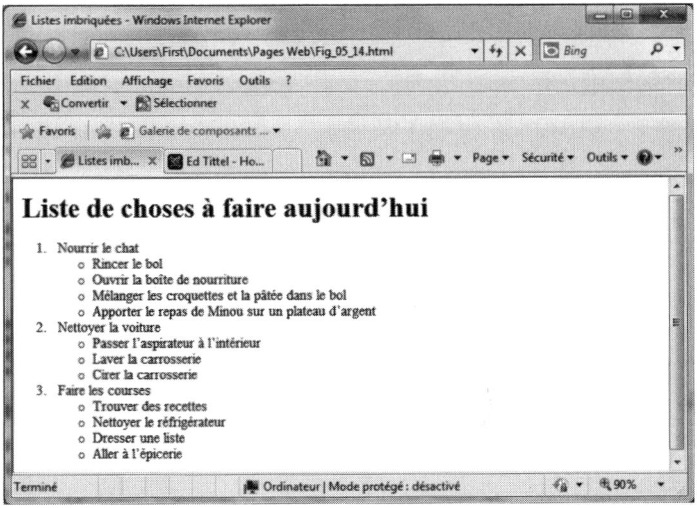

Figure 5.14 : Les listes imbriquées combinent des listes pour organiser l'information sur plusieurs niveaux.

Chapitre 6

Se relier à des ressources en ligne

Dans ce chapitre :

- Créer des liens simples.
- Ouvrir des pages liées dans de nouvelles fenêtres.
- Créer des liens vers des emplacements dans une page Web.
- Créer des liens vers des éléments autres que des pages Web.

Les *hyperliens* ou, plus simplement, les *liens* relient les pages (X) HTML et d'autres ressources sur le Web. Lorsque vous insérez un lien dans votre page, vous permettez aux visiteurs de voyager de cette dernière vers un autre site Web, une autre page sur votre site ou même un autre endroit dans la même page. Dépourvue de liens, une page reste isolée, déconnectée du reste du Web. Avec des liens, une page devient un élément d'un ensemble presque sans frontières d'informations.

Les liens basiques

Pour créer un lien, vous avez besoin des éléments suivants :

- **L'adresse Web** (aussi nommée localisation unique de la ressource ou URL) du site Web ou du fichier qui est la cible de votre lien. Elle commence généralement par `http://`.
- **Un peu de texte** dans votre page Web pour décrire le lien.

Veillez à ce que le texte que vous utilisez soit expressif sur la ressource à laquelle vous renvoyez.

- **Un élément ancre (<a>) avec un attribut** `href` pour boucler le tout.

  L'élément pour créer des liens est nommé *élément ancre* car vous l'utilisez pour amarrer une URL à du texte dans votre page. Lorsque les utilisateurs visualisent votre page dans un navigateur, ils peuvent cliquer sur le texte pour activer le lien et visiter la page à l'URL que vous avez spécifiée dans le lien. Vous insérez l'URL entière dans l'attribut `href`. Cela indique l'endroit auquel le lien renvoie.

Vous pouvez vous représenter la structure des liens basiques comme un cheeseburger (ou votre substitut végétarien préféré). L'URL, c'est le fromage, le lien c'est la viande hachée et les balises d'ancrage, c'est le pain. Ça ne manque pas de goût, non ?

Par exemple, si vous avez une page Web qui décrit les standards HTML, il se peut que vous souhaitiez renvoyer les internautes vers le site du consortium du Web (W3C), l'organisation qui définit les standards de (X)HTML. Un lien basique vers le site du W3C, `www.w3.org`, se présente ainsi :

```
<p>Le <a href="http://www.w3.org">consortium du Web</a> est
   l'organisme qui supervise le développement de la spécification de
   XHTML.</p>
```

Vous spécifiez l'URL (`http://www.w3.org`) dans l'attribut `href` de l'élément ancre. Le texte (`Le consortium du Web`) qui se trouve entre les balises ouvrante et fermante (`<a>` et `</a>`) décrit le lien.

La Figure 6.1 montre comment le navigateur affiche cette partie de (X) HTML.

Vous pouvez aussi associer des URL à des images de sorte que les utilisateurs puissent cliquer sur une image pour activer un lien. Pour plus d'informations sur ce type de liens, référez-vous au Chapitre 7. Pour une discussion argumentée sur les avantages et les inconvénients des URL, reportez-vous au Chapitre 1.

Les options des liens

Vous pouvez établir des liens vers toutes sortes de ressources en ligne :

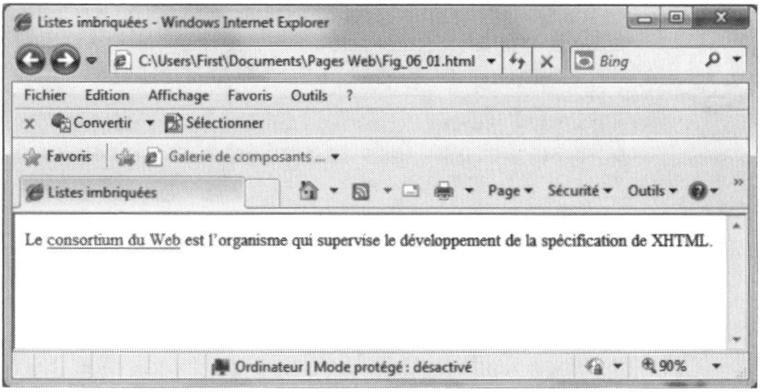

Figure 6.1 : Un paragraphe avec un lien vers le W3C.

- D'autres pages (X)HTML (soit sur votre site Web, soit sur un autre).
- Différents endroits dans la même page (X)HTML.
- Des ressources qui ne sont même pas des pages (X)HTML, telles que des adresses électroniques, des images et des fichiers texte.

Les éléments ancres ne sont pas des éléments de blocs

Les éléments ancres sont des *éléments en ligne*. Ils s'appliquent à quelques mots ou caractères dans un bloc de texte (le texte que vous souhaitez utiliser comme lien) et ne servent pas à mettre en forme des blocs de texte. L'élément ancre est généralement inséré dans un paragraphe (`<p>`) ou un autre élément de bloc. Lorsque vous créez un lien, vous devriez toujours le faire dans un élément de bloc, tel qu'un paragraphe, un élément de liste, un titre ou même une cellule de tableau. Reportez-vous au Chapitre 5 pour plus d'informations sur les éléments de blocs.

Bien que de nombreux navigateurs Web affichent parfaitement les ancres même si vous ne les imbriquez pas dans des éléments de blocs, quelques navigateurs ne gèrent pas très bien cette infraction à la syntaxe du (X)HTML, comme :

- Les navigateurs en mode texte pour les Palm ou les téléphones mobiles.
- Les synthétiseurs vocaux pour les déficients visuels.

Les navigateurs en mode texte se basent sur les éléments de blocs pour diviser correctement les sections de votre page. Sans élément de bloc, ces navigateurs peuvent afficher vos liens aux mauvais endroits.

TRUC

Les liens, leur légende et leur destination ont un gros impact sur la manière dont les visiteurs de votre site perçoivent vos liens. Le Chapitre 3 présente les bonnes pratiques en la matière.

Le type de liens que vous créez dépend de la ressource vers laquelle vous souhaitez que l'utilisateur soit renvoyé.

Les liens absolus

Un *lien absolu* utilise une URL complète pour connecter les navigateurs à une page Web ou une ressource en ligne.

Les liens qui utilisent une URL complète pour pointer une ressource sont qualifiés d'*absolus* car ils fournissent un chemin complet et autonome vers une autre ressource sur le Web. Lorsque vous établissez un lien vers une page sur le site d'un tiers, le navigateur Web a besoin de toutes les informations que l'URL contient pour trouver la page en question. Le navigateur commence par le domaine figurant dans l'URL puis suit scrupuleusement le chemin jusqu'à un fichier spécifique.

N'OUBLIEZ PAS

Lorsque vous concevez un lien vers des fichiers sur le site d'un tiers, vous devez utiliser des URL absolues dans l'attribut `href` de l'élément ancre. Voici un exemple :

```
http://www.siteweb.com/repertoire/page.html
```

Les liens relatifs

Un *lien relatif* utilise une sorte de raccourci pour spécifier l'URL de la ressource cible.

Respectez les consignes suivantes pour utiliser des liens relatifs dans vos pages (X)HTML :

- **Créez des liens relatifs entre les ressources d'un même domaine.**
- **Comme les deux ressources appartiennent au même domaine, vous pouvez omettre la mention du domaine dans l'URL.**

  Une URL *relative* utilise la localisation de la ressource à partir de laquelle vous pointez pour localiser la ressource cible (par exemple, `page.html`).

Un lien relatif, c'est un peu comme indiquer à quelqu'un qu'il doit aller à Pétaouchnock. Si la personne sait déjà où se trouve Pétaouchnock, elle peut s'y rendre sans indications supplémentaires. Les navigateurs Web se comportent ainsi.

TRUC

Si vous utilisez des liens relatifs sur votre site, ces liens fonctionneront même si vous modifiez :

- Les serveurs.
- Les noms de domaines.

Les liens simples

Utilisez des URL relatives quand vous créez des liens entre des pages qui se trouvent sur le même site Web. Si vous souhaitez créer un lien de `http://www.monsite.com/accueil.html` vers `http://www.monsite.com/apropos.html`, vous pouvez utiliser cette URL relative simplifiée dans l'élément ancre de `accueil.html` :

```
<p>Pour en savoir plus <a href="apropos.html">sur</a> nous.</p>
```

N'OUBLIEZ PAS

Lorsqu'un navigateur rencontre un lien sans nom de domaine, il suppose que le lien est *relatif* et utilise le domaine et le chemin d'accès de la page contenant le lien pour trouver la page cible. L'exemple précédent fonctionne seulement si `accueil.html` et `apropos.html` sont dans le même répertoire.

Les liens sur un site

Au fur et à mesure que votre site devient plus complexe et que vous organisez vos fichiers dans différents dossiers, vous pouvez toujours utiliser des liens relatifs. Toutefois, vous devez fournir des informations supplémentaires dans l'URL pour aider le navigateur à trouver les fichiers qui ne résident pas dans le même répertoire que le fichier dans lequel vous insérez le lien.

Utilisez `../` (deux points suivis d'une barre oblique) avant le nom de fichier pour signaler au navigateur qu'il doit remonter d'un niveau dans la hiérarchie des répertoires.

Le balisage pour ce procédé ressemble à cela :

```
<a href="../docs/accueil.html>Accueil de la documentation</a>
```

Dans cet élément ancre, la notation indique au navigateur qu'il doit :

1. **Remonter d'un répertoire à partir du répertoire où réside le document qui contient le lien.**

2. **Trouver un dossier nommé** `docs`.

3. **Trouver un fichier nommé** `accueil.html`.

Lorsque vous créez un lien relatif, la localisation du fichier cible est toujours relative à celle du fichier qui sert de point de départ. En rédigeant une URL relative, suivez le chemin qu'un navigateur doit emprunter s'il part de la page où le lien figure pour se rendre à la page cible. Ce chemin définit l'URL dont vous avez besoin.

L'importance de http:// dans les liens (X)HTML

Les navigateurs facilitent autant que possible la navigation. Que vous saisissiez `www.sun.com`, `sun.com`, ou même `sun` dans la barre d'adresses de votre navigateur, ce dernier vous renverra forcément sur `http://www.sun.com`. Malheureusement, cette technique ne fonctionne pas lorsque vous écrivez une URL pour créer un lien.

Les URL que vous utilisez dans vos balises HTML doivent être *complètes*. Les navigateurs n'interpréteront pas des URL qui ne mentionnent pas le protocole utilisé. Si vous oubliez le `http://`, votre lien risque de ne pas fonctionner !

Les erreurs fréquentes

Toute ressource sur le Web, qu'il s'agisse d'un site, d'une page ou d'une image, dispose d'une URL unique. Un seul caractère erroné dans votre URL suffit pour engendrer un *lien brisé*. Les liens brisés conduisent le visiteur sur une page d'erreur (souvent, l'erreur HTTP `404 fichier ou répertoire non trouvé`).

Les URL sont si sensibles qu'une simple erreur de typographie suffit pour briser un lien.

Si une URL ne fonctionne pas, agissez comme suit :

- **Vérifiez la casse.** Certains serveurs Web (Linux et UNIX, notamment) sont *sensibles à la casse* (ce qui signifie qu'ils font la distinction entre les majuscules et les minuscules). Ces serveurs traitent les noms de fichiers `Bios.html` et `bios.html` comme des noms de fichier différents sur le serveur Web. Autrement dit, le navigateur qui recherche une URL particulière *doit* utiliser les majuscules et les minuscules lorsque c'est nécessaire. Assurez-vous que la casse du lien respecte celle de l'URL.

Pour éviter les problèmes posés par la casse, adoptez une convention de dénomination. En n'utilisant que des minuscules, vous vous simplifiez souvent la vie.

- **Vérifiez l'extension.** `Bios.htm` et `Bios.html` sont deux fichiers différents. Si l'URL de votre lien utilise une extension et que le nom du fichier en utilise une autre, votre lien ne fonctionnera pas.

Pour éviter les problèmes avec les extensions sur votre site Web, faites votre choix entre `.html` et `.htm` et *tenez-vous-y*.

- **Vérifiez le nom du fichier.** `bio.html` et `bios.html` sont deux fichiers différents.
- **Copiez et collez.** Evitez de retaper une URL si vous pouvez la copier. La solution la plus sûre pour créer une URL qui fonctionne est la suivante :

  a. Chargez une page dans votre navigateur.

  b. Copiez l'URL de la barre d'adresses du navigateur.

  c. Collez l'URL dans votre code (X)HTML.

La méthode du copier-coller pour récupérer des URL suppose que vous les récupériez sur un site Web. Si vous ouvrez un fichier local stocké sur votre PC dans un navigateur, vous verrez quelque chose qui ressemble à `file:\\\I:\H4D6e\html_lettre.html`. Voilà comment déchiffrer tout ça :

- `file:\\` est une convention utilisée par Internet Explorer pour identifier les documents comme des fichiers stockés en local, sur votre ordinateur.
- `I:\` désigne la lettre du lecteur.
- `H4D6e\` est un dossier ou un répertoire sur ce lecteur.
- `html_lettre.html` correspond au nom du fichier HTML que vous avez ouvert.

Vous ne pouvez pas utiliser ce genre d'URL sur un site Web, alors n'essayez même pas !

Une URL complète se présente donc comme suit : `<identificateurdeprotocole>://<nomd'hôte>/<chemind'accèsaurépertoire>` ou `http://monsiteweb.com/mapageweb`.

Les liens personnalisés

Vous pouvez personnaliser des liens pour :

- Ouvrir un lien dans une nouvelle fenêtre.
- Créer un lien vers un autre endroit dans la page Web.
- Créer un lien vers des éléments autres que des pages (X)HTML, comme :
  - Des fichiers PDF.
  - Des fichiers compressés.
  - Des fichiers de traitement de texte.

Ouvrir un lien dans une nouvelle fenêtre

Le Web fonctionne car vous pouvez relier des pages de votre site Web aux pages de sites d'autres personnes en utilisant un simple élément ancre. Mais lorsque vous créez un lien vers le site d'un tiers, vous envoyez vos visiteurs sur ce site.

Pour conserver les utilisateurs sur votre site, HTML peut ouvrir la page cible dans une nouvelle fenêtre ou un nouvel onglet, dans la fenêtre du navigateur. Internet Explorer, Firefox, Chrome et d'autres navigateurs ouvrent les liens dans de nouveaux onglets. Si vous le souhaitez, vous pouvez modifier les préférences d'Internet Explorer et des autres navigateurs pour qu'ils ouvrent les liens dans une nouvelle fenêtre plutôt que dans un nouvel onglet. La simple addition de l'attribut `target` à l'élément ancre permet d'ouvrir le lien dans une nouvelle fenêtre (ou onglet) plutôt que de l'ouvrir dans la fenêtre courante :

```
<p>Le <a href="http://www.w3.org" target="_blank">consortium du
   Web</a> est l'organisme qui supervise le développement de la
   spécification de XHTML.</p>
```

Lorsque vous attribuez la valeur `_blank` à l'attribut `target`, vous indiquez au navigateur qu'il doit :

1. **Laisser la page qui contient le lien ouverte dans la fenêtre courante.**
2. **Ouvrir la page cible dans une nouvelle fenêtre ou un nouvel onglet.**

Le type de document (DTD) que vous utilisez (Strict ou Transitional) peut invalider votre code si vous ajoutez un attribut `target` à l'élément ancre. Si vous utilisez le DTD Strict, une nouvelle fenêtre ou l'utilisation de l'attribut `target` va invalider votre code. Le fait de savoir quel type de document vous utilisez avant d'ajouter des `target` à un élément ancre peut vous épargner de longues heures de prise de tête quand votre code ne sera pas validé et que vous chercherez à comprendre pourquoi. Les DTD sont détaillés dans le Chapitre 4.

Le résultat produit par `target="_blank"` est représenté dans la Figure 6.2.

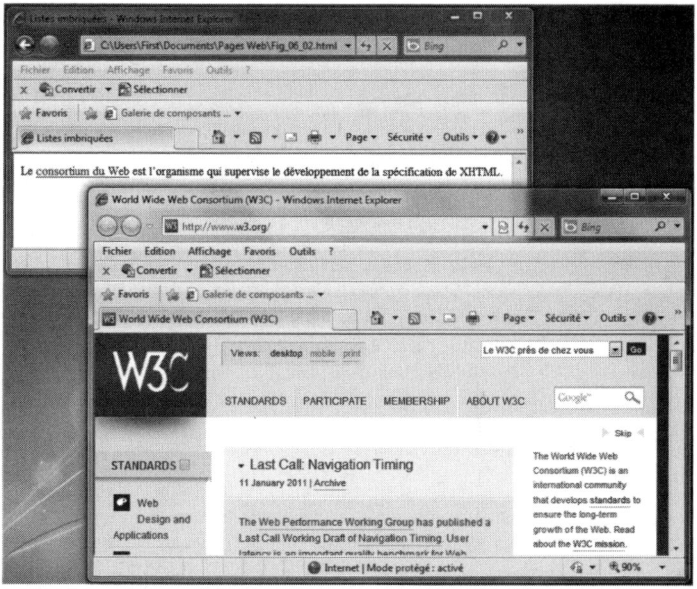

Figure 6.2 : Utilisez l'attribut target pour ouvrir un lien dans une nouvelle fenêtre.

Les fenêtres pop-up irritent certains utilisateurs. Utilisez-les avec précaution et parcimonie. De plus, l'utilisation de l'attribut `target` avec le DTD Strict ne sera pas validé (tout fonctionne bien avec le DTD Transitional).

Vous pouvez utiliser JavaScript pour gérer la taille, la position et l'apparence des fenêtres pop-up et même leur ajouter des boutons pour que les utilisateurs puissent les fermer rapidement. Le Chapitre 13 traite des fenêtres pop-up et du JavaScript nécessaire pour les contrôler.

Se déplacer dans une page Web

Il est possible de marquer des endroits d'une page Web pour y accéder directement avec des liens sur :

- La même page.
- Le même site Web.
- D'autres sites Web.

Gardez à l'esprit ces considérations lorsque vous ajoutez des liens à des pages Web :

- Plusieurs pages courtes peuvent présenter l'information de manière plus pertinente qu'une longue page avec des liens internes.

  Les liens au sein de pages volumineuses sont parfaits pour accéder rapidement à des répertoires, des tables des matières et des glossaires.

- Il est plus facile de créer des liens à l'intérieur de documents sur votre propre site Web parce que vous pouvez y gérer le code.

  Lorsque vous créez un lien vers un endroit sur le site Web d'un tiers, vous êtes à la merci de ce dernier. En effet, il contrôle les endroits auxquels vous vous reliez. Par conséquent, vos liens seront brisés si jamais le tiers supprime ou renomme un endroit que vous avez pris pour cible.

Nommer les endroits

Pour identifier et créer un endroit dans une page afin de pouvoir y accéder directement par des liens, utilisez un élément ancre vide avec l'attribut `name`, par exemple :

```
<a name="top"></a>
```

L'élément ancre qui marque l'endroit n'affecte pas l'apparence du texte alentour. Vous pouvez marquer des endroits où cela vous chante sans vous soucier des conséquences sur l'apparence de votre page.

Les liens vers des endroits nommés

Comme nous l'avons mentionné plus tôt, vous pouvez marquer des endroits pour les rendre directement accessibles *via* des liens se trouvant :

- Dans la même page.
- Sur le même site Web.
- Sur d'autres sites Web.

Dans la même page

Les liens peuvent aider les utilisateurs à naviguer dans une même page. Les liens intra-document sont généralement utilisés pour :

- Le retour vers le haut de la page.
- Les tables des matières.

Un hyperlien *intra-document* utilise une URL adoptant cette forme :

```
<a name="#top">Haut de la page</a>
```

Le Listing 6.1 montre comment deux éléments ancres se combinent pour renvoyer vers un endroit dans la page (les documents qui utilisent des liens intra-document sont généralement longs. Ce document est court pour que vous puissiez visualiser facilement l'élément ancre `top`).

Listing 6.1 : Les hyperliens intra-document

```
<!DOCTYPE html PUBLIC "-//W3C//DTD XHTML 1.0 Transitional//EN"
        "http://www.w3.org/TR/xhtml1/DTD/xhtml1-transitional.dtd">
<html xmlns="http://www.w3.org/1999/xhtml" lang="fr" xml:lang="fr">

  <head>
    <meta http-equiv="Content-Type" content="text/html;
      charset=ISO-8859-1" />
    <title>Liens intra-document</title>
  </head>

  <body>
    <h1><a name="top"></a>Formation basée sur le Web</h1>

    <p>Etant donné l'importance du Web pour les entreprises et autres
      organisations, les individus qui cherchent à développer leurs
      compétences professionnelles ou assurer des fonctions essen-
      tielles, cherchent à se former en HTML et XML. Nous pensons
      que c'est une opportunité unique.</p>

    <p><a href="#top">Retour en haut de la page</a></p>
```

```
  </body>
</html>
```

La Figure 6.3 montre comment ce code HTML apparaît dans le navigateur Web. Si l'utilisateur clique sur le lien Retour en haut de la page, le navigateur saute jusqu'à l'endroit marqué par `<a name="top"></a>`. Le texte de cet exemple est court. Pour mieux apprécier le fonctionnement du lien, redimensionnez la fenêtre de votre navigateur en affichant seulement deux ou trois mode par ligne.

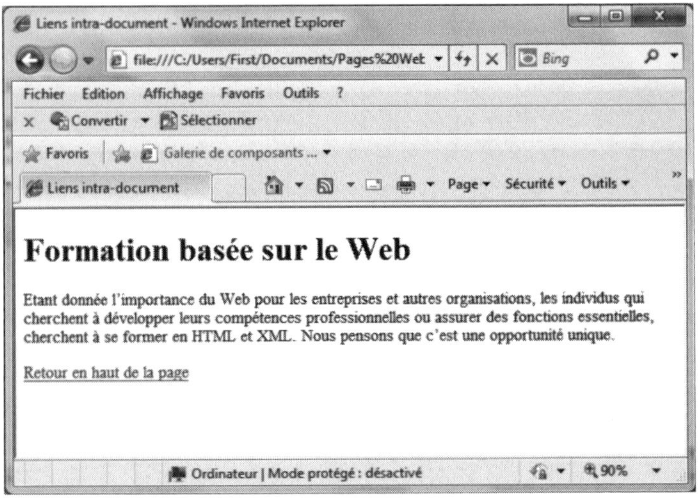

Figure 6.3 : Utilisez les éléments ancres pour marquer des endroits dans une page et vous y relier.

Dans un même site Web

Vous pouvez combiner les liens intra-document et inter-document pour renvoyer les utilisateurs vers un endroit donné d'une page différente de votre site Web. Utilisez ce code pour lier vers un endroit nommé `descriptions` dans la page `accueil.html` de votre site :

```
<p>Référez-vous aux<a href="accueil.html#descriptions">descriptions
   du document</a>pour trouver de la documentation sur votre pro-
   duit.</p>
```

Sur d'autres sites Web

Si vous savez qu'une page résidant sur un autre site Web contient des endroits marqués, vous pouvez utiliser une URL absolue pour pointer cet endroit, comme ceci :

```
<p>Découvrez comment
<a href="http://www.votreentreprise.com/formation/enligne
    .html#inscription">
vous inscrire</a> aux formations proposées par nos équipes.</p>
```

N'oubliez pas de vérifier régulièrement que ces liens fonctionnent pour corriger ceux qui sont brisés.

Le projet Open Directory fournit une liste d'outils gratuits et payants permettant de détecter et de corriger les liens brisés plus facilement :

```
http://www.dmoz.org/Computers/Software/Internet/Site_Management/
   Link_Management/
```

Les ressources non HTML

Les liens peuvent connecter les utilisateurs à tous types de fichiers, notamment :

- Des documents de traitement de texte.
- Des feuilles de calcul.
- Des PDF.
- Des fichiers compressés.
- Des fichiers multimédia.

Les liens non HTML sont très souvent utilisés pour télécharger des logiciels et des fichiers PDF.

Le téléchargement de fichiers

Ce n'est pas parce qu'ils ne sont pas faits pour le Web que certains fichiers doivent demeurer inaccessibles ; ils possèdent des URL uniques, tout comme les pages Web. Vous pouvez donc créer un lien qui vous relie à tout fichier résidant sur un serveur Web, quel que soit son type.

Par exemple, si vous souhaitez que vos utilisateurs téléchargent un fichier PDF nommé `doc.pdf` et une archive `.zip` nommée `logiciel.zip` depuis votre page Web, vous utiliserez ce HTML :

```
<h1>Téléchargez la nouvelle version de notre logiciel</h1>
<p><a href="logiciel.zip">Logiciel</a></p>
<p><a href="doc.pdf">Documentation</a></p>
```

TRUC

Pour aider les utilisateurs à télécharger les fichiers, vous devrez leur fournir ces éléments :

- Autant d'informations que possible sur les formats de fichier utilisés.
- Tous les outils dont ils peuvent avoir besoin pour utiliser ces fichiers.
    - Fichiers compressés. Pour accéder au contenu de fichiers zip, les utilisateurs ont besoin d'un utilitaire d'archivage tel que WinZip ou ZipIt, si leur système d'exploitation ne gère pas les fichiers zip par défaut.
    - PDF. Pour visualiser un fichier PDF, les utilisateurs doivent posséder Adobe Acrobat Reader (gratuit).

Vous pouvez rendre les téléchargements plus agréables pour les utilisateurs en ajoutant du texte et des liens, comme ceci :

```
<h1>Téléchargez la nouvelle version de notre logiciel</h1>
<p> <a href="logiciel.zip">Logiciel</a> </p>
   <p><b>Note :</b>
    Vous avez besoin d'un utilitaire tel que
<a href="http://www.winzip.com">WinZip</a> (Windows) or
<a href="http://www.maczipit.com">ZipIt</a> (Macintosh)
   pour ouvrir ce fichier.</p>
<p><a href="doc.pdf">Documentation</a> </p>
   <p><b>Note :</b>Vous avez besoin d'
<a href="http://get.adobe.com/reader/">Adobe Reader</a>
   pour visualiser ce fichier. </p>
```

La Figure 6.4 montre comment le navigateur affiche ce HTML. Elle illustre aussi la boîte de dialogue que le navigateur ouvre lorsque vous cliquez sur le lien du logiciel.

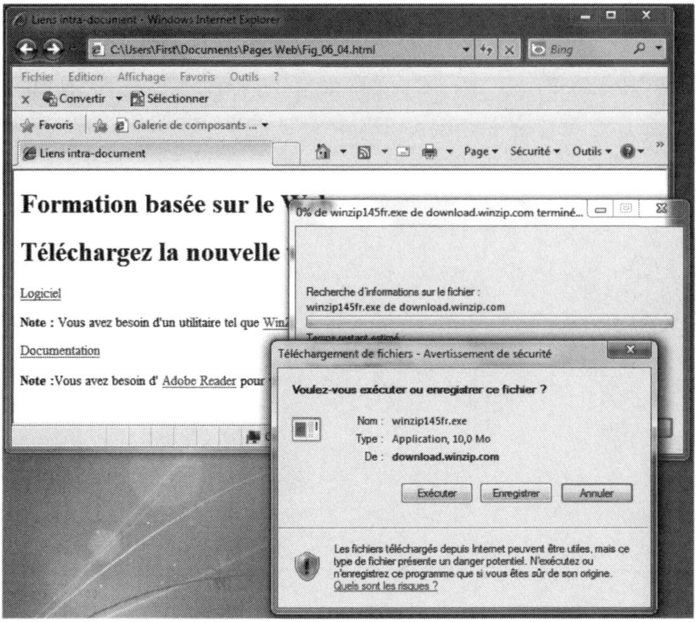

Figure 6.4 : Ce navigateur vous demande d'enregistrer ou d'ouvrir le fichier zip.

Les adresses e-mail

Un lien vers une adresse e-mail peut automatiquement ouvrir un nouvel e-mail adressé à la bonne personne.

C'est une excellente solution pour permettre aux utilisateurs de vous envoyer leurs commentaires et leurs demandes par e-mail.

Un lien e-mail utilise l'élément ancre standard et l'attribut `href`. La valeur de l'attribut `href` est l'adresse du destinataire précédée de `mailto:`

```
<p>Envoyez-nous
<a href="mailto:commentaires@monsite.com">vos commentaires</a>.</p>
```

Malheureusement, les liens de la page Web `mailto:` sont une source d'informations de choix pour les spammeurs. Il vaut mieux créer un formulaire pour recueillir les commentaires des utilisateurs ; mieux encore, il est possible d'utiliser JavaScript pour encoder l'adresse e-mail (pour plus d'informations, consultez l'article de Patrick Percot sur `http://www.tuxbihan.org/www-tuxbihan-org/article.php3%3Fid_`

article=66.html). Nous avons tendance à fournir nos adresses e-mail sous la forme jeff at conquestmedia point com, sachant que les gens sont assez futés pour remplacer le at par @ et le point par un point (.) alors que les moissonneurs automatiques d'adresses des spammeurs ne le sont pas. Si vous optez pour le formulaire, notez qu'il peut aussi présenter des problèmes de sécurité. Veillez toujours à vérifier vos saisies ou prenez les devants pour éviter les injections SQL. Pour plus d'informations sur le sujet, lisez l'article de Colin Mackay sur www.codeproject.com/KB/database/SQLInjectionAttacks.aspx.

Chapitre 7

Utiliser des images

Dans ce chapitre :

- Déterminer le bon format pour les images.
- Insérer des images dans des pages Web.
- Créer des images et des cartes d'images qui déclenchent des liens.

Les concepteurs de pages Web utilisent les images pour communiquer des informations importantes, aiguiller la navigation sur le site et améliorer l'apparence d'une page Web. Toutefois, vous devez utiliser les images à bon escient, sans quoi vous en limiterez l'efficacité.

N'OUBLIEZ PAS

Lorsqu'elles sont bien utilisées, les images constituent des éléments-clés dans la conception d'une page. Lorsque ce n'est pas le cas, elles peuvent rendre une page totalement illisible, voire inaccessible.

Ce chapitre est un cours express sur l'emploi d'images dans les pages Web. Vous découvrirez les formats d'images adaptés au Web et apprendrez à utiliser les éléments (X)HTML pour insérer des images dans vos pages Web. Vous verrez aussi comment associer des liens à vos images et créer des images cliquables pour vos pages Web.

Le rôle des images dans une page Web

Les images sur les sites Web peuvent être des logos, des aides à la navigation cliquables ou servir à afficher du contenu. Elles peuvent aussi agrémenter une page ou permettre d'harmoniser ou d'illustrer le thème d'une page. Un parfait exemple des différentes manières dont les images peuvent contribuer à améliorer les pages Web est la page d'accueil du musée du Louvre, sur `www.louvre.fr`, représentée dans la Figure 7.1. Le logo du musée et les photos y sont utilisés à merveille.

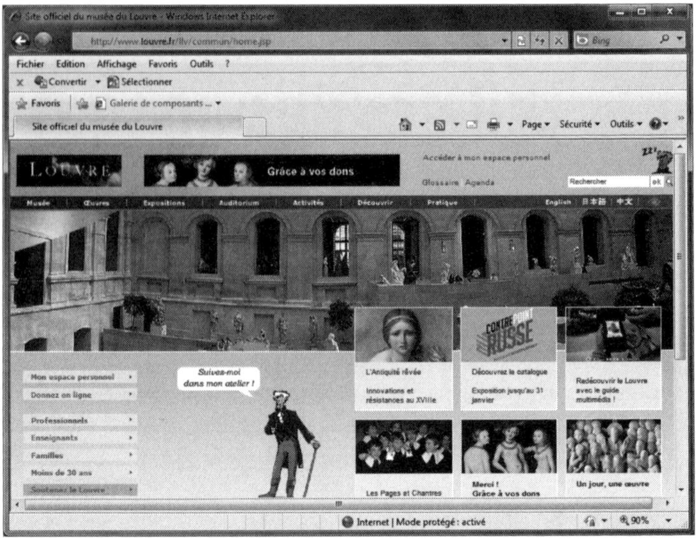

Figure 7.1 : La page d'accueil du musée du Louvre utilise des images de diverses manières.

Créer des images adaptées au Web

Vous pouvez créer et enregistrer des images de nombreuses manières mais seuls quelques formats sont recommandés si vous comptez utiliser ces images sur le Web. Lorsque vous créez des images pour le Web, vous devez vérifier leur format de fichier et leur taille.

Souvent, les formats de fichiers image sont spécifiques aux systèmes d'exploitation et aux applications logicielles. Comme vous ne pouvez pas prédire quels seront le système d'exploitation et le navigateur des visiteurs, vous devez utiliser des images que tout le monde peut visualiser avec n'importe quel navigateur. Cela signifie que vous devez utiliser des formats de fichiers *multiplateformes* que les utilisateurs peuvent visualiser avec toutes les versions de Microsoft Windows, Mac OS ou Linux.

Ces trois formats d'image compressés sont parfaitement adaptés pour une utilisation sur le Web :

- **GIF (Graphics Interchange Format) :** Les images enregistrées en GIF sont souvent plus petites que celles enregistrées dans d'autres formats. Le GIF gère 256 couleurs au plus. Si vous tentez d'enregistrer une image créée avec des millions de couleurs en GIF, vous perdrez en qualité. Le GIF est le format idéal pour des images peu complexes autres que des photos, telles que les graphiques et les cliparts.

- **JPEG (Joint Photographic Experts Group) :** Le format de fichier JPEG gère des couleurs codées sur 24 bits (des millions de couleurs). Il est adapté aux images complexes, telles que les photos. Le JPEG fonctionne sur toutes les plateformes, quelles que soient les applications. Un bon outil de traitement d'images peut vous aider à paramétrer la compression afin d'équilibrer la taille du fichier et la qualité de l'image.
- **PNG (Portable Network Graphics) :** PNG est le dernier format de fichier image en date, indépendant de toute plateforme et application. Il combine les atouts des formats GIF et JPEG. PNG compresse autant que le GIF mais il gère des couleurs codées sur 24 bits (et même sur 32 bits), tout comme le JPEG.

Tout outil graphique qui se respecte vous permet d'enregistrer les images dans chacun de ces formats. Testez-les pour voir comment la conversion d'une image d'un format vers un autre affecte l'apparence de l'image et la taille de son fichier puis retenez le format offrant les meilleurs résultats.

Le Tableau 7.1 vous donne des indications pour sélectionner le bon format de fichier en fonction du type de l'image.

Tableau 7.1 : Choisir le bon format de fichier pour une image

Format de fichier	Recommandé pour	Attention
GIF	Les dessins au trait et autres images comportant peu de couleurs et de détails.	N'utilisez pas ce format si votre image est complexe ou si c'est une photo.
JPEG	Les photos et autres images en millions de couleurs avec beaucoup de détails.	N'utilisez pas ce format avec les dessins au trait. Il compromet trop la qualité lorsque vous compressez le fichier.
PNG	Les photos et autres images en millions de couleurs avec beaucoup de détails.	N'utilisez pas ce format avec les dessins au trait. PNG offre le meilleur équilibre entre qualité et taille de fichier.

Optimiser les images

Lorsque vous créez des images pour votre page Web, veillez à respecter un juste équilibre entre la qualité du fichier et sa taille. Si vous faites des recherches dans votre moteur de recherche préféré, vous trouverez de bons didacticiels sur la réduction de la taille des fichiers d'image et l'optimisation de sites entiers pour accélérer leur téléchargement. Pour plus de trucs et astuces susceptibles de vous aider à créer des pages qui se téléchargent rapidement, consultez ces ressources très pratiques :

- Pour optimiser les images : `http://www.yourhtmlsource.com/optimisation/imageoptimisation.html`
- Pour optimiser les images pour le Web : `http://www.websiteoptimization.com/speed/12`

TRUC

Pour avoir un aperçu complet des formats d'image, lisez :

- l'article "Graphics on the Web" de W3C sur `www.w3.org/Graphics`.
- le tutoriel Web Graphics Tutorial de quackit.com sur `www.quackit.com/web_graphics/tutorial`.

Insérer une image dans une page Web

Lorsqu'une image est prête pour le Web, vous devez utiliser le bon balisage pour l'insérer dans une page. Vous devez aussi savoir où stocker votre image.

Où stocker une image ?

Vous pouvez stocker des images pour votre site Web à plusieurs endroits. La meilleure solution consiste à les stocker quelque part sur votre site Web avec vos autres fichiers (X)HTML afin de pouvoir utiliser des URL *relatives*. Vous pouvez les ranger dans le répertoire racine avec ces autres fichiers (ce qui présente l'inconvénient de devenir confus au fur et à mesure que le nombre de fichiers augmente) ou alors dans un répertoire `graphismes` ou `images` que vous créez dans le répertoire racine de votre site Web.

N'OUBLIEZ PAS

Les liens relatifs vous permettent de vous connecter à des ressources sur le même site Web. Vous utilisez des liens absolus pour relier des ressources entre deux sites Web différents. Référez-vous au Chapitre 6 pour une présentation complète des différences entre liens relatifs et liens absolus.

Les trois raisons essentielles pour lesquelles vous devez stocker vos images sur votre site sont :

- **Le contrôle** : Lorsque les images sont stockées sur votre site, vous disposez d'un contrôle total. Vous savez que vos images ne vont pas disparaître ou être modifiées à votre insu et vous pouvez travailler dessus pour les optimiser.
- **La vitesse** : Si vous référencez des images sur le site Web d'un tiers, vous ne savez jamais lorsque ce site risque de ralentir ou même de tomber en panne. Vous risquez aussi d'engendrer des frais pour ce tiers puisqu'il devra payer pour la bande passante utilisée lorsque les images seront téléchargées pour être affichées dans vos pages.
- **Copyright** : Si vous référencez des images d'un autre site Web pour les afficher sur le vôtre, vous risquez d'enfreindre des lois relatives au copyright. Dans ce cas, vous devez demander au détenteur du copyright l'autorisation de conserver et d'afficher les images sur votre site.

Utiliser l'élément <img />

L'élément `<img />` est un *élément vide* (aussi appelé *balise singleton*) que vous insérez dans la page à l'endroit où vous souhaitez afficher votre image.

Un élément vide n'utilise qu'une seule balise, sans distinction entre balise ouvrante et balise fermante.

Le code suivant insère entre deux paragraphes une image nommée `07fg02-cd.jpg`, qui se trouve dans le même répertoire que le fichier (X)HTML :

```
<!DOCTYPE html PUBLIC "-//W3C//DTD XHTML 1.0 Transitional//EN"
        "http://www.w3.org/TR/xhtml1/DTD/xhtml1-transitional.dtd">
<html xmlns="http://www.w3.org/1999/xhtml" lang="fr" xml:lang="fr">
  <head>
    <meta http-equiv="Content-Type" content="text/html;
       charset=ISO-8859-1" />
    <title>Les CD à l'œuvre</title>
</head>
  <body>
    <h1>Le CD comme support de stockage</h1>
    <p>Les CD-ROM sont devenus un support de stockage généralisé
       dans le monde de l'informatique d'aujourd'hui car ils sont
       bon marché et faciles à utiliser.</p>
    <img src="07fg02-cd.jpg" alt="image d'un CD-ROM"/>
    <p>Pour lire un CD, vous n'avez besoin que d'un lecteur de
```

```
        CD-ROM mais pour créer un CD, vous avez besoin d'un
        graveur.</p>
    </body>
  </html>
```

Un navigateur Web remplace l'élément `<img />` par le fichier image indiqué par la valeur de l'attribut `src`, comme le montre la Figure 7.2.

Figure 7.2 : Utilisez l'élément <img /> pour insérer une image dans une page Web.

L'attribut `src` est comme l'attribut `href` que vous utilisez avec l'élément ancre (`<a>`). L'attribut `src` spécifie l'emplacement de l'image que vous souhaitez afficher dans votre page. L'exemple précédent pointe le fichier d'une image qui se trouve dans le même dossier que le fichier HTML qui y fait référence.

Ajouter du texte alternatif et de titre

Le *texte alternatif* décrit une image afin que ceux qui ne peuvent pas la visualiser pour une raison quelconque puissent lire un texte qui la décrit. Il est recommandé d'ajouter systématiquement du texte alternatif (souvent désigné par les pro de HTML par "texte alt") pour :

- Les déficients visuels qui ne peuvent pas forcément voir les images et qui doivent s'en remettre au texte ou à un synthétiseur vocal.
- Les utilisateurs qui accèdent à un site Web depuis un navigateur fonctionnant sur un téléphone doté de capacités graphiques limitées.
- Les utilisateurs disposant d'une connexion par modem si lente qu'ils ne peuvent se permettre d'afficher les images.

La plupart de vos utilisateurs verront vos images mais sachez que certains ne le pourront pas. Les spécifications de (X)HTML imposent que vous fournissiez un texte alternatif pour décrire chaque image dans votre page Web. Utilisez l'attribut `alt` avec l'élément `<img />` pour insérer cette information dans votre code, comme ceci :

```
<!DOCTYPE html PUBLIC "-//W3C//DTD XHTML 1.0 Transitional//EN"
        "http://www.w3.org/TR/xhtml1/DTD/xhtml1-transitional.dtd">
<html xmlns="http://www.w3.org/1999/xhtml" lang="fr" xml:lang="fr">
<head>
  <meta http-equiv="Content-Type" content="text/html;
     charset=ISO-8859-1" />
  <title>Dans un orchestre</title>
</head>

<body>
  <p>Parmi les différentes sections d'un orchestre, vous
     trouverez :</p>
  <p><img src="07fg03-violon.jpg" alt="violon" title="violon" />
      Les cordes</p>
  <p><img src="07fg03-trompette.jpg" alt="trompette"
      title="trompette" />
    Les cuivres</p>
  <p><img src="07fg03-vents.jpg" alt="clarinette et saxophone"
    title="clarinette et saxophone"/> Les instruments à vent</p>
</body>
</html>
```

Lorsque les navigateurs n'affichent pas une image (ou qu'ils ne le peuvent pas, comme dans le cas de navigateurs en mode texte, tels que Lynx), ils affichent le texte alternatif à la place, comme dans la Figure 7.3 (nous avons désactivé l'affichage des images dans Internet Explorer pour produire ce résultat).

Lorsque les navigateurs affichent une image, certains (dont Internet Explorer, Firefox, Chrome, Safari et Opéra) affichent aussi son texte de

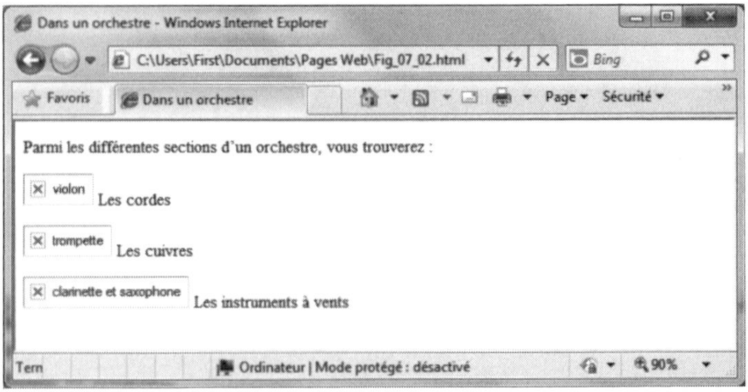

Figure 7.3 : Lorsqu'un navigateur n'affiche pas une image, il affiche le texte alternatif.

titre sous la forme d'info-bulles qui apparaissent lorsque vous immobilisez le pointeur de votre souris sur l'image durant quelques secondes, comme dans la Figure 7.4. Cela suppose que vous ajoutiez un attribut `title` à chaque élément `<img />`, comme dans l'exemple précédent. Notez que le texte `alt` est nécessaire pour qu'une page soit validée tandis que le texte `title` ne l'est pas.

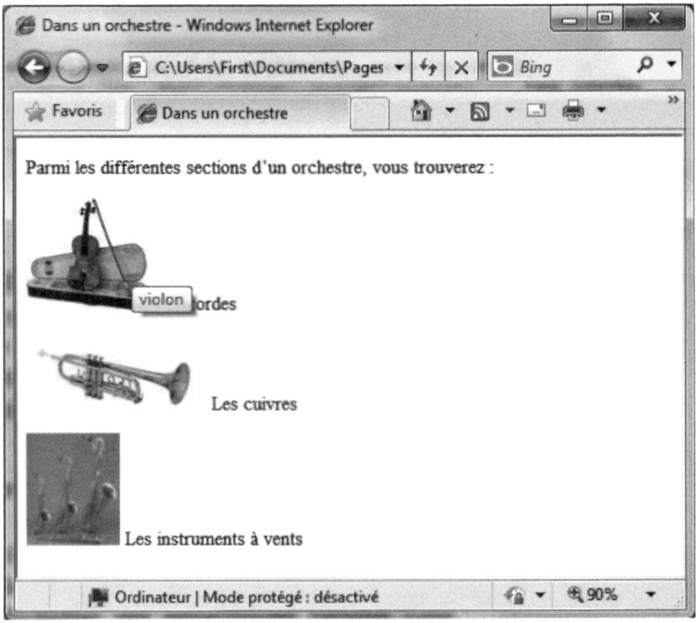

Figure 7.4 : Un navigateur affiche le texte de titre sous forme d'info-bulle.

Cela signifie que vous pouvez utiliser le texte alternatif pour décrire l'image à ceux qui ne peuvent pas la visualiser et/ou pour fournir une information utile (ou amusante) à propos de l'image.

TRUC

L'initiative de promotion de l'accessibilité du consortium du Web (WAI) fournit des conseils pratiques pour créer des alternatives utiles au contenu visuel sur www.w3.org/TR/WCAG10-TECHS/#gl-provide-equivalents.

Spécifier la taille de l'image

Vous pouvez utiliser les attributs height et width avec l'élément <img /> pour indiquer au navigateur quelles sont la hauteur et la largeur de l'image (en pixels) :

```
<p><img src="07fg03-trompette.jpg"
    width="50" height="70" alt="trompette" />Cuivres</p>
```

La plupart des navigateurs téléchargent le HTML et le texte associé à la page avant de télécharger les images de la page. Plutôt que de faire patienter les utilisateurs jusqu'à ce que toute la page soit téléchargée, les navigateurs affichent généralement le texte d'abord puis les images au fur et à mesure qu'elles arrivent. Si vous signalez à un navigateur la taille de l'image, il pourra réserver un emplacement dans l'affichage de la page. Cela permet d'accélérer l'apparition des images dans la page Web.

TRUC

Vous pouvez vérifier la largeur et la hauteur d'une image en pixels dans n'importe quel programme de traitement d'images ou dans les visionneurs intégrés dans Windows et Mac OS (vous pouvez aussi simplement consulter les propriétés de l'image dans Windows ou Mac OS pour accéder à ces informations).

Vous pouvez également utiliser les attributs height et width pour créer des lignes colorées dans une page à partir d'un petit carré de couleurs. Par exemple, cette balise ajoute un carré de 10 pixels sur 10 dans une page Web :

```
<img src="07fg05-carré bleu.gif" alt="carré bleu" height="10"
   width="10" />
```

Nous utilisons les attributs width et height de l'élément <img /> pour définir la hauteur et la largeur de l'image. Ensuite, nous utilisons ces valeurs pour créer un carré bleu de 10 pixels sur 10 dans la fenêtre d'un navigateur (voir la Figure 7.5) alors que l'image d'origine fait 600 pixels de côté. En général, il est recommandé de réduire la taille de l'image en utilisant ces attributs mais vous devez alors vérifier soigneusement le résultat produit à l'écran durant la phase de test. En ce qui concerne les images dont le contenu est important, vous devez maintenir le rapport entre la largeur et la hauteur de l'image lorsque vous modifiez sa taille.

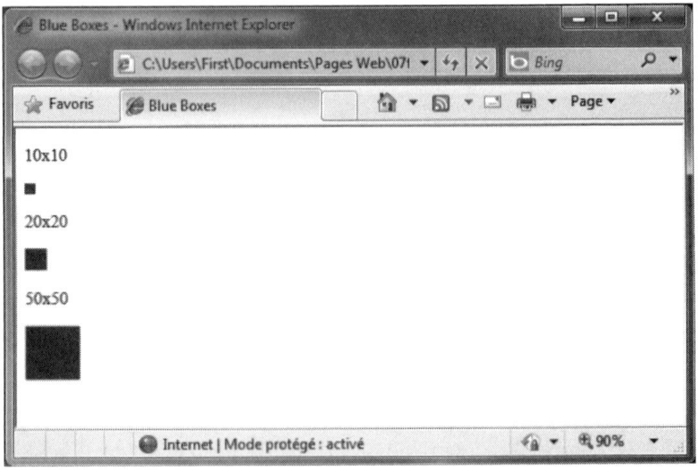

Figure 7.5 : Série de petits carrés bleus.

La Figure 7.5 présente aussi des carrés de 20 x 20 et 50 x 50 pixels. Ils résultent de la modification des valeurs de `width` et `height` dans le code :

```
<img src="07fg05-carré bleu.gif" alt="carré bleu" height="20"
   width="20" />
<img src="07fg05-carré bleu.gif" alt="carré bleu" height="50"
   width="50" />
```

TRUC

En utilisant cette technique, vous pouvez transformer une image comme le carré bleu (qui ne pèse que 2,39 ko) en toutes sortes de lignes et même en carrés :

- Cela peut garantir que tous les éléments séparateurs et autres délimiteurs de votre page utilisent la même couleur. En effet, ils seront tous basés sur la même image.
- Si vous décidez de changer toutes vos lignes bleues en vert, vous n'avez qu'à changer l'image. Chaque ligne créée changera de couleur.

Lorsque vous spécifiez une hauteur et une largeur pour une image qui sont différentes de sa hauteur et sa largeur initiales, vous laissez au navigateur le soin de redimensionner l'image pour l'afficher. Cela fonctionne parfaitement pour des images monochromes comme le carré bleu mais beaucoup moins bien pour des images multicolores ou qui contiennent des photos. Si le navigateur ne redimensionne pas les images de manière adéquate, vous risquez d'obtenir une image faussée. La Figure 7.6 vous montre à quel point un navigateur peut maltraiter l'image de la trompette lorsque le code lui indique de quadrupler la hauteur et de doubler la largeur de l'image (on dirait un bugle !) :

```
<p><img src="07fg03-trompette.jpg" width="200" height="124"
   alt="trompette"
title = "trompette" />Cuivres</p>
```

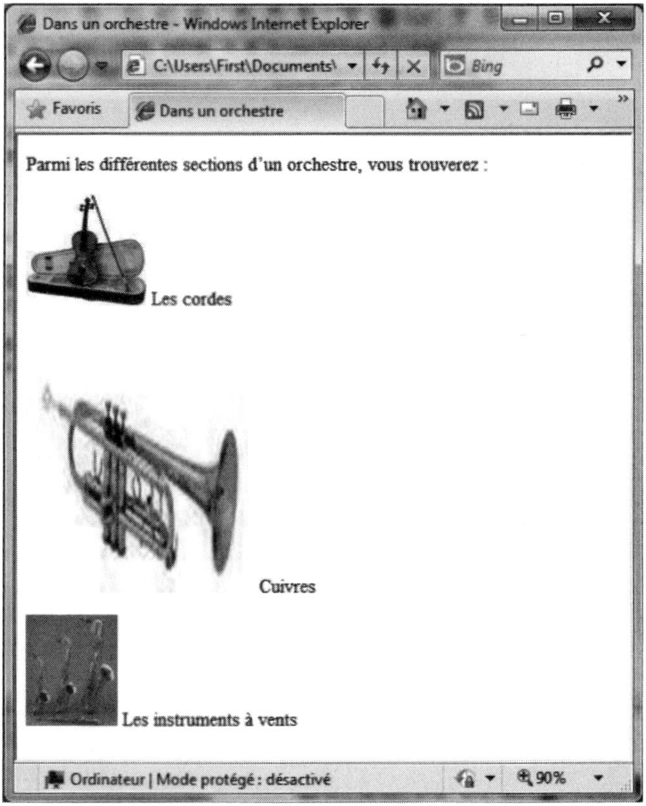

Figure 7.6 : N'utilisez pas un navigateur pour redimensionner des images complexes mais plutôt un éditeur graphique.

TRUC

Si vous avez besoin d'une image en plusieurs tailles (pour un logo ou pour un bouton, par exemple), prenez une grande image comme modèle et créez des versions plus petites. De cette manière, vous contrôlerez mieux l'apparence finale de chacune des images résultantes.

Bordures et alignement des images

L'élément <img /> utilise l'attribut `border` et le langage (X)HTML dispose de nombreuses options d'alignement qui sont désormais obsolètes et laissent place à l'utilisation de CSS. Vous pouvez utiliser ces contrôles si vous y êtes contraint mais nous avons choisi de ne pas les développer. Toutefois, ils sont mentionnés dans le Chapitre 8 sur le balisage obsolète. Dans le Chapitre 10, nous vous expliquons aussi pourquoi utiliser CSS pour gérer les bordures, le positionnement, l'alignement, l'espacement des images, etc. Au cas où nous n'aurions pas été assez clairs, nous vous recommandons vivement d'utiliser CSS pour les bordures, le positionnement et l'alignement du texte et des images et de laisser (X)HTML faire son travail, c'est-à-dire représenter et cibler le contenu.

Les images qui lient

Les pages Web utilisent souvent des images pour la navigation. Elles sont plus esthétiques que des liens sous forme de texte et vous permettent avec un seul élément d'ajouter de la forme et des fonctionnalités.

Déclencher les liens

Pour créer une image qui déclenche un lien, remplacez le texte auquel vous voulez associer votre lien par un élément `<img />`. Ce balisage crée un lien sous forme de texte :

```
<p><a href="http://www.w3.org">Visitez le W3C</a></p>
```

Ce balisage remplace le texte `Visitez le W3C` par l'image adéquate :

```
<p><a href="http://www.w3.org"><img src="w3.jpg"
      alt="Visitez le site du W3C" title = "Visitez le site du W3C"
      height="75" width="131" border="2" /></a>
</p>
```

Au final, le balisage précédent permet de créer une image-lien vers `http://www.w3.org`. Par ailleurs, le texte alternatif affiche `Visitez le site du W3C` de sorte que les utilisateurs qui ne peuvent pas afficher ou visualiser l'image puissent comprendre où elle renvoie. Lorsqu'un utilisateur place le pointeur de la souris sur l'image, le curseur (la flèche) se transforme en main (ou toute autre icône que le navigateur utilise quand la souris survole un lien).

Nous avons inséré une bordure de 2 pixels autour de cette image pour signaler aux utilisateurs qu'elle peut servir de lien. Cette bordure prend la forme d'un contour bleu clair (comme dans la Figure 7.7) tant que le lien n'a pas été utilisé. Si le lien est utilisé, le contour bleu passe au violet pour signaler aux utilisateurs que le lien a été visité.

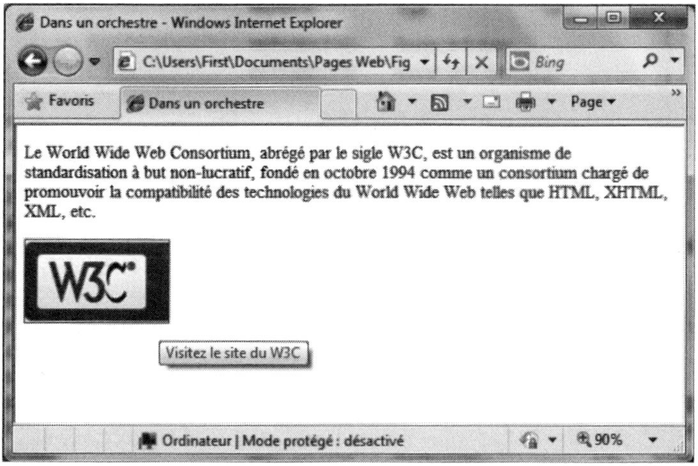

Figure 7.7 : Combinez des éléments image et ancre pour créer une image-lien.

Un clic sur l'image permet l'accès au site web du W3C. C'est aussi simple que ça !

Notez que vous devez définir la bordure d'une image-lien à `0` si vous voulez que votre navigateur ne l'entoure pas d'une bordure bleue. Toutefois, sans cette bordure, les utilisateurs auront besoin d'un autre indice visuel (ou texte alternatif) pour savoir que l'image est un lien. Veillez à ce que les images qui servent de liens sautent aux yeux de l'utilisateur (avec goût, bien entendu). Dans tous les cas, si la bordure automatique est supprimée, vous devez ajouter une bordure dans l'image ou insérer une légende qui indique que l'image sert de lien.

Créer des cartes d'images

Lorsque vous utilisez un élément `<img />` avec un élément ancre pour créer une image servant de lien, vous ne pouvez associer qu'un seul lien à l'image. Pour créer une image plus grande dont certaines parties sont associées à un lien spécifique, il vous faut une *carte d'image*.

Pour créer une carte d'image, vous aurez besoin de deux choses :

- **Une image** contenant des parties distinctes aux yeux des utilisateurs

  Par exemple, une image d'un parc avec un terrain de jeu, une zone pour le pique-nique et un lac.

- **Un balisage** pour renvoyer les différentes parties de l'image vers des URL spécifiques.

Les éléments et les attributs

Utilisez l'élément `<img />` pour ajouter la carte d'image dans votre page, comme pour n'importe quelle image. Insérez ensuite l'attribut `usemap` pour signaler au navigateur que des informations relatives à une carte d'image sont associées à l'image. La valeur de l'attribut `use-map` est le nom de votre carte.

Vous pouvez utiliser deux éléments et une collection d'attributs pour définir une carte d'image :

- `<map>` contient la description de la carte. L'élément `<map>` utilise l'attribut `name` pour identifier la carte. La valeur de `name` doit correspondre à la valeur de `usemap` dans l'élément `<img />` qui va avec la carte.

- `<area />` relie des régions de la carte à des URL. L'élément `<area />` accepte les attributs suivants pour définir les spécificités de chaque région de la carte :

  - shape : Spécifie la forme de la région de l'image servant de lien. Vous pouvez opter pour rect (un rectangle), circle (un cercle) ou poly (un triangle ou polygone).

  - coords : Définit les coordonnées de la région, selon sa forme.

    Les coordonnées d'un rectangle sont ses angles gauche, droit, haut et bas.

    Les coordonnées d'un cercle sont les coordonnées x et y de son centre ainsi que son rayon.

Les coordonnées d'un polygone sont une série de coordonnées x et y pour chaque point du polygone.

Vous pouvez utiliser un éditeur de cartes d'images tel que MapEdit sur `www.boutell.com/mapedit` ou un logiciel de traitement d'images tel que PaintShop Photo Pro sur `www.corel.com` pour déterminer les coordonnées de l'image. MapEdit les enregistre aussi pour vous.

- href : Spécifie l'URL vers laquelle la région renvoie (URL absolue ou relative).
- alt : Fournit un texte alternatif pour la région de l'image.

Le balisage

Le balisage suivant définit une carte d'image composée de trois régions, nommée `NavCarte` et associée au fichier image `07fg09-nav.gif` :

```
<img src="07fg09-nav.gif" width="302" height="30" usemap="#NavCarte"
    border="0" />
<map name="NavCarte" />
  <area shape="rect" coords="0,0,99,30" href="accueil.html"
     alt="Accueil"
        title="Accueil" />
  <area shape="rect" coords="102,0,202,30" href="apropos.html"
   alt="A propos"
        title="A propos" />
  <area shape="rect" coords="202,0,301,30" href="produits.html"
        alt="Produits" title="Produits" />
</map>
```

La Figure 7.8 montre comment un navigateur affiche ce balisage.

TRUC

Lorsque la souris passe sur une région de la carte, le curseur se transforme en main (de la même manière qu'il se transforme lorsque l'on survole tout hyperlien). Profitez du texte de titre pour insérer des informations utiles sur le lien et rendre la carte plus accessible aux déficients visuels.

TRUC

Les cartes d'images sont souvent utilisées pour transformer des cartes géographiques (de pays, de villes, etc.) en cartes interactives. Le didacticiel About.com sur `http://webdesign.about.com/od/imagemaps/a/aabg051899a.htm` fournit plus d'informations sur la manière de créer des cartes d'images à la main. HTML Goodies propose une vaste collection d'excellents didacticiels portant sur les cartes d'images sur `www.htmlgoodies.com/tutorials/image_maps/index.php`.

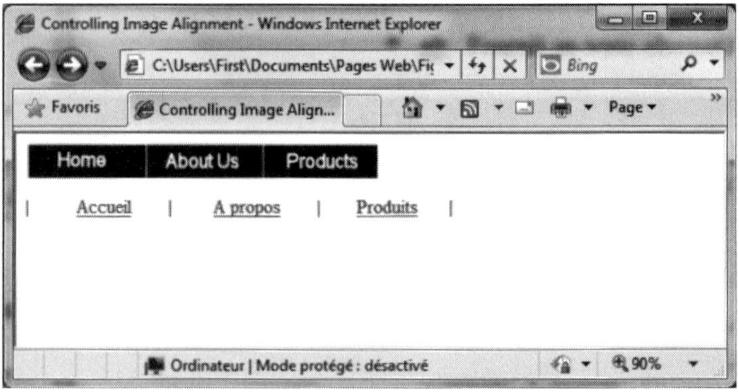

Figure 7.8 : Les cartes d'images transforment les différentes régions d'une image en zones cliquables.

Créer des cartes d'images à la main peut se révéler fastidieux. Utilisez un logiciel de traitement d'images pour identifier chaque point dans votre carte *puis* créez le balisage correspondant. La plupart des outils (X)HTML intègrent des utilitaires pour vous aider à créer des cartes d'images. Grâce à eux, vous pouvez créer des cartes d'images rapidement tout en commettant un minimum d'erreurs.

ATTENTION !

Soyez prudent quand vous utilisez des cartes d'images. Si vous créez une aide visuelle (une carte avec des liens vers différents pays, par exemple), l'utilisation d'une carte d'image est pertinente. D'un autre côté, n'utilisez jamais d'image avec des cartes d'images pour votre navigation (vous pourriez mais ne seriez pas satisfait du résultat !). Utilisez toujours (X)HTML et CSS pour la navigation sur votre site Web. Si vous êtes contraint d'utiliser une carte d'image, ajoutez un texte alternatif à la carte pour que les visiteurs visuellement déficients puissent aussi naviguer sur votre site.

TRUC

La meilleure solution pour la navigation est d'utiliser du texte pour le titre des boutons et de laisser au CSS le soin de bien présenter les boutons.

Partie III

Prendre le contrôle des pages Web et des styles

Dans cette partie

Dans cette partie, nous présentons et décrivons les feuilles de styles en cascade (CSS), un langage de balisage puissant souvent utilisé en remplacement de (X)HTML pour gérer l'apparence des pages dans un navigateur Web. (X)HTML peut faire référence à CSS en incluant soit une feuille de styles externe, soit un balisage CSS en ligne au sein du document (X)HTML.

Vous commencerez par vous familiariser avec les diverses fonctionnalités de CSS en jetant un coup d'œil aux différents types de feuilles de styles et en découvrant les règles de gestion de plusieurs feuilles de styles appliquées à une même page Web (c'est là que le terme "cascade" trouve son explication). Bien entendu, vous apprendrez aussi à créer et à utiliser CSS pour la création de dispositions visuelles, le positionnement d'éléments individuels et la gestion des polices. Comme CSS permet aussi de contrôler les couleurs et de modifier la manière dont le texte apparaît dans une page, vous découvrirez également la façon de gérer ces aspects.

Chapitre 8

Balises (X)HTML dépréciées

Dans ce chapitre :

- Comprendre la dépréciation.
- Trouver les balises dépréciées.
- Découvrir les éléments dépréciés.
- Lister les attributs dépréciés.
- Faire place nette.

Par définition, *déprécier* signifie soit "dévaloriser, dénigrer", soit "considérer quelque chose comme obsolète ou dépassé". En (X)HTML, une balise dépréciée (ce terme est aussi bien appliqué aux éléments qu'aux attributs), aussi déplorable soit-elle, fait référence au second sens du terme ! Quoi qu'il en soit, l'utilisation de balises dépréciées n'est pas recommandée parce que le World Wide Web Consortium (W3C) est convaincu qu'elles ne dureront pas toujours et parce que cela conduit à toutes sortes d'habitudes de codage fades, de mauvais comportements et d'éventuelles peines de prison (on plaisante sur le dernier point !).

Pour comprendre pourquoi les balises sont dépréciées, rappelez-vous du rôle fondamental de (X)HTML et de la manière dont CSS apporte une vision moderne du Web. Tout d'abord, le travail de (X)HTML consiste à capturer et à restituer du contenu, notamment des données graphiques et textuelles.

Les premières implémentations de HTML englobaient une multitude de contrôles de présentation ainsi que des éléments de contenu et des mécanismes de liaison. Avec le temps, les concepteurs Web ont compris qu'il était préférable de séparer contenu et présentation. CSS a fini par effectuer son travail de présentation bien plus efficacement que HTML. Si vous observez les éléments et attributs dépréciés, traités dans ce chapitre, vous verrez que la grande majorité couvre des contrôles de présentation parfaitement gérés par CSS dont certains vestiges historiques d'outils, de technologies et d'approches de conception désormais obsolètes.

Pour sûr, vous allez trouver de nombreux sites qui utilisent des balises dépréciées et pourrez même en trouver dans votre propre travail. Utilisez ces balises à vos risques et périls et accordez-vous une faveur : quand de nouvelles pages viennent en remplacer d'anciennes, prenez le temps et faites l'effort de supprimer ces horribles balises dépréciées de vos pages !

Et maintenant, un mot de notre sponsor !

Si vous observez la spécification HTML 4 du W3C (disponible sur `www.w3.org/TR/REC-html40/conform.html`), vous trouverez les explications suivantes pour différencier les balises dépréciées et obsolètes :

> ***Déprécié***
>
> *Un élément ou un attribut déprécié est dépassé par de nouveaux concepts. Les éléments dépréciés sont définis dans le manuel de référence mais ils sont clairement marqués comme dépréciés. Les éléments dépréciés risquent de devenir obsolètes dans les futures versions de HTML.*
>
> *Les agents utilisateurs devraient continuer à supporter les éléments dépréciés pour des raisons de rétrocompatibilité.*
>
> *Les définitions des éléments et des attributs indiquent clairement ceux qui sont dépréciés.*
>
> *Cette spécification contient des exemples qui illustrent comment éviter d'utiliser des éléments dépréciés. Dans la plupart des cas, cela dépend de la gestion par les agents utilisateurs des feuilles de style. Généralement, les auteurs devraient utiliser des feuilles de style pour appliquer des effets de style et de mise en forme plutôt que des attributs de présentation HTML. Les attributs de présentation HTML sont dépréciés dès qu'il existe des alternatives sous forme de feuilles de style…*
>
> ***Obsolètes***
>
> *Un élément ou un attribut obsolète ne présente aucune garantie de support par un agent utilisateur. Les éléments obsolètes ne sont plus définis dans la spécification mais sont listés pour des*

raisons historiques dans la section des changements du manuel de référence.

Notez que le terme "agent utilisateur" est un terme technique qui désigne tout programme pouvant lire et interpréter les balises (X) HTML. Premièrement, cela fait référence à tout type de navigateur Web même si de nombreux autres programmes lisent les balises (moteur de recherche, validateur, éditeur, etc.). Sachez que la plupart des programmes supportent les balises dépréciées mais qu'il est préférable de les remplacer par (vous l'aurez deviné !) les feuilles de style ou CSS.

Les balises obsolètes sont toujours présentes dans certaines vieilles pages Web poussiéreuses mais elles ne fonctionnent plus dans les navigateurs Web les plus récents. Nous ne les traitons même pas dans ce livre. Pour satisfaire votre curiosité sur ces balises, lisez les anciennes spécifications HTML !

Si vous voulez vous plonger plus sérieusement dans le vaste sujet des balises, lisez la dernière spécification HTML 4.01 sur `ww.w3.org/TR/html4/cover.html#minitoc`.

Pour passer directement à la dépréciation, consultez l'annexe A (Appendix A) de la spécification HTML 4.01. Toutefois, le cœur de l'action se déroule dans les sections "Index of Elements" et "Index of Attributes". En fait, il suffit d'extraire les éléments marqués avec un D pour *déprécié* dans ces deux index pour reconstituer la structure des deux sections suivantes.

Éléments dépréciés

Nous vous présentons les éléments dépréciés dans l'ordre alphabétique, dans le Tableau 8.1. Nous précisons également les balises de remplacement ou les techniques alternatives (CSS ?) quand elles existent. Si le type est `paire`, l'élément exige une balise ouvrante et une fermante (par exemple, `<center>chose</center>`). Si le type est `vide`, l'élément n'a besoin que d'une balise (par exemple, `<isindex ... />`).

Dans le Tableau 8.1, seuls deux éléments ne sont pas des balises de présentation :

- `applet` : La balise `applet` remonte à l'époque où le langage de programmation Java était l'outil principal pour insérer des éléments de code directement dans les pages Web. Aujourd'hui, l'élément `object` permet aux développeurs de travailler avec toutes sortes de langages de programmation, dont Java, avec un seul élément (X)HTML.

Tableau 8.1 : Éléments HTML dépréciés

Nom	Type	Description	Alternative
applet	paire	Intègre des applets Java	object
basefont	paire	Taille de la police de base	Contrôles CSS pour la police
center	paire	Raccourci pour <div align="center">	Contrôles CSS pour l'alignement du texte
dir	paire	Type de liste de répertoire	<ul> avec mise en forme CSS
font	paire	Définition de la police locale	font-family CSS
isindex	vide	Invite pour une entrée utilisateur	Balise HTML pour les formulaires
menu	paire	Type de liste pour des options de menu	<ul> avec mise en forme CSS
s	paire	Texte barré	text-decoration CSS
strike	paire	Texte barré	text-decoration CSS
u	paire	Texte souligné	text-decoration CSS

- `isindex` : L'élément `isindex` était conçu pour permettre aux utilisateurs d'accéder rapidement à une ligne de saisie de texte. Aujourd'hui, cet élément a été remplacé par les différents éléments qui s'intègrent dans les formulaires HTML (sujet traité dans le Chapitre 14).

Attributs dépréciés

Seuls 10 éléments sont dépréciés en (X)HTML. Pour ce qui est des attributs, il y en a bien plus. 44 d'entre eux sont présentés dans le Tableau 8.2 (dont 32 sont uniques et les autres se répètent). Certains attributs figurent plus d'une fois dans ce tableau parce qu'ils ont différentes significations quand ils sont associés avec des éléments (X)HTML spécifiques. Nous utilisons le raccourci du W3C pour les valeurs que prennent les attributs et expliquons ces types dans une liste qui suit le tableau. Nous ne spécifions pas les alternatives car CSS remplace la grande majorité des attributs dépréciés.

Tableau 8.2 : Attributs HTML dépréciés.

Nom	Éléments associés	Type	Description
align	caption	%CAlign	Alignement relatif à un tableau
align	applet, iframe, img, input, object	%IAlign	Alignement vertical ou horizontal
align	legend	%LAlign	Contrôle les champs d'un formulaire
align	table	%TAlign	Position du tableau par rapport à la fenêtre
align	hr	LCR	Alignement d'une ligne horizontale
align	div, h1…h6, p	LCRJ	Alignement d'un bloc de texte
align	col, colgroup, tbody, td, tfoot, th, thead, tr	LCRJ	Alignement du texte
alink	body	%Color	Couleur du lien sélectionné
alt	applet	%Text	Courte description de la fonction applet
archive	applet	CDATA	Liste d'archives java (.jar) séparées par une virgule
background	body	%URI	Fichier image pour l'arrière-plan du document
bgcolor	table, tr, td, th	%Color	Couleur d'arrière-plan de l'élément tableau
bgcolor	body	%Color	Couleur d'arrière-plan du document
border	img, object	%Pixels	Largeur de la bordure du lien
clear	br	LRAN	Contrôle du flux de texte après un saut de ligne
code	applet	CDATA	Classe de l'applet Java
codebase	applet	%URI	Emplacement des fichiers de classe, de données et d'archive
color	basefont, font	%Color	Couleur du texte
compact	dir, dl, menu, ol, ul	*self	Espacement réduit entre les mots
face	basefont, font	CDATA	Liste des noms de polices séparés par une virgule
height	td, th	%Length	Hauteur des cellules du tableau
height	applet	%Length	Hauteur initiale de la fenêtre d'applet
hspace	applet, img, object	%Pixels	Gouttière horizontale

Nom	Éléments associés	Type	Description
language	script	CDATA	Nom du langage de script prédéfini
link	body	%Color	Couleur des liens dans le corps du document
name	applet	CDATA	id permettant aux applets de s'identifier
noshade	hr	*self	Désactivation de l'ombre sur la ligne horizontale
nowrap	td, th	*self	Suppression du retour à la ligne dans les cellules du tableau
object	applet	CDATA	Fichier applet sérialisé
prompt	isindex	%Text	Message d'invite pour une entrée
size	hr	%Pixels	Taille de la ligne horizontale
size	font	CDATA	Plusieurs valeurs entières positives pour la taille de la police
size	basefont	CDATA	Taille de la police de base pour tous les éléments de police
start	ol	Number	Valeur initiale d'une liste numérotée
text	body	%Color	Couleur du texte du document
type	li, ol, ul	ListStyle	Style des éléments, des numéros et des puces d'une liste
value	li	Number	Initialisation de la série de nombres d'une liste
version	html	CDATA	Version HTML de la DTD utilisée
vlink	body	%Color	Couleur des liens visités
vspace	applet, img, object	%Pixels	Gouttière verticale
width	hr	%Length	Largeur de la ligne horizontale
width	td, th	%Length	Largeur des cellules du tableau
width	applet	%Length	Largeur initiale de la fenêtre d'applet
width	pre	Number	Largeur de la zone de texte préformatée en caractères

La liste suivante décrit les abréviations et les valeurs utilisées pour les différents types d'attributs du Tableau 8.2 :

- `%CAlign` : Alignement des colonnes dans un tableau.

- `CDATA` : Type de données SGML (langage normalisé de balisage généralisé) pour des données de caractère général.
- `%Color` : nom de couleur ou code hexadécimal.
- `%IAlign` : Alignement pour `iframe` : top, middle, bottom, left, right.
- `%LAlign` : Alignement pour les légendes : top, bottom, left, right.
- `LCR` : Left, Center, Right.
- `LCRJ` : Left, Center, Right, Justified.
- `%Length` : Longueur en pixels ou pour-cents ou longueur relative.
- `ListStyle` : Styles des éléments de liste, styles des puces de liste, styles des numéros de liste.
- `LRAN` : Left, Right, All, None.
- `Number` : Chaîne d'un ou plusieurs chiffres (valeurs entre 0 et 9).
- `%Pixels` : Entier représentant la longueur en pixels.
- `*self` : Nom d'attribut répété comme valeur (`compact="compact"`).
- `%TAlign` : Alignement des cellules d'un tableau : left, center, right, justify, char.
- `%Text` : Données de caractères.
- `%URI` : Uniform Resource Identifier ou URL.

Comment gérer les balises dépréciées ?

La façon la plus simple et courtoise de vous expliquer comment gérer les balises dépréciées dans votre code est la suivante : "Débarrassez-vous-en !" Dans la pratique, les éléments et attributs dépréciés vont être remplacés tout naturellement et en douceur par les feuilles de style en cascade (CSS). Une fois que vous saurez comment positionner des éléments dans une page et comment travailler avec les marges internes et externes, vous pourrez totalement vous passer de la plupart des éléments du Tableau 8.2 et du Tableau 8.1.

Il persiste une question très sérieuse : "Que faire quand un outil d'édition (X)HTML utilise des balises dépréciées ?" Si un outil génère des balises à votre place, sur votre ordre, pour vous aider à concevoir vos pages, nous vous conseillons vivement de trouver et d'utiliser d'autres outils qui n'utilisent pas de balises dépréciées. C'est le seul moyen de vous assurer que vos pages dureront dans le temps.

Dès que vous êtes confronté à une balise dépréciée, vous devez décider de ce que vous allez faire de la balise à supprimer de la page Web en question. Dans la plupart des cas, vous allez simplement supprimer la balise de présentation HTML et la remplacer par un équivalent CSS. Par exemple, supposons que vous voulez justifier le texte d'un paragraphe. Il suffit de supprimer la balise représentée dans l'extrait de code suivant (commenté pour vous aider à bien comprendre) et de la remplacer par la balise insérée dans le second extrait :

```
<!-- Cet extrait utilise la balise dépréciée align="justify" -->
<p align="justify">Ce paragraphe doit contenir assez de texte pour
   remplir au moins trois lignes afin de vous montrer les effets de
   la justification. En fait, plus il est long mieux c'est. C'est
   pourquoi, nous tentons au maximum de tirer en longueur.</p>

<!-- Cet extrait utilise un style en ligne -->
<p style="text-align: justify; ">Ce paragraphe doit contenir assez
   de texte pour remplir au moins trois lignes afin de vous montrer
   les effets de la justification. En fait, plus il est long mieux
   c'est. C'est pourquoi, nous tentons au maximum de tirer en
   longueur.</p>
```

Tous les remplacements de balises dépréciées ne sont pas aussi simples et rapides que celui-ci. Curieusement, tous les remplacements de balises de présentation sont aussi simples mais certaines autres choses n'ont pas vraiment d'équivalence (ou pas encore, sachant que HTML 5 et CSS3 vont y remédier). C'est pourquoi il est primordial de planifier et de réfléchir dès qu'il s'agit de décider que faire pour supprimer des balises dépréciées. Un travail de conception et de retouche est souvent nécessaire pour tout remettre en ordre correctement.

Chapitre 9

S'initier aux feuilles de style en cascade

Dans ce chapitre :

- Comprendre CSS.
- Créer des règles de style.
- Lier des règles de style à des pages Web.
- Découvrir les propriétés CSS.
- Comprendre l'héritage et la cascade de style.

L'objectif des *feuilles de style en cascade* (CSS) est de séparer le style des pages Web de leur structure et de faciliter la maintenance de ces pages. Les éléments de structure d'une page, tels que les titres (`<h1>` à `<h6>`) et le corps du texte, n'ont pas d'impact sur la présentation des informations qu'ils contiennent. En leur appliquant des styles, vous pouvez spécifier leur agencement dans la page et préciser de multiples attributs de présentation (comme les polices, les couleurs et l'indentation du texte).

Les feuilles de style vous permettent de contrôler précisément la manière dont les éléments de structure apparaissent dans une page Web. Mieux encore, vous pouvez créer une feuille de style pour tout un site Web afin de garantir la cohérence de la présentation et de la mise en forme de votre contenu page après page. Et voici la cerise sur le gâteau : les feuilles de style sont faciles à créer et encore plus faciles à intégrer dans des pages Web. Avec des feuilles de style, vous pouvez :

- Ajouter une balise de style aux différents éléments (X)HTML (ce qu'on appelle le *style en ligne*).
- Créer des séries d'instructions de style dans l'en-tête du document (X)HTML (ce qu'on appelle une *feuille de style interne*).

- Faire référence à une feuille de styles indépendante en utilisant un lien ou une autre référence (ce qu'on appelle une *feuille de style externe*) dans votre document (X)HTML.

En bref, il existe plusieurs manières d'ajouter du style à une page Web !

Tandis que de plus en plus de sites passent à (X)HTML, l'objectif est de *déprécier* (rendre obsolètes) toutes les balises HTML de mise en forme, telles que l'élément `<font>`. Un jour, toute la présentation incombera à CSS. Reportez-vous au Chapitre 8 pour en savoir plus sur les balises dépréciées.

Si vous souhaitez contrôler précisément l'affichage de vos pages Web, les feuilles de style constituent "LA" solution :

- Généralement, les feuilles de style vous donnent plus de flexibilité que les balises.
- Les futures versions de HTML et (X)HTML ne contiendront plus de balises de présentation.

La plupart des navigateurs modernes gèrent parfaitement CSS. Cependant, quelques navigateurs plus anciens tels qu'Internet Explorer 4.0 et Netscape Navigator peuvent avoir des difficultés à afficher CSS correctement. Quant aux navigateurs plus anciens, ils en sont incapables. Si vous savez que nombre d'utilisateurs de votre site utilisent encore un ou plusieurs de ces vieux navigateurs, testez vos pages dans ces navigateurs pour vous assurer que vos visiteurs pourront lire vos pages.

Les avantages des feuilles de style

Les possibilités de mise en forme du HTML sont limitées, c'est le moins que l'on puisse dire. Lorsque vous concevez la présentation d'une page en HTML, vous devez vous en tenir aux tableaux, aux polices et à quelques styles en ligne comme le gras et l'italique. Les *feuilles de style* offrent bien plus de possibilités pour mettre en forme les pages Web avec précision. Avec une feuille de style, vous pouvez :

- **Contrôler soigneusement chaque aspect de l'affichage de la page :** Vous spécifiez l'importance de l'espace entre les lignes, l'espacement des caractères, les marges de la page, l'emplacement des images et bien plus encore. Vous pouvez aussi préciser le positionnement des éléments dans vos pages.

- **Appliquer des modifications globalement :** Vous pouvez garantir une mise en forme cohérente sur tout le site Web en appliquant la même feuille de style à chaque page.

  Vous pouvez varier l'apparence de tout un site en modifiant uniquement un document (la feuille de style) plutôt que le balisage dans chaque page. Besoin de modifier l'apparence d'un titre ? Redéfinissez les attributs du style de ce titre dans la feuille de style et enregistrez-la : l'apparence du titre change aussitôt dans toutes les pages sur lesquelles il figure. Imaginez l'opération comme si les pages étaient modifiées progressivement en cascade (d'où le terme) mais ce n'est qu'une métaphore : la cascade est instantanée.

- **Indiquer aux navigateurs comment contrôler l'apparence :** Vous fournissez aux navigateurs plus d'informations sur la manière dont vous souhaitez que vos pages apparaissent que HTML ne vous le permet.

- **Créer des pages dynamiques :** Utilisez JavaScript ou un autre langage de script avec les feuilles de style pour créer du texte ou un autre contenu qui se déplace, qui s'affiche ou qui se masque en réponse aux actions de l'utilisateur.

Ce que CSS peut apporter à une page Web

Les feuilles de style fonctionnent de la manière suivante :

1. **Vous définissez les règles dans une feuille de style qui spécifie la manière dont vous voulez que le contenu décrit par un jeu de balises apparaisse.**

   Par exemple, vous pourriez indiquer que chaque premier niveau de titre (`<h1>`) soit affiché en Garamond violet 24 points sur fond jaune (vous n'oseriez pas, mais vous le pourriez).

2. **Vous liez les règles de style et le balisage.**

3. **Votre navigateur fait le reste.**

La spécification actuelle, CSS2.1, permet de :

- Définir un type de police, sa taille, sa couleur et ses effets.
- Déterminer les couleurs et les images d'arrière-plan.
- Contrôler de nombreux aspects de l'agencement du texte, dont l'alignement et l'espacement.
- Spécifier les marges et les bordures.

- Contrôler l'affichage des listes.
- Définir l'agencement et la présentation des tableaux.
- Générer automatiquement du contenu pour des éléments de page standard tels que les compteurs et les pieds de page.
- Contrôler l'affichage du curseur.
- Définir des feuilles de style orales pour les navigateurs convertissant le texte en paroles.

CSS3 : feuilles de style nouvelle génération

La future génération de CSS, CSS3, est une *collection de modules* qui gèrent différents aspects de la mise en forme des pages Web, tels que les polices, les couleurs d'arrière-plan, les listes et les couleurs de texte. Les premiers de ces modules sont devenus des standards (officiellement appelés *Recommandations candidates*) vers mi-2004. Toutefois, mi-2010, la plupart des modules de CSS3 n'ont toujours pas le statut de recommandations candidates et seuls quelques navigateurs implémentent les fonctionnalités de CSS3. En clair, vous n'avez pas à vous préoccuper de CSS3, pour l'instant.

Le W3C a dédié une section entière de son site Web au sujet sur `www.w3.org/Style/CSS/current-work`. Vous y trouvez des informations générales sur CSS ainsi que des informations sur le statut de CSS3. Le site renvoie à de bonnes références et à de bons didacticiels sur CSS. Il comprend aussi des informations sur les logiciels qui peuvent vous simplifier la vie pour créer des feuilles de styles.

Ce qu'il est possible de faire avec CSS

Vous disposez d'une collection de propriétés avec lesquelles vous pouvez écrire des règles de style. Vous pouvez contrôler à peu près n'importe quel aspect de l'affichage d'une page, des bordures à la taille des polices en passant par :

- **Les propriétés d'arrière-plan** qui contrôlent la couleur de l'arrière-plan des blocs de texte et des images. Vous pouvez aussi utiliser ces propriétés pour attribuer une couleur à l'arrière-plan de votre page ou à des éléments individuels comme des lignes horizontales.
- **Les propriétés des bordures** qui contrôlent les bordures de la page, des listes, des tableaux, des images et des éléments de

blocs (tels que les paragraphes). Vous pouvez spécifier la largeur, la couleur, le style d'une bordure et sa distance par rapport au contenu de l'élément.

- **Les propriétés de classification** qui contrôlent la manière dont les éléments tels que les images se répartissent dans la page par rapport aux autres éléments. Vous pouvez utiliser ces propriétés pour associer des images et des tableaux au texte de votre page.
- **Les propriétés des listes** qui contrôlent la manière dont les listes apparaissent dans votre page. Elles permettent notamment de :
  - Gérer les marqueurs de listes.
  - Utiliser des images à la place des puces.
- **Les propriétés des marges internes** qui contrôlent les marges de la page et celles qui entourent les éléments de blocs, les tableaux et les images. Ces propriétés permettent de maîtriser totalement l'espace vide dans votre page.
- **Les propriétés des marges externes** qui contrôlent l'espace vide autour de tout élément de bloc dans une page. Combinées aux propriétés des marges et des bordures, elles vous permettent de créer des agencements complexes.
- **Les propriétés de positionnement** qui contrôlent la position des éléments dans la page. Vous pouvez les utiliser pour placer des éléments à des endroits spécifiques dans la page.
- **Les propriétés de taille** qui contrôlent l'espace (en largeur et en hauteur) que votre élément (texte ou image) occupe dans la page. Elles sont particulièrement utiles pour limiter les dimensions des zones de texte et des images.
- **Les propriétés de tableau** qui contrôlent l'agencement des tableaux. Vous pouvez les utiliser pour contrôler l'espacement des cellules et d'autres dispositions spécifiques aux tableaux.
- **Les propriétés de texte** qui contrôlent la manière dont le texte apparaît dans la page. Vous pouvez modifier des propriétés telles que la taille de police, le type de police, la hauteur, la couleur du texte, l'espace entre les lettres et les lignes, l'alignement et les espaces vides. Ces propriétés vous donnent plus de contrôle sur votre texte *via* les feuilles de styles que l'élément HTML `font`.

TRUC

Des livres et des sites Web entiers détaillent l'usage de chacune des propriétés de ces catégories. Nous vous suggérons ces références :

- *CSS Web Design For Dummies*, signé Richard Mansfield, publié par Wiley Publishing.
- Le guide CSS2 de Westciv sur `www.westciv.com/style_master/academy/css_tutorial/index.html`.

Même si la syntaxe de CSS est plutôt évidente, combiner les styles CSS avec les balises pour peaufiner l'apparence de votre page peut se révéler un peu complexe. Toutefois, pour devenir un gourou de CSS, vous devez simplement :

- Savoir comment les différentes propriétés fonctionnent.
- Tester et observer comment les navigateurs gèrent CSS.

  Pratiquer pour apprendre à véhiculer votre message sur le Web en utilisant CSS.

Les unités de mesure des propriétés

De nombreuses propriétés HTML utilisent des unités de mesure. Tout au long du livre, nous vous indiquons les unités de mesure associées aux différentes propriétés. Sachez que les mesures déterminent la taille d'une propriété de deux manières.

Une *unité absolue* correspond à une largeur ou à une hauteur spécifique, exprimée dans l'une de ces unités :

- **Pouces**, comme `.5in`.
- **Centimètres**, comme `3cm`.
- **Millimètres**, comme `4mm`.
- **Picas**, comme `1pc`.

  Un pica représente 4,24 mm.
- **Points**, comme `16pt`.

  Un point représente 2,3 mm.
- **Pixels**, comme `13px` (cela correspond aux points sur votre écran).

Une *unité relative* correspond à la longueur ou la hauteur par rapport à la taille d'un *élément parent* dans le document. Pour une police :

- `%` : Un pourcentage de la valeur actuelle de `font-size`, comme `100%`.

Par exemple, vous pouvez fixer la taille de police à `80%` pour tous les paragraphes. Si le corps de votre document fixe une taille de police de 15 points, la taille de police des paragraphes sera de 12 points (80% de 15).

- `ex` : Une valeur relative à la hauteur des caractères de basse casse de la police courante, comme `1.5ex`.
- `em` : Une valeur relative à la taille de la police courante, comme `2em`. Pour certains types de caractères, 1em équivaut à la taille en points (ainsi, 16pt a une taille em de 16pt : vous avez saisi ?).

`1em` et `100%` correspondent à la taille courante.

Faites attention lorsque vous utilisez ces unités car quelques propriétés n'admettent que certaines d'entre elles, par exemple, des valeurs absolues mais pas de valeurs relatives. Ne vous laissez pas impressionner par ce jargon. Définissez simplement la taille dans une unité qui vous est familière. Si ça ne fonctionne pas, testez-en une autre.

La structure et la syntaxe de CSS

Une feuille de style est composée de *règles de style*. Chaque règle de style compte deux parties :

- **Le sélecteur :** Il spécifie l'élément de balisage auquel la règle de style s'applique.
- **La déclaration :** Elle spécifie comment le contenu de l'élément doit être mis en forme.

Vous utilisez un jeu de marques de ponctuation et de caractères spéciaux pour définir une règle de style. La syntaxe d'une règle de style respecte toujours le modèle suivant :

```
sélecteur {déclaration;}
```

Les déclarations sont toujours suivies d'un point-virgule pour les distinguer facilement. Un seul sélecteur peut contenir une ou plusieurs déclarations, comme nous l'expliquons plus tard dans ce chapitre. De plus, chaque déclaration est divisée en deux sous-éléments :

- **Les propriétés** correspondent aux différentes caractéristiques de l'apparence du texte ou des images (par exemple, la taille d'une police ou la couleur d'arrière-plan).

- **Les valeurs** sont les valeurs que vous souhaitez attribuer aux caractéristiques précédentes (par exemple, une taille de police de 24 points ou une couleur d'arrière-plan jaune).

Dans une déclaration, la propriété est séparée de sa valeur par un double point.

N'OUBLIEZ PAS

Chaque déclaration se termine par un point-virgule.

```
sélecteur {propriété: valeur;}
```

Par exemple, ces trois règles de style définissent la couleur des titres de premier, deuxième et troisième niveau :

```
h1 {color: teal;}
h2 {color: maroon;}
h3 {color: black;}
```

La spécification CSS recense les propriétés avec lesquelles vous pouvez travailler pour définir vos règles de style et les différentes valeurs qu'elles peuvent prendre. La plupart sont assez explicites (comme `color` ou `border`). Reportez-vous à "Ce qu'il est possible de faire avec CSS", plus tôt dans ce chapitre, pour avoir un aperçu rapide des différentes propriétés de la spécification CSS2.

Les feuilles de style annulent les règles d'affichage internes d'un navigateur. Vos déclarations de style affectent l'apparence finale de la page dans le navigateur de l'utilisateur. Autrement dit, vous pouvez contrôler l'apparence de votre contenu et créer un site cohérent et agréable aux yeux des visiteurs.

Par exemple, les règles de style suivantes spécifient la taille des polices (pourcentage relatif à la police de base) pour les titres de premier, deuxième et troisième niveau :

```
h1 {font-size: 300%;}
h2 {font-size: 200%;}
h3 {font-size: 150%;}
```

La Figure 9.1 montre une page HTML simple contenant trois niveaux de titre (plus un peu de texte dans le corps) sans qu'aucune feuille de style ne soit appliquée. Le navigateur utilise ses paramètres par défaut pour afficher les titres en utilisant différentes tailles de police.

La Figure 9.2 montre la même page Web une fois que la feuille de style est appliquée. Elle est très différente car le texte du corps utilise

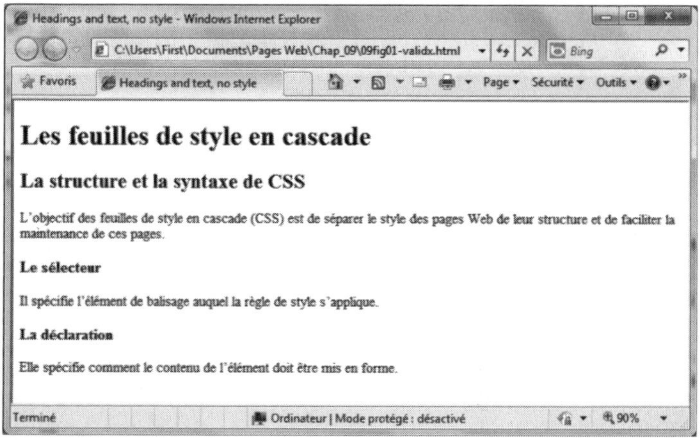

Figure 9.1 : Une page HTML sans spécifications de styles.

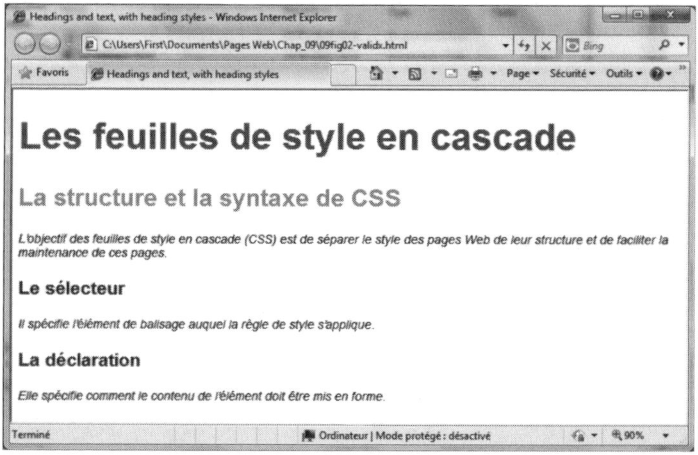

Figure 9.2 : Une page HTML où les styles sont appliqués.

une police sans empattement, les titres sont colorés, le texte des paragraphes est en italique et la taille des titres est nettement plus imposante qu'avec les paramètres par défaut.

Les utilisateurs peuvent modifier les préférences de leur navigateur pour qu'ils ignorent vos feuilles de style (même si la plupart d'entre eux les utiliseront). Testez vos pages Web en désactivant les feuilles de style pour vous assurer qu'elles restent présentables.

Pour plus d'informations sur la désactivation des feuilles de style, lisez l'article "Reading Web Pages without CSS" sur `www.jimthatcher.com/`

webcourseb.htm. les instructions peuvent varier selon votre navigateur, mais vous pouvez aussi utiliser les extensions d'accessibilité pour contrôler l'activation des feuilles de styles).

Les familles de polices

Lorsque vous attribuez des valeurs à la propriété font-family, vous pouvez fournir une liste de noms de polices séparés par des virgules. Ces noms doivent correspondre à des polices effectivement disponibles sur le navigateur Web de l'utilisateur. Si un nom de police, tel que Times New Roman, comprend des espaces, il doit être délimité par des guillemets.

```
h1 {font-family: Verdana, "Times New Roman", serif;}
```

Le navigateur recherche d'abord la police Verdana et, si elle n'est pas disponible, il recherche la Times New Roman et utilise enfin une police générique sans empattement en dernier recours. Le Chapitre 11 traite des polices avec CSS.

Les sélecteurs et les déclarations

Nul doute que vous voudrez qu'une règle de style détermine l'affichage de plus d'une propriété pour un même sélecteur. De fait, vous pouvez créer plusieurs règles de style pour ce même sélecteur, chacune avec une déclaration, de la manière suivante :

```
h1 {color: teal;}
h1 {font-family: Arial;}
h1 {font-size: 36px;}
```

Toutefois, une telle liste de règles de style deviendrait vite difficile à gérer. CSS vous permet donc de combiner plusieurs déclarations dans une règle de style *unique* qui affecte plusieurs caractéristiques d'affichage d'un seul sélecteur, comme ceci :

```
h1 {color: teal;
    font-family: Arial;
    font-size: 36px;}
```

Toutes les déclarations pour le sélecteur h1 se trouvent dans le même ensemble délimité par les accolades ({}) et sont séparées par des points-virgules (;). Vous pouvez ajouter autant de déclarations que vous le souhaitez dans une règle de style. Veillez simplement à bien marquer la fin de chaque déclaration par un point-virgule.

D'un point de vue strictement technique, les espaces n'ont aucune importance dans les feuilles de style (comme en HTML) mais il est conseillé de normaliser leur usage pour faciliter la lecture et la modification de vos feuilles de style. Une exception à cette règle concerne l'utilisation de plusieurs noms de polices dans la déclaration de `font-family`. Reportez-vous à l'encadré "Les familles de polices" pour plus d'informations.

Vous pouvez aussi appliquer le même jeu de déclarations à toute une série de sélecteurs. Il suffit de séparer les sélecteurs par des virgules. La règle de style suivante applique les déclarations relatives à la couleur du texte, à sa police et à la taille de sa police aux sélecteurs `h1`, `h2` et `h3` :

```
h1, h2, h3 {color: teal;
            font-family: Arial;
            font-size: 300%;}
```

Les exemples de règles de style présentés dans cette section montrent que la syntaxe d'une feuille de style repose beaucoup sur la ponctuation. Lorsqu'une règle de style ne fonctionne pas exactement comme vous l'espériez, vérifiez que vous n'avez pas fait d'erreur de syntaxe en utilisant un point-virgule à la place d'un double point ou une parenthèse à la place d'une accolade. Vérifiez aussi les virgules et les points-virgules ! Les outils de validation aident à détecter ces petites erreurs. Utilisez-les !

Le service de validation CSS du W3C peut vous aider à détecter les problèmes dans vos feuilles de style sur `http://jigsaw.w3.org/css-validator`.

Travailler avec les classes de style

Parfois, vous aurez besoin de règles de style qui ne s'appliquent qu'à certaines instances d'une balise HTML. Par exemple, si vous souhaitez qu'une règle de style ne s'applique qu'aux paragraphes qui contiennent une information sur le copyright, vous devrez signaler au navigateur que la règle a une portée limitée.

Pour restreindre le champ d'application d'une règle, combinez l'attribut `class` avec la balise. Les exemples suivants montrent le HTML requis pour deux types de paragraphes :

- Un paragraphe standard (sans attribut `class`).

```
<p>Ceci est un paragraphe</p>
```

- Un paragraphe avec l'attribut `class` prenant la valeur `copyright`.

```
<p class="copyright">Ceci est un paragraphe relatif au
   copyright</p>
```

Pour créer une règle de style qui ne s'applique qu'au paragraphe relatif au copyright, utilisez un sélecteur de paragraphe suivi de :

- Un point (.).
- La valeur de l'attribut `class`, ici `copyright`.

Le résultat devrait ressembler à ceci :

```
p.copyright {font-family: Arial;
             font-size: 12px;
             color: white;
             background: teal;}
```

Cette règle de style spécifie que tous les paragraphes de la classe `copyright` affichent du texte blanc sur un fond turquoise dans une police Arial de taille 12 pixels. La Figure 9.3 montre comment un navigateur applique cette règle de style aux paragraphes de classe `copyright`.

Vous pouvez aussi créer des classes de règles de style qui ne sont associées à aucun élément, comme dans l'exemple suivant :

```
.avertissement {font-family: Arial;
                font-size: 14px;
                background: blue;
                color: white;}
```

Vous pouvez utiliser cette classe de style avec n'importe quel élément pourvu que vous ajoutiez `class="avertissement"` à ce dernier. La Figure 9.4 montre comment un navigateur applique le style d'avertissement au paragraphe et au titre mais pas au bloc de citation :

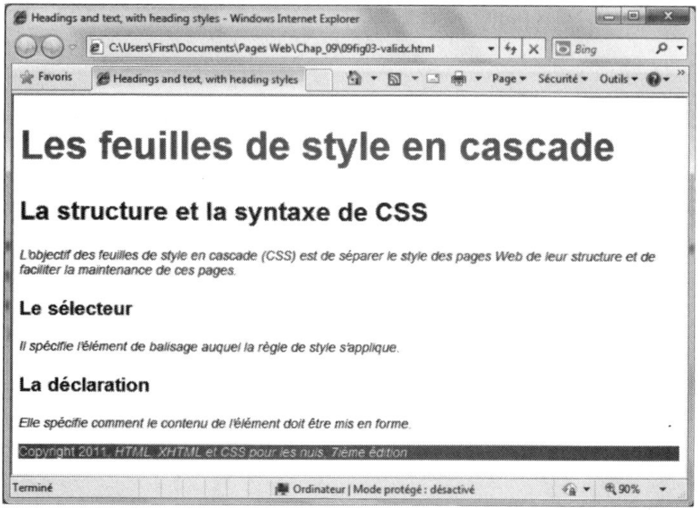

Figure 9.3 : Les classes permettent de cibler vos règles de style précisément.

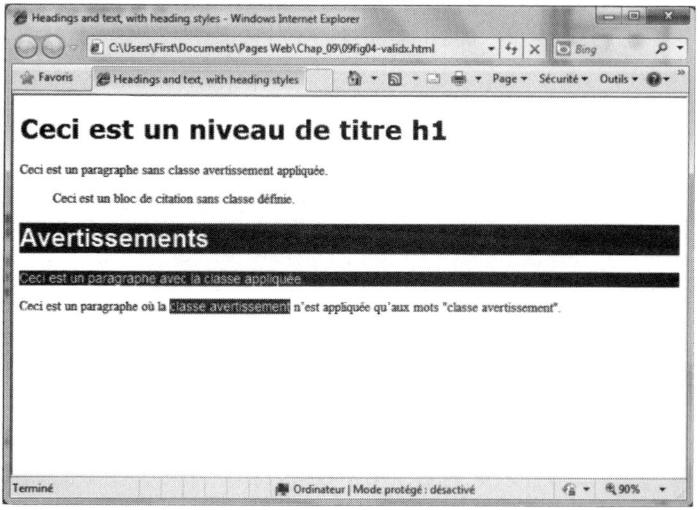

Figure 9.4 : Vous pouvez utiliser les classes pour créer des règles de style qui fonctionnent avec n'importe quel élément.

```
<p>Ceci est un paragraphe sans classe avertissement appliquée.</p>
<blockquote>Ceci est un bloc de citation sans classe définie.
   </blockquote>
<h1 class="avertissement">Avertissements</h1>
<p class="avertissement">Ceci est un paragraphe avec la classe
   appliquée.</p>
```

Vous pouvez aussi utiliser l'élément span pour appliquer des styles sélectivement à du contenu (ou pour créer des conteneurs arbitraires qui démarrent avec <span> et se terminent avec </span>) :

```
<p>Ceci est un paragraphe où la <span class="avertissement">classe
   avertissement</span> n'est appliquée qu'aux mots "classe
   avertissement".</p>
```

Travailler avec des id de style

Vous pouvez aussi utiliser l'attribut id="nom" avec la balise de style pour créer des règles qui s'appliquent seulement à certaines instances d'éléments de balisage. Imaginons que vous vouliez définir un style qui s'applique seulement au premier paragraphe de chaque page Web pour qu'il soit traité différemment des autres paragraphes qui ont eux aussi leurs propres paramètres de style.

Pour ce faire, créez un sélecteur ID dans vos définitions de style (soit dans l'en-tête du document (X)HTML dans une feuille de style interne, soit dans une feuille de style CSS externe), comme suit :

```
#premier {font-weight: bold;
          text-indent: -0.25in;}
```

Ainsi, dès que vous écrivez du code pour une page Web, vous marquez chaque premier paragraphe du (X)HTML de la manière suivante :

```
<p id="premier">Le premier paragraphe va être indenté de
   0,25 pouce et la police s'affichera en gras.</p>
<p>Les paragraphes suivants utiliseront le style que vous avez
  défini. Si vous ne définissez pas de style, ils adopteront
  les paramètres par défaut.</p>
```

La Figure 9.5 montre l'apparence de la page Web quand vous utilisez des sélecteurs ID pour appliquer les définitions CSS. Les sélecteurs ID sont pratiques car ils peuvent s'associer à tous types de balisage (ils ne sont pas liés à un seul élément comme les définitions de classe) et ils s'appliquent seulement quand ils sont utilisés. Très pratiques !

Gare à l'héritage !

Tenez compte des effets de l'héritage lorsque vous élaborez des feuilles de style complexes qui contrôlent l'apparence du moindre aspect d'une page. Par exemple, si vous indiquez une largeur de marge dans une règle de style s'appliquant au corps de la page, toutes les marges de tous les autres éléments de la page seront basées sur ce modèle. Si vous savez comment vos règles de style collaborent, vous pouvez utiliser l'héritage pour minimiser la répétition de règles de style et offrir à votre page un affichage cohérent.

Ce chapitre présente la syntaxe basique de CSS mais vous pouvez affiner vos règles de style en mobilisant des techniques avancées. Pour une présentation exhaustive de la syntaxe des règles de style CSS, référez-vous au didacticiel "CSS Structure and Rules" du Web Design Group sur `www.htmlhelp.com/reference/css/structure.html`.

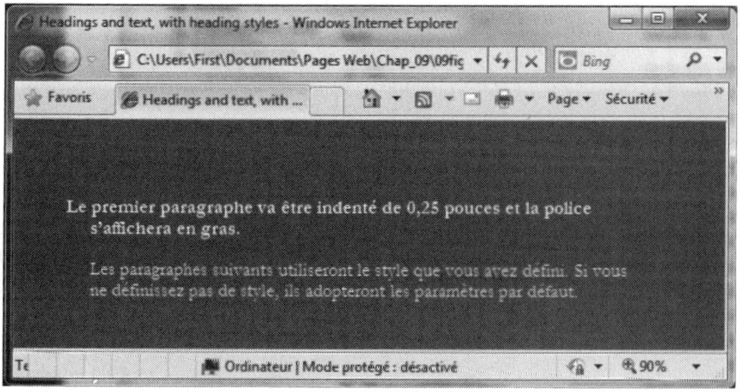

Figure 9.5 : Les sélecteurs ID s'appliquent à tous types de balises.

L'héritage des styles

L'un des principes de base de HTML (et du balisage en général) est l'imbrication des balises :

- Tout document HTML valide est imbriqué entre les balises `<html>` et `</html>`.
- Tout ce que le navigateur affiche dans sa fenêtre est imbriqué entre les balises `<body>` et `</body>` (et ce n'est que le début).

La spécification CSS tient compte de cette possibilité d'imbriquer des éléments en vous garantissant que les styles associés à l'élément parent affectent l'élément enfant. Ce mécanisme est nommé *héritage*.

Lorsque vous assignez un style à un élément, le même style est appliqué à tous les éléments imbriqués dans cet élément. Par exemple, une règle de style appliquée à l'élément `body` qui définit la couleur d'arrière-plan, la couleur du texte, la taille de la police, le type de police et les marges ressemble à ceci :

```
body {background: teal;
      color: white;
      font-size: 18px;
      font-family: Garamond;
      margin-left: 72px;
      margin-right: 72px;
      margin-top: 72px;}
```

TRUC

Si vous souhaitez appliquer des règles de style à l'ensemble du document, appliquez-les à l'élément `body`. Ainsi, il est beaucoup plus facile de modifier la police dans toute la page. Autrement, vous devrez la modifier pour chaque élément, l'un après l'autre.

Lorsque vous reliez le document HTML suivant à la règle de style précédente, qui s'applique à l'élément `body`, la mise en forme est héritée par tous les éléments subordonnés.

```
<body>
  <p>Ce paragraphe hérite des styles de la page.</p>
  <h1>Tout comme ce titre</h1>
  <ul>
      <li>Tout comme cette liste</li>
      <li>Elément</li>
      <li>Elément</li>
   </ul>
</body>
```

Utiliser différents types de feuilles de style

Lorsque vous avez terminé de créer vos règles de style, vous pouvez les relier à votre page HTML par l'un de ces moyens :

- **Insérez des informations de style dans votre document.** Vous pouvez soit :

  - Utiliser l'élément <style> pour créer une feuille de style à l'intérieur de la page Web.

    C'est une *feuille de style interne.*

  - Utiliser l'attribut style pour ajouter des informations de style directement dans la balise.

    C'est un *style en ligne.*

- **Utilisez une feuille de style externe.** Vous pouvez soit :
  - Utiliser la balise <link> pour relier votre page Web à la feuille de style externe.
  - Utiliser l'instruction CSS @import pour importer une feuille de style externe dans une page Web.

Les feuilles de style internes

Une feuille de style interne réside dans votre page Web. Ajoutez simplement les règles de style à l'élément `<style>` dans l'en-tête du document. Vous pouvez insérer autant de règles de style que vous le souhaitez dans une feuille de style interne (voir Listing 9.1).

Listing 9.1 : Ajouter une feuille de style interne dans un document HTML

```
<!DOCTYPE html PUBLIC "-//W3C//DTD XHTML 1.0 Transitional//EN"
      "http://www.w3.org/TR/xhtml1/DTD/xhtml1-transitional.dtd">
<html xmlns="http://www.w3.org/1999/xhtml">
<head>
  <title>Exemple de feuille de style interne</title>
  <style type="text/css">
    body {background: black;
          color: white;
          font-size: 16px;
          font-family: Garamond;
          margin-left: 72px;
          margin-right: 72px;
          margin-top: 72px;}

    h1, h2, h3 {color: teal;
                font-family: Arial;
                font-size: 36px;}

    p.copyright {font-family: Arial;
                 font-size: 12px;
```

```
                    font-color: white;
                    background: black;}

          .avertissement {font-family: Arial;
                          font-size: 16px;
                          font-color: orange;}
  </style>
</head>
<body>

<!-- Le contenu du document se trouve ici -->

</body>
</html>
```

L'avantage d'une feuille de style interne, c'est son côté pratique : vos règles de style se trouvent dans la même page que votre balisage, si bien que vous pouvez modifier les deux rapidement. Toutefois, si vous souhaitez que les mêmes règles de style contrôlent l'apparence de plus d'une page HTML, sortez ces styles des pages Web pour les loger dans une feuille de style externe.

Utilisez les styles en ligne avec prudence

Vous pouvez assigner des règles de style à des éléments, en particulier dans un document HTML. De telles règles de style *en ligne* figurent dans l'élément de la manière suivante :

```
<p style="color: green;">Texte vert.</p>
```

L'ajout de règles de style dans un élément n'est pas la meilleure solution. Nous vous recommandons de choisir entre des feuilles de style internes ou externes (de préférence) regroupant vos règles de style plutôt que d'affecter des règles de style à des éléments individuels dans votre document. Voici pourquoi :

- Vos règles de style sont dispersées dans la page et donc difficiles à trouver.
- Vous devez placer toute une règle dans l'attribut `style`, ce qui rend difficile l'écriture de règles complexes.
- Vous perdez tout le bénéfice des sélecteurs et la possibilité de réutiliser vos règles de style dans des feuilles de style externes.

Les feuilles de style externes

Une feuille de style externe regroupe toutes vos règles de style dans un document texte séparé auquel vous pouvez faire référence depuis n'importe quel fichier HTML sur votre site. Ce document texte présente l'inconvénient de constituer un fichier supplémentaire que vous devez gérer mais il s'agit aussi d'une feuille de style externe qui facilite grandement la maintenance du site. En effet, si les pages de votre site utilisent toutes la même feuille de style, vous pouvez modifier la mise en forme de toutes les pages en intervenant une seule fois dans la feuille de style.

N'OUBLIEZ PAS

Nous vous recommandons d'utiliser des feuilles de style externes sur vos sites.

Faire référence à la feuille de style

Pour faire référence à une feuille de style externe, utilisez l'élément link dans l'en-tête de la page Web, comme ceci :

```
<html>
<head>
  <title>Exemple de feuille de style externe</title>
  <link rel="stylesheet" type="text/css" href="styles.css" />
<head>
<body>

<!-- Le contenu de votre document se trouve ici -->

</body>
</html>
```

L'attribut href dans l'élément <link> peut être :

- Un lien relatif (une feuille de style sur votre propre site).
- Un lien absolu (une feuille de style qui ne réside pas sur votre propre site).

TRUC

Vous ne devriez pas utiliser une feuille de style qui ne réside pas sur votre site si vous voulez garder le contrôle de l'apparence de votre site.

Pour ajouter rapidement un style à votre page Web (ou voir comment les navigateurs gèrent différents styles), utilisez une URL absolue pour faire référence à l'une des feuilles de style du W3C. Pour en savoir plus, reportez-vous à www.w3.org/StyleSheets/Core.

Le Chapitre 6 présente les différences entre liens absolus et liens relatifs.

Importer la feuille de style

L'instruction `@import` commande au navigateur de charger une feuille de style externe et d'utiliser ses styles. Vous l'utilisez dans l'élément `<style>` avant toute règle de style individuelle, comme ceci :

```
<style>
  @import "http://www.site.edu/stylesheet.css";
</style>
```

Les règles de style d'une feuille de style importée prévalent sur toute autre règle définie avant l'instruction `@import`. Par conséquent, si vous référencez plusieurs feuilles de style à l'aide de plus d'une instruction `@import` dans votre page, les règles appliquées seront celles de la dernière feuille de style externe importée.

Comprendre la cascade

Plusieurs feuilles de style peuvent influencer les éléments d'une page en conjuguant leurs effets. C'est un peu comme l'héritage des styles dans une page Web. C'est la partie *cascade* de CSS.

Voici un exemple issu du monde réel : un site Web du département d'anglais d'une université. Ce département fait partie de la section des sciences humaines, qui n'est que l'une des unités de l'université. Chacune de ces entités (l'université, la section et le département d'anglais) dispose de sa propre feuille de style.

1. **La feuille de style de l'université fournit les règles de style pour toutes les pages du site.**

2. **La feuille de style de la section reprend la feuille de style de l'université (en utilisant l'instruction `@import`) et ajoute plus de règles de style afin de personnaliser le site Web de la section.**

3. **Le département d'anglais fait référence à la feuille de style de la section.**

   Ainsi, les pages du département disposent de leurs propres règles de style et héritent des règles définies dans les feuilles de style de la section et de l'université.

Que se passe-t-il quand plusieurs feuilles de style définissent des règles pour un même élément ? Par exemple, si les trois feuilles de style évoquées ci-dessus définissent une règle spécifique pour l'élément `h1` ? Dans ce cas, c'est la règle la plus proche de la page ou de l'élément qui gagne :

- Si une règle `h1` existe dans la feuille de style du département, elle prévaut sur celles des feuilles de style de la section et de l'université.
- Si une page du département applique une règle de style à `h1` dans une balise `<style>`, c'est cette règle qui s'applique.

Chapitre 10

Utiliser des feuilles de style en cascade

Dans ce chapitre :

- Comprendre comment utiliser CSS.
- Positionner des objets dans une page.
- Créer des règles de police.
- Créer des feuilles de style pour l'impression.
- Comprendre les feuilles de style orales.

Il est facile de comprendre la structure et la syntaxe de CSS. Il faut un peu plus de temps et d'efforts pour assimiler les propriétés qui s'appliquent aux documents (X)HTML. Toutefois, l'apprentissage devient vraiment intéressant quand on découvre comment utiliser CSS pour donner du punch à une page Web jusqu'alors platement ordinaire. Ce chapitre explique donc comment mettre à l'œuvre CSS plutôt que de se focaliser sur sa structure et les détails de son fonctionnement.

Si vous avez besoin de vous rafraîchir la mémoire au sujet des règles de style CSS et des propriétés, référez-vous au Chapitre 9 (description générale de CSS et de son fonctionnement). Vous pourrez ensuite retourner dans ce chapitre et mettre CSS en action.

Maintenant, il est temps de réaliser une page et de lui donner du style !

SUPER ASTUCE

Pour utiliser CSS efficacement, suivez ces directives :

- Lorsque vous testez l'apparence d'une page, utilisez les styles internes afin de pouvoir la modifier comme vous le désirez (ce chapitre utilise des feuilles de style internes mais le Chapitre 9 traite des feuilles de style internes et externes plus en détail).

- Lorsque l'apparence de votre page de test vous satisfait, déplacez tous ces styles internes dans une feuille externe puis appliquez-la à toutes les pages concernées de votre site.

Gérer l'agencement et le positionnement

Vous pouvez utiliser CSS pour agencer vos pages de sorte que les images et les blocs de texte :

- Apparaissent exactement où vous le souhaitez.
- Occupent parfaitement l'espace que vous leur allouez.

Une fois que vous avez créé vos styles dans un document, vous pouvez créer une feuille de style externe pour appliquer les mêmes styles à n'importe quelle page.

Le Listing 10.1 montre une page Web sans styles définis. Cette page basique est illustrée dans la Figure 10.1.

Listing 10.1 : Une page toute bête

```
<!DOCTYPE html PUBLIC "-//W3C//DTD XHTML 1.0 Transitional//EN"
        "http://www.w3.org/TR/xhtml1/DTD/xhtml1-transitional.dtd">
<html xmlns="http://www.w3.org/1999/xhtml" lang="fr" xml:lang="fr">
<head>
  <title>La page de Pixel</title>
  <meta http-equiv="Content-Type" content="text/html;
     charset=ISO-8859-1" />
</head>
 <body>
  <h1>Je suis Pixel le chat. Bienvenue sur ma page.</h1>
  <div id="navBar">
     <p>Liens intéressants :</p>
       <p><a href="http://www.google.fr/">Google</a></p>
       <p><a href="http://www.amazon.fr/">Amazon</a></p>
       <p><a href="http://www.yahoo.fr/">Yahoo!</a></p>
  </div>
  <img src="/images/pixel1.jpg" alt="Le Chat" width="320"
        height="240"
     id="leChat" />
 </body>
</html>
```

La création de liens pour vos pages Web est un sujet abordé dans le Chapitre 6. Vous y trouvez tout ce qu'il faut savoir sur la création

Figure 10.1 : Cette page sans aucun style ne met pas en valeur les qualités de ce chat.

de liens. Pour en savoir plus sur les feuilles de style en cascade et le dynamisme qu'elles peuvent apporter au contenu de votre site Web, reportez-vous au Chapitre 9.

Le chat est très beau mais la page ne met en aucun cas ses qualités en valeur. L'ajout de quelques styles peut considérablement améliorer la présentation de cette page. Voici comment !

L'agencement visuel

Plutôt que les liens apparaissent au-dessus de l'image, comme dans la Figure 10.1, nous voulons les afficher sur la gauche, l'endroit traditionnellement réservé aux outils de navigation. Le balisage suivant fait flotter le texte sur la gauche de l'image (voir la Figure 10.2) :

```
<style type="text/css">
  #navBar {
    background-color: #CCC;
    border-bottom: #999;
    border-left: #999;
    border-width: 0 0 thin thin;
```

```
    border-style: none none groove groove;
    display: block;
    float: left;
    margin: 0 0 0 10px;
    padding: 0 10px 0 10px;
    width: 150px;
    line-height: 0.2em;
  }
</style>
```

Figure 10.2 : La barre de navigation, désormais placée à gauche de l'image, ressemble plus à une barre de navigation classique.

Dans les règles précédentes, nous :

- Ajoutons l'élément `<style>`.
- Définissons l'id `navBar` dans l'élément `<style>`.
- Utilisons l'id `navBar` pour dire au contenu qu'il doit flotter à gauche de l'image, ce qui le fait apparaître dans la même partie de la page sur la gauche plutôt qu'au-dessus de l'image.

Cette règle indique que tout ce qui se trouve sur la page et qui appartient à l'id `navBar` (comme le montre la Figure 10.2) doit s'afficher avec :

- Un arrière-plan gris clair.
- Une fine bordure en relief en bas et à gauche, en gris sombre.
- Pas de bordure en haut, ni à droite.
- Un bloc qui flotte sur la gauche (de sorte que tout le reste de la page passe à droite, comme l'image dans la Figure 10.2).
- Une marge de gauche de 10 pixels (px).
- Une marge intérieure de 10 pixels en haut et en bas.
- Une zone de navigation de 100 pixels de large.

Vous aurez aussi remarqué que nous avons attribué la valeur `0.2em` à `line-height`. Ainsi, les lignes du menu sont compactes, sans trop d'espace entre les différents éléments.

Notez que certaines propriétés de la déclaration, nommées *propriétés raccourcies*, prennent plusieurs valeurs, telles que `margin` et `padding`. Les propriétés raccourcies adoptent les valeurs de plusieurs propriétés CSS (telles que `margin-height`, `margin-width` et ainsi de suite). Référez-vous à nos ressources en ligne pour une liste complète. Ces valeurs correspondent aux paramètres pour le haut, la droite, le bas et la gauche de la zone de navigation. `margin` crée un espace vide tout autour de la zone et `padding` définit l'espace entre les bords de la zone et son contenu. Voici les règles qui expliquent comment associer les valeurs aux propriétés qui gèrent les marges internes, les bordures, la marge interne, etc. :

- Si tous les côtés ont la même valeur, une seule valeur suffit.
- Si un seul des côtés est différent des autres, il faut spécifier une valeur pour chacun des côtés. Vous pouvez passer l'une ou l'autre de ces valeurs à zéro. Cela garantit que l'affichage des pages est le même quel que soit le navigateur (et la version du navigateur).

Le positionnement

CSS offre plusieurs possibilités pour spécifier précisément où un élément doit apparaître dans la page. Ces contrôles utilisent divers types de positionnement basés sur les relations entre la zone d'un élément et la zone de son parent pour aider les concepteurs de pages à placer les éléments où ils le souhaitent. Les types de propriétés impliquées sont présentés dans les sections suivantes.

Emplacement

Vous pouvez contrôler la position horizontale et la position verticale d'une image. Toutefois, lorsque vous recourez au positionnement absolu d'un élément de la page, vous devez indiquer où cet élément doit se placer par rapport à l'angle supérieur gauche de la fenêtre du navigateur. Ainsi, plutôt qu'elle soit dessinée automatiquement à la droite de la barre de navigation, vous pouvez placer une image en bas et à gauche, comme dans la Figure 10.3. Cependant, les éléments avec une position absolue s'infiltrent toujours dans le niveau supérieur quand les éléments se chevauchent, ce qui explique pourquoi la photo de Pixel s'affiche au-dessus. Nous modifions cet ordre par défaut plus tard dans ce chapitre.

```
#leChat {position: absolute; top: 120px; left: 107px;}
```

Figure 10.3 : L'image est plus captivante à cet endroit.

TRUC

Vous vous demandez sans doute pourquoi la règle `navBar` (définie dans la section "L'agencement visuel") et la règle `leChat` (dans l'extrait de code qui précède la Figure 10.3) commencent par un dièse. C'est parce que le dièse s'applique à l'attribut `id`. Vous pouvez utiliser un point pour débuter une règle de classe et elle s'appliquera à toutes les instances de cette classe, où quelle se trouve dans la page. Vous pouvez donc appliquer les attributs `class` et `id` à des éléments spécifiques, à la différence près que `class` peut être utilisé plusieurs fois. En revanche, l'attribut `id` ne peut apparaître qu'une seule fois sur une page. En effet, deux éléments ne peuvent pas avoir le même attribut `id` : vous ne pouvez donc pas avoir deux éléments dans votre page dont l'attribut `id` est `leChat`. La différence est qu'un attribut `class` permet de faire référence à toutes les instances d'un élément (X)HTML avec une seule référence tandis qu'un attribut `id` peut adresser une seule instance d'un élément.

Surperposition

Deux objets *peuvent* se voir assigner la même position dans une page Web. Même si cela peut sembler problématique, la superposition peut créer des effets intéressants, comme le montrent la barre de navigation et la photo dans le code et la figure qui suivent. Lorsque cela survient, le navigateur doit décider de l'ordre d'affichage : quel objet placer dessus et quel objet placer dessous ?

La propriété `z-index`, ajoutée à toute autre règle, vous permet de spécifier l'ordre dans lequel vous souhaitez que les objets s'empilent les uns sur les autres lorsqu'ils occupent la même position sur la page :

- Un petit nombre éloigne l'objet dans l'arrière-plan.
- Un grand nombre approche l'objet du premier plan.
- La valeur par défaut pour `z-index` est `auto`, ce qui signifie que l'objet se trouve au même niveau que son parent.

Attribuer à `leChat` une valeur de `-1` pour la propriété `z-index` permet de placer l'élément dans l'arrière-plan de la page (comme le montre la Figure 10.4), derrière tous les éléments pour lesquels `z-index` n'est pas défini (voir le code HTML de la Figure 10.4 sur le site associé au livre).

```
#leChat {position: absolute; top: 120px; left: 107px; z-index: -1;}
```

Modifier les polices pour améliorer l'aspect visuel et la lisibilité

Vous pouvez rendre une page plus intéressante en remplaçant ses vieilles polices ennuyeuses. Commencez par déterminer une police pour le corps du document en même temps que vous définissez d'autres règles de style par défaut, comme la couleur de l'arrière-plan et celle du texte.

Figure 10.4 : L'image est placée derrière la barre de navigation.

Le texte du corps

Voici un exemple qui spécifie le style pour le texte dans un élément `body` :

```
body {font-family: verdana, geneva, arial, helvetica, sans-serif;
      font-size: 1em; line-height: 1.33em; background-color: white;
      color: teal;}
```

Comme l'élément `body` contient tout le contenu de la page Web, cela affecte tout le reste de la page. La règle précédente commande au navigateur d'afficher tout le texte qui figure dans l'élément `body` de la manière suivante :

- Le texte est affiché en utilisant une des polices listées. Nous avons commencé par citer Verdana, car c'est notre premier choix et que les navigateurs vont tester la disponibilité des polices dans l'ordre où elles sont citées. Notez qu'une police générique, dans ce cas la police `sans-serif`, apparaît presque toujours en dernier dans une telle liste car le navigateur peut presque toujours fournir cette police.

Vous pouvez lister plus d'une police. Le navigateur prend la première police de votre liste qui est disponible dans le navigateur. Par exemple, le navigateur recherche les polices de notre liste dans cet ordre :

1. Verdana.
2. Geneva.
3. Arial.
4. Helvetica.
5. La police par défaut sans empattement du navigateur.

- Une hauteur de ligne de 1.33 em.

La Figure 10.5 montre que :

- Toutes les modifications s'appliquent à la page entière, dont la barre de navigation.
- La propriété `font-family` est différente dans le titre `h1`.

  Comme les en-têtes ont des propriétés `font-size` et `line-height` par défaut, il faut une autre règle pour les modifier.

Figure 10.5 : Les polices sont plus jolies mais elles pourraient encore être peaufinées.

Les titres

Si nous assignons explicitement des propriétés de style à l'élément `h1`, le résultat produit à l'écran sera plus prévisible. Voici un exemple de jeu de styles :

```
h1 {font-family: "trebuchet ms", verdana, geneva, arial, helvetica,
    sans-serif;
    font-size: 2em; line-height: w.167em;}
```

La Figure 10.6 montre le titre de premier niveau avec le type et la taille de police que nous voulons : Trebuchet MS 2em avec une hauteur de ligne de $2^{1/6}$em. Si nous ne disposions pas de Trebuchet MS sur notre système, le titre serait apparu en Verdana.

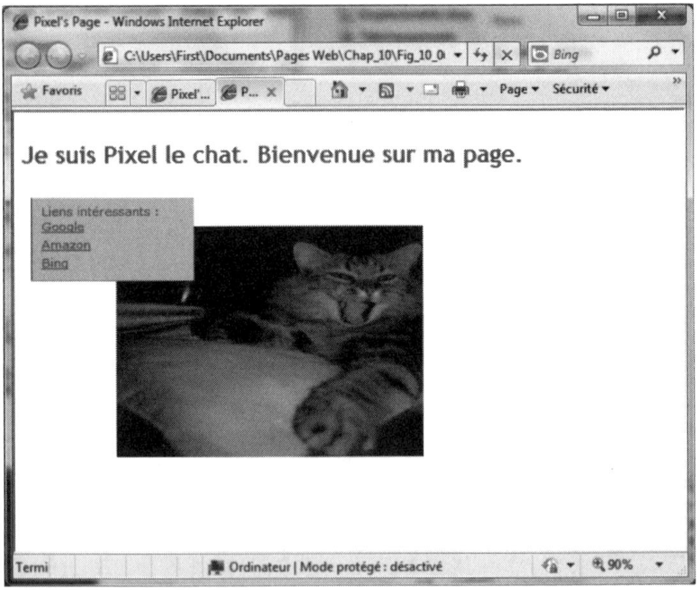

Figure 10.6 : Déclarer une règle pour h1 permet de l'afficher exactement comme nous le souhaitons.

N'OUBLIEZ PAS

Lorsque le nom d'une police comprend des espaces (comme `trebuchet ms` ou `times new roman`), le nom complet doit être mis entre guillemets (voir le Chapitre 11 pour plus d'informations).

Les hyperliens

Nous pensons que le soulignement des hyperliens (ce qui est le cas par défaut) encombre légèrement le menu. Fort heureusement, nous pouvons désactiver le soulignement avec CSS mais souhaitons que les hyperliens continuent de ressembler à des hyperliens. C'est pourquoi nous indiquons à CSS :

- D'afficher les liens en gras.
- De faire apparaître le soulignage quand le curseur passe sur le lien.
- D'afficher les liens dans une couleur spécifique.

Les règles de style suivantes définissent la manière dont un navigateur doit afficher les hyperliens :

```
a {text-decoration: none; font-weight: bold}
a:link {color: blue}
a:visited {color: #93C}
a:hover {text-decoration: underline}
```

Que se passe-t-il ici ? Au départ, nous commençons par définir deux règles pour la balise `<a>` qui s'appliquent à tous les liens de la page :

- **La déclaration** `text-decoration` **définit sa valeur à** `none`**.**

  Cela permet de supprimer le soulignement de tous les liens.

- **La déclaration** `font-weight` **a la valeur** `bold`**.**

  Cela permet d'afficher tous les liens de la page en gras.

Les autres règles dans le code précédent sont des *sélecteurs de pseudo-classes*. Elles servent à modifier l'apparence des liens dans leurs différents états (pour plus d'informations sur les pseudo-classes, reportez-vous au Chapitre 11). Ici, nous modifions la couleur lorsque le lien a été visité et nous activons le soulignement lorsque le pointeur de la souris survole le texte du lien. Cela permet d'identifier les liens quand le pointeur s'en approche. La Figure 10.7 montre comment la page apparaît lorsque les règles de style précédentes sont appliquées.

Externaliser les feuilles de styles

Lorsque la page finale vous satisfait, vous pouvez couper et coller votre feuille de style interne testée et approuvée dans une feuille de

Figure 10.7 : La version finale de notre page.

style externe. L'utilisation de feuilles de style externes présente les avantages suivants :

- Toute page du site peut utiliser l'intégralité de la feuille de style sous réserve d'ajouter une petite ligne de code dans chaque page.
- Les modifications peuvent s'effectuer à l'échelle du site, avec un seul changement dans la feuille de style externe.

Suivez ces étapes pour créer une feuille de style externe à partir d'une feuille de style interne testée et approuvée :

1. **Copiez tout le texte qui se trouve entre les balises** `<style>` **et** `</style>`**.**
2. **Collez ce texte dans un nouveau document.**

   Ce texte devrait uniquement contenir le balisage CSS, sans balisage HTML.
3. **Ajoutez l'extension** `.css` **au nom du document (par exemple,** `mesStyles.css`**) lorsque vous l'enregistrez.**

   L'extension permet de savoir qu'il s'agit d'un fichier CSS au premier coup d'œil.

Maintenant, vous disposez d'une feuille de style externe. Il est temps de relier votre fichier HTML à cette feuille de style. Pour cela, vous disposez de deux solutions :

- **Utilisez la balise `<link>`.**

  Tous les navigateurs qui gèrent CSS comprennent la balise `<link>`.

- **Utilisez la balise `<style>` avec le mot-clé `@import`.**

  Seuls les navigateurs les plus récents comprennent la combinaison `<style>` et `@import`.

Référez-vous au Chapitre 9 pour en savoir plus sur ces deux méthodes.

Utiliser CSS avec différents médias

Vous pouvez préciser la manière dont vos pages Web gèrent différents *types de médias*.

Le Tableau 10.1 recense tous les types de médias et leur utilisation.

Tableau 10.1 : Les types de médias reconnus.

Type de média	Description
all	Adapté à tous les périphériques
aural	Pour les synthétiseurs vocaux
braille	Pour les périphériques tactiles en braille
embossed	Pour les imprimantes en braille
handheld	Pour les périphériques portables (qui ont un petit écran, un écran monochrome et une bande passante limitée)
print	Pour les supports paginés opaques et les documents visualisés à l'écran en mode aperçu avant impression
projection	Pour les présentations projetées telles que les transparents
screen	Pour les écrans d'ordinateurs en couleur
tty	Pour les médias qui utilisent une grille de caractères à taille fixe, tels que les terminaux, les périphériques portables aux capacités d'affichage réduites
tv	Pour les périphériques de type télévision (à faible résolution, au nombre de couleurs, au défilement et au son limités)

CSS peut apporter des modifications pour personnaliser la manière dont une même page :

- S'affiche sur un écran d'ordinateur.
- S'imprime sur papier.
- Sonne lorsqu'elle est lue.

Les styles des médias visuels

Le Tableau 10.2 recense les propriétés CSS les plus utilisées dans une page Web. Le contenu en ligne de ce livre contient de brèves descriptions des propriétés CSS, des balises (X)HTML et des attributs les plus utilisés.

Tableau 10.2 : Les styles média visuels.

Propriété	Valeurs	Valeur par défaut	Description
background-color	N'importe quelle couleur, par nom ou code hexadécimal	transparent	Couleur d'arrière-plan de l'élément associé
background-image	URL	none	URL d'une image à afficher en arrière-plan de l'élément
color	N'importe quelle couleur, par nom ou code hexadécimal	À vous de choisir !	Couleur du texte de premier plan
font-family	Toute police cursive fantasy monospace sans-serif serif	À vous de choisir !	Police du contenu de l'élément associé
font-size	Nombre + unité xx-small x-small small smaller medium large larger x-large xx-large % Length (px, em, cm)	medium	Taille de la police du contenu de l'élément associé

Propriété	**Valeurs**	**Valeur par défaut**	**Description**
font-weight	normal bold bolder lighter 100 200 300 400 500 600 700 800 900	normal 400 équivaut à normal 700 équivaut à bold	Epaisseur (normal à gras) de la police affichée
line-height	normal nombre + unité % Length (px, em, cm)	normal	Espacement vertical entre des lignes du texte
text-align	left right center justify	À vous de voir !	Alignement du texte dans la page
text-decoration	none underline overline line-through blink	none	Effets du texte
list-style-image	URL	none	URL d'une image à utiliser comme puce de liste
list-style-position	inside outside	outside	Retour du texte avant ou après les puces
list-style-type	disc circle square decimal decimal-leading-zero lower-alpha upper-alpha none armenian georgian lower-greek lower-latin lower-roman upper-latin upper-roman	disc	Type de puces dans les listes

Propriété	Valeurs	Valeur par défaut	Description
display	block inline none	inline	Format d'une section définie d'un élément bloc
top	Nombre et unité auto	auto	Pour les objets en position absolue, définit le bord supérieur de l'élément sur/sous le bord supérieur de l'élément contenant. Pour les objets en position relative, définit le bord supérieur de l'élément sur/sous sa position habituelle
right	Pourcentage Nombre + unité auto	auto	Pour les objets en position absolue, définit le bord droit de l'élément par rapport au bord droit de l'élément contenant. Pour les objets en position relative, définit le bord droit de l'élément par rapport au bord droit de sa position habituelle
bottom	Pourcentage Nombre + unité auto	auto	Pour les objets en position absolue, définit le bord inférieur de l'élément sous le bord inférieur de l'élément contenant. Pour les objets en position relative, définit le bord inférieur de l'élément sous sa position habituelle
left	Pourcentage Nombre + unité auto	auto	Pour les objets en position absolue, définit le bord gauche de l'élément par rapport au bord gauche ou droit de l'élément contenant. Pour les objets en position relative, définit le bord gauche de l'élément sur/sous sa position habituelle
position	static absolute relative fixed	static	Méthode utilisée pour positionner un élément par rapport à un référentiel

Propriété	Valeurs	Valeur par défaut	Description
visibility	collapse visible hidden inherit	inherit	Indique si un objet sera affiché dans la page
z-index	Nombre auto	auto	Ordre de superposition des objets (-1 place l'objet complètement en arrière-plan)
border-style	none dotted dashed solid double groove ridge inset outset	Non définie	Style de la bordure d'un objet. Peut être décomposé en border-top-style, border-right-style, border-bottom-style et border-left-style
border-width	thin medium thick Nombre	Non définie	Largeur de la bordure d'un objet. Peut être décomposé en border-top-width, border-right-width, border-bottom-width et border-left-width
border-color	N'importe quelle couleur, par nom ou code hexadécimal transparent	Non définie	Couleur de la bordure d'un objet. Peut être décomposé en border-top-color, border-right-color, border-bottom-color et border-left-color
border	border-width border-style border-color	Non définie	Regroupe les propriétés de la bordure d'un objet. Peut être décomposé en border-top, border-right, border-bottom et border-left
float	left right none	none	Spécifie si l'objet doit flotter d'un côté ou de l'autre du document
height	Nombre + unité auto	auto	Hauteur affichée de l'objet

Propriété	**Valeurs**	**Valeur par défaut**	**Description**
width	Nombre + unité auto	auto	Largeur affichée de l'objet
margin	Nombre + unité auto	Non définie	Marges extérieures de l'objet. Peut être décomposé en margin-top, margin-right, margin-bottom et margin-left
padding	Nombre + unité auto	Non définie	Espace vide affiché autour de l'objet. Peut être décomposé en padding-top, padding-right, padding-bottom et padding-left
cursor	auto crosshair default pointer move text help URL e-resize ne-resize nw-resize progress s-resize se-resize sw-resize w-resize inherit	auto	Apparence du curseur dans la fenêtre du navigateur

Certains navigateurs ne gèrent pas les propriétés CSS. Si vous utilisez des fonctionnalités CSS, testez vos pages dans les navigateurs que vos visiteurs sont susceptibles d'utiliser. Utilisez les propriétés CSS qui fonctionnent dans la majorité des navigateurs et ignorez les autres.

Si vous voulez toujours avoir sur vous un guide CSS complet, stockez-le sur votre iPod ! Le podGuide gratuit de Westciv est un dossier de petits fichiers texte. Téléchargez l'archive et suivez les instructions pour savoir comment l'installer. Vous disposerez ainsi d'une documentation complète sous la main à tout instant (vous pourrez aussi gagner le prix du "Plus grand geek CSS du monde"). Le podGuide est disponible sur `www.westciv.com/news/podguide.html`.

Les styles des médias paginés

CSS peut personnaliser l'apparence d'une page à l'impression. Voici quelques recommandations :

- **Remplacez les polices sans empattement par des polices à empattement.**

  Les polices à empattement sont plus faciles à lire que les polices sans empattement.

- **Insérez des publicités qui :**
  - Font sens lorsqu'elles ne sont pas animées.
  - Sont utiles sans que l'on ait besoin de cliquer dessus.

En général, les styles des médias paginés permettent de vous assurer que le texte sera bien présenté lorsqu'il sera imprimé ou affiché dans un navigateur Web. Les styles des médias paginés servent aussi à masquer du contenu inapproprié lors de l'impression (les bannières, les publicités, etc.) afin de limiter le gaspillage de papier et de ne pas irriter l'utilisateur. Le Tableau 10.3 détaille les propriétés CSS des médias paginés à utiliser pour aider les utilisateurs à imprimer au mieux vos pages Web.

Tableau 10.3 : Les styles des médias paginés.

Propriété	Valeurs	Valeur par défaut	Description
orphans	Nombre	2	Nombre minimum de lignes d'un paragraphe à insérer en bas d'une page quand le paragraphe est coupé
page-break-after	auto always avoid left right	auto	Gestion du saut de page après un élément

Propriété	Valeurs	Valeur par défaut	Description
page-break-before	auto always avoid left right	auto	Gestion du saut de page avant un élément
page-break-inside	auto avoid	auto	Gestion du saut de page dans un élément
widows	Nombre	2	Nombre minimum de lignes d'un paragraphe à insérer en haut d'une page quand le paragraphe est coupé

L'exemple du Listing 10.2 utilise ces options pour les styles des médias paginés :

- Affichage du texte en noir sur un arrière-plan blanc.
- Remplacement des polices sans empattement par des polices à empattement.

Listing 10.2 : Ajout d'une feuille de style pour l'impression.

```
<!DOCTYPE html PUBLIC "-//W3C//DTD XHTML 1.0 Transitional//EN"
        "http://www.w3.org/TR/xhtml1/DTD/xhtml1-transitional.dtd">
<html xmlns="http://www.w3.org/1999/xhtml" lang="fr" xml:lang="fr">
<head>
<title>Voici ma page</title>
<meta http-equiv="Content-Type" content="text/html;
    charset=ISO-8859-1" />
<style type="text/css">
    body {background-color: black; color: white; font-family:
          sans-serif;}

    @media print {
     body {background-color: white; color: black; font-family: serif}
    }
</style>
</head>
<body>
```

```
    Cette page prend une apparence très différente lorsqu'elle est
       imprimée.
</body>
</html>
```

Si vous vous demandez pourquoi aucune des propriétés du Tableau 10.3 n'a été utilisée et pourquoi d'autres l'ont été, la raison est simple : leurs valeurs par défaut convenaient parfaitement à cet exemple. Or, ce n'est pas parce que certaines propriétés peuvent être modifiées que vous ne pouvez pas en modifier d'autres par ailleurs ; vous pouvez faire les deux.

Les styles de synthèse vocale

Les navigateurs et les styles à synthèse vocale ne sont pas seulement destinés aux déficients visuels. Ils sont aussi utiles aux utilisateurs du Web qui :

- Ont des difficultés à lire.
- Ont besoin d'informations en conduisant.

L'exemple suivant recommande l'utilisation d'une synthèse vocale avec des voix masculines et féminines pour bien faire la distinction :

```
<style>
    @media aural {
       p.alexandre {voice-family: male;}
       p.marianne {voice-family: female;}
    }
</style>
```

Il se peut que vous ne soyez jamais amené à intégrer des styles de synthèse vocale dans votre page. Toutefois, sachez que les synthétiseurs par défaut devraient bien fonctionner si :

- Votre page contient essentiellement du texte.
- Vous ne vous souciez pas trop de l'intonation, si bien qu'une voix d'homme ou de femme fera l'affaire.

Cela dit, vous pouvez trouver une liste complète des propriétés des styles de synthèse vocale sur le site Web qui accompagne ce livre.

Chapitre 11

Créer avec des couleurs et des polices

Dans ce chapitre :

- tiliser CSS pour définir la mise en forme du texte.
- Travailler avec les couleurs de page et d'arrière-plan.
- Modifier l'affichage des polices.
- Appliquer des traitements supplémentaires au texte.

Avant que les feuilles de style n'existent, les concepteurs Web devaient s'appuyer sur le balisage HTML pour contrôler les arrière-plans, les couleurs, les polices et les tailles de texte dans les pages Web. Avec les feuilles de style, ils peuvent désormais séparer l'information sur le style du contenu, ce qui signifie qu'ils peuvent utiliser CSS pour contrôler la police, la couleur et d'autres styles.

Pourquoi se gêner ? C'est simple. Lorsque vous utilisez CSS, vous bénéficiez des avantages suivants :

- Un meilleur contrôle lorsque vous modifiez ou actualisez des informations relatives à la présentation.
- Les documents HTML ne sont plus encombrés de balises `<font>`.
- Plus d'options pour mettre en forme le texte, comme la définition de la hauteur de ligne, l'épaisseur de la police, l'alignement du texte, la conversion du texte en majuscules ou en minuscules.

TRUC

(X)HTML comprend toujours des éléments de mise en forme, tels que `<tt>`, `<i>`, `<big>`, `<b>` et `<small>`. Toutefois, les autres éléments de mise en forme tels que `<font>` sont *dépréciés*. Cela signifie qu'il n'est plus recommandé de les utiliser (même s'ils fonctionnent toujours et que la plupart des navigateurs les reconnaîtront). Nous pensons que vous ne devriez plus les utiliser mais c'est à vous de voir. Pour en savoir plus sur les éléments de mise en forme dépréciés, consultez le Chapitre 8.

Les valeurs des couleurs

(X)HTML définit les couleurs de deux manières :

- Par *nom* : vous faites votre choix dans une liste limitée.
- Par *code* : plus difficile de s'en souvenir mais le choix est plus vaste.

Les noms des couleurs

La spécification du HTML comprend 16 noms de couleurs que vous pouvez utiliser pour définir des couleurs dans votre page. Le Tableau 11.1 recense ces couleurs. Les nombres qui commencent par un caractère dièse (#) sont en notation *hexadécimale*, un mélange de lettres de A à F (pour 10 à 15) et de chiffres de 0 à 9.

Vous pouvez sans risque utiliser les noms des couleurs dans votre balisage CSS car les navigateurs savent toujours les interpréter. Vous pouvez aussi comparer les couleurs à l'écran et sur papier pour constater à quel point l'impression et l'affichage peuvent avoir un rendu différent. Il se peut que la balance des couleurs de votre écran soit mal configurée ou que la couleur proposée par l'imprimante ne soit pas la bonne. Ce n'est pas aussi simple qu'on peut l'imaginer !

TRUC

Visitez `www.htmlhelp.com/reference/html40/values.html#color` pour voir comment votre navigateur affiche ces couleurs. Si vous le pouvez, visualisez cette page sur deux ou trois ordinateurs différents pour voir comment un navigateur, un système d'exploitation, une carte graphique et un écran différents peuvent altérer l'affichage d'une couleur.

Cette déclaration de style CSS indique que tout le texte figurant dans les balises `<p>` doit apparaître en bleu (*blue*) :

```
p {color: blue;}
```

Tableau 11.1 : Les noms des couleurs en (X)HTML

Nom de la couleur	Code RGB
Black	#000000
Silver	#C0C0C0
Gray	#808080
White	#FFFFF
Maroon	#800000
Red	#FF0000
Purple	#800080
Fuchsia	#FF00FF
Green	#008000
Lime	#00FF00
Olive	#808000
Yellow	#FFFF00
Navy	#000080
Blue	#0000FF
Teal	#008080
Aqua	#00FFFF

TRUC

Si vous cherchez les couleurs chartreuse ou saumon, vous n'avez pas de chance car cette liste n'est pas une boîte à crayons très fournie. Cependant, vous pouvez aussi trouver les codes hexadécimaux des couleurs adaptées au Web ainsi que des échantillons de couleurs sur `www.dummies.com/cheatsheet/html`. Même si elles n'ont pas de nom, ces couleurs sont adaptées au Web car elles ont un bon rendu sur la plupart des écrans et des imprimantes.

Les codes des couleurs

Les codes des couleurs permettent d'utiliser n'importe quelle couleur (y compris le saumon) dans votre page Web.

Les codes hexadécimaux

N'OUBLIEZ PAS

Lorsque vous utilisez le code hexadécimal pour définir une couleur, vous devriez toujours le préfixer du caractère dièse (#). Autrement, elle risque de ne pas s'afficher correctement dans certains navigateurs.

Cette déclaration de style CSS indique que tout le texte figurant dans des balises <p> doit apparaître en bleu :

```
p {color: #0000FF;}
```

Trouver le code hex de n'importe quelle couleur

Vous ne pouvez pas simplement agiter votre baguette magique et faire surgir le code hex d'une couleur. Pour cela, vous devez recourir à d'autres moyens moins magiques. Ainsi, les convertisseurs de couleurs appliquent une formule précise pour transformer le code standard RGB en code hexadécimal. Mais comme vous avez mieux à faire que perdre votre temps avec des codes hex, vous disposez d'autres options pour trouver le code de votre couleur, qu'elle apparaisse ou non dans la liste des couleurs utilisables pour le Web figurant sur la notice de rappel associée à ce livre (`www.dummies.com/cheatsheet/html`). Dans les deux cas, inutile de sortir votre calculatrice.

- **Sur le Web :** Quelques bonnes sources pour retrouver les codes hex des couleurs :

  ```
  www.colorschemer.com/online.html
  http://www.webmonkey.com/2010/color_charts
  ```

  Il vous suffit de rechercher la couleur que vous souhaitez puis de saisir dans votre HTML le code hex qui y est associé.

- **Avec un éditeur d'images :** De nombreuses applications de traitement d'images, telles qu'Adobe Photoshop ou Adobe Fireworks, affichent le code hexadécimal de toutes les couleurs. Même le sélectionneur de couleurs de Word affiche les codes hex des couleurs d'une image. Si vous disposez d'une image que vous appréciez et que vous souhaitez utiliser comme source de couleurs pour votre page Web, ouvrez-la dans votre éditeur favori et trouvez les codes hex.

Les valeurs RGB

Vous pouvez utiliser des valeurs RGB à deux chiffres pour définir une couleur. Ces valeurs ne se rencontrent pas aussi souvent que les valeurs hexadécimales mais elles n'en sont pas moins efficaces :

- `rgb (r, g, b)` : `r`, `g` et `b` sont des entiers compris entre 0 et 255 qui représentent respectivement le rouge (red), le vert (green) et le bleu (blue).
- `rgb (r%, g%, b%)` : `r%`, `g%` et `b%` représentent respectivement les pourcentages de rouge, vert et bleu.

Les définitions des couleurs

Vous pouvez définir une couleur précise pour chaque texte de la page Web, de même que vous pouvez définir une couleur d'arrière-plan pour la page Web entière ou seulement pour une portion de cette page.

CSS utilise les propriétés suivantes pour définir une couleur :

- `color` définit la couleur de la police et sert aussi à définir des couleurs pour les liens dans leurs différents états (`link`, `active`, `focus`, `visited` et `hover` ; tous ces états sont décrits plus loin dans ce chapitre, dans la section "Les liens").
- `background` ou `background-color` définit les couleurs d'arrière-plan pour la page entière ou pour un élément en particulier (par exemple, la couleur d'arrière-plan pour tous les titres de premier niveau, comme lorsque vous surlignez quelque chose dans un document Word).

Le texte

Vous pouvez modifier la couleur du texte dans votre page Web en trois étapes :

1. **Déterminez le sélecteur.**

   Par exemple, la couleur s'appliquera-t-elle à tous les titres de premier niveau, à tous les paragraphes ou à un paragraphe en particulier ?

2. **Utilisez la propriété `color`.**
3. **Identifiez le nom ou la valeur hexadécimale de la couleur.**

La syntaxe de base pour la déclaration d'un style est la suivante :

```
sélecteur {color: valeur;}
```

Voici une liste de déclarations de style qui utilisent la propriété `color` pour attribuer la couleur du texte à l'élément `body` (et donc à tous les éléments HTML subordonnés qui se trouvent dans le corps du document, sauf si d'autres spécifications annulent cette sélection comme avec l'élément h1) :

```
body {color: olive; font-family: Verdana, sans-serif;
      background-color: #FFFFFF; font-size: 85%;}
hr {text-align: center;}
.navBar {font-size: 75%; text-align: center;}
h1 {color: #808000;}
p.chapitrenav {text-align: center;}
.footer {font-size: 80%;}
```

Dans les règles CSS précédentes, la couleur de tout le texte de la page est définie en utilisant le sélecteur `body`. La couleur est appliquée à tout le texte contenu dans le corps du document, à moins qu'elle soit définie autrement. Par exemple, la couleur du premier niveau de titre est déterminée comme étant un vert forêt, spécifié en notation hexadécimale.

Les liens

Les *pseudo-classes* permettent de définir des règles de style fondées sur des informations qui ne figurent pas dans l'arborescence du document.

Les cinq pseudo-classes les plus connues sont celles que vous pouvez utiliser pour modifier l'apparence des hyperliens :

- `:link` définit la mise en forme des liens qui n'ont pas encore été visités.
- `:visited` définit la mise en forme des liens qui ont été visités.
- `:focus` définit la mise en forme des liens qui sont sélectionnés avec le clavier (par exemple, avec la touche Tabulation) et qui sont sur le point d'être activés avec la touche Entrée.
- `:hover` définit la mise en forme des liens que le curseur de la souris survole.
- `:active` définit la mise en forme des liens qui sont sélectionnés (sur lesquels on clique avec la souris ou que l'on active en utilisant la touche Entrée).

N'OUBLIEZ PAS

Le nom d'une pseudo-classe est précédé d'un double point (:).

Les pseudo-classes peuvent être utilisées avec :

- [x] Les éléments (tels que l'élément <a> qui définit les hyperliens).
- [x] Les classes.
- [x] Les identifiants.

Par exemple, pour définir les règles de style pour les liens visités et non visités, utilisez la syntaxe suivante :

- [x] Ceci spécifie la couleur de tout hyperlien pointant vers une URL qui n'a pas encore été visitée à l'aide d'un code hex signifiant que la couleur est le rouge :

```
a:link {color: #FF0000;}
```

- [x] Ceci spécifie que l'hyperlien qui pointe une URL visitée apparaît dans la couleur nommée `green` (vert) :

```
a:visited {color: green;}
```

- [x] Ceci spécifie que tous les liens qui n'ont pas été visités et dont la classe est `interne` doivent apparaître dans une couleur dont le nom est `yellow` (jaune). Référez-vous au Chapitre 9 pour un rappel sur les classes CSS) :

```
a.interne:link {color: yellow;}
```

Les liens peuvent se trouver dans plusieurs états simultanément. Par exemple, un lien peut être visité et survolé. Définissez toujours les règles de style dans cet ordre : `:link`, `:visited`, `:visible`, `:focus`, `:hover`, `:active`.

CSS applique *la dernière règle lue* pour afficher votre page. Dans notre cas, si vous donnez les sélecteurs des pseudo-classes dans le mauvais ordre, vos résultats ne seront pas conformes à vos attentes. Par exemple, si `visited` suit `hover` et que les deux règles s'appliquent simultanément, la règle `hover` s'applique seulement aux liens qui n'ont pas encore été visités.

Les règles de style CSS suivantes affichent les liens du document qui n'ont pas encore été visités en vert olive et ceux qui ont été visités en jaune :

```
body {color: #808000; font-family: Verdana, sans-serif; font-size:
    85%;}
a:link {color: olive;}
a:visited {color: yellow;}
```

TRUC

La spécification de CSS précise que `:link` et `:visited` sont mutuellement exclusifs et que c'est au navigateur de déterminer quand il convient de changer l'état d'un lien (visité ou pas visité). Par exemple, un navigateur peut décider qu'un lien n'est plus visité lorsque vous supprimez les données relatives à l'historique de votre navigation.

Les arrière-plans

Suivez ces étapes pour modifier la couleur de tout ou partie de l'arrière-plan de votre page Web :

1. **Déterminez le sélecteur.**

   Par exemple, la couleur s'appliquera-t-elle à tout l'arrière-plan ou seulement à une partie ?

2. **Utilisez la propriété** `background-color` **ou** `background`.

3. **Identifiez le nom ou le code hex de la couleur souhaitée.**

La syntaxe de base pour une telle déclaration est la suivante :

```
sélecteur {background-color: valeur;}
```

Dans la liste suivante, la première déclaration de style utilise la propriété `background-color` pour définir du vert clair en code hexadécimal :

```
body {color: #808000; font-family: Verdana, sans-serif;
      background-color: #EAF3DA; font-size: 85%;}
```

TRUC

Vous pouvez appliquer une couleur d'arrière-plan à un bloc de texte (par exemple, un paragraphe) tout comme vous pouvez définir une couleur d'arrière-plan pour la page entière.

Utilisez `background` comme raccourci pour déterminer les différentes propriétés de l'arrière-plan ou `background-color` pour définir seulement la couleur, comme ceci :

```
sélecteur {background: valeur valeur valeur;}
```

Référez-vous au Chapitre 9 ou à la section "The Shorthand Property" du didacticiel "Mulder's Stylesheets Tutorial" de Webmonkey pour plus d'informations à ce sujet sur `www.webmonkey.com/2010/02/mulders_stylesheets_tutorial`.

Les polices

Vous pouvez définir les propriétés d'une police pour les divers éléments HTML avec :

- Les différentes propriétés CSS, telles que `font-family`, `line-height` et `font-size`.
- Un groupe de propriétés de police avec la propriété raccourcie `font`.

La famille de police

Pour définir la police (un jeu de caractères identifié par un nom et souvent protégé avec un copyright, comme Times Roman, Arial ou Helvetica), utilisez la propriété CSS `font-family` :

1. **Identifiez le sélecteur pour la déclaration de style.**

   Par exemple, le sélecteur `p` définit une famille de police pour toutes les balises `<p>`.

2. **Ajoutez le nom de la propriété** `font-family`**.**

3. **Définissez une valeur pour la propriété (le nom de la famille de police).**

   Utilisez des guillemets simples ou doubles pour délimiter un nom de famille de police s'il contient un ou plusieurs espaces.

Pour mettre en forme les premiers niveaux de titre en utilisant la police Verdana, utilisez une déclaration de style telle que la suivante :

```
h1 {font-family: Verdana, Helvetica, sans-serif;}
```

Dans la déclaration précédente, deux familles de police supplémentaires figurent pour le cas où le navigateur ne gérerait pas la famille de police Verdana.

Nous vous recommandons d'inclure ces familles de police dans vos déclarations de style :

- Au moins l'une de ces familles de police communes :
  - Arial : ABCDEFGHIJKLMNOPQRSTUVWXYZ abcdefghijklmnopqrstuvwxyz.
  - Helvetica : ABCDEFGHIJKLMNOPQRSTUVWXYZ abcdefghijklmnopqrstuvwxyz.

- Times New Roman : ABCDEFGHIJKLMNOPQRSTUVWXYZ abcdefghijklmnopqrstuvwxyz.
- Verdana : ABCDEFGHIJKLMNOPQRSTUVWXYZ abcdefghijklmnopqrstuvwxyz.

✔ Au moins l'une des familles de police génériques :

- Serif : ABCDEFGHIJKLMNOPQRSTUVWXYZ abcdefghijklmnopqrstuvwxyz.
- Sans serif : ABCDEFGHIJKLMNOPQRSTUVWXYZ abcdefghijklmnopqrstuvwxyz.
- Cursive : ABCDEFGHIJKLMNOPQRSTUVWXYZ abcdefghijklmnopqrstuvwxyz.
- Fantasy : ABCDEFGHIJKLMNOPQRSTUVWXYZ abcdefghijklmnopqrstuvwxyz.
- Monospace : ABCDEFGHIJKLMNOPQRSTUVWXYZ abcdefghijklmnopqrstuvwxyz.

Différents éléments peuvent être mis en forme à l'aide de plusieurs familles de police. Ces règles définissent une famille de police différente pour les hyperliens (voir la Figure 11.1) :

```
body {color: #808000; font-family: Arial, sans-serif; font-size:
     85%;}
hr {text-align: center;}
a {font-family: Courier, "Courier New", monospace;}
```

La taille

Les propriétés suivantes permettent de contrôler les tailles de votre texte.

La taille de la police

La déclaration de style pour spécifier la taille du texte est :

```
sélecteur {font-size: valeur;}
```

La `valeur` de la déclaration peut être :

✔ **Une valeur exprimée dans l'une des unités de mesure standard (recensées dans le Chapitre 9).**

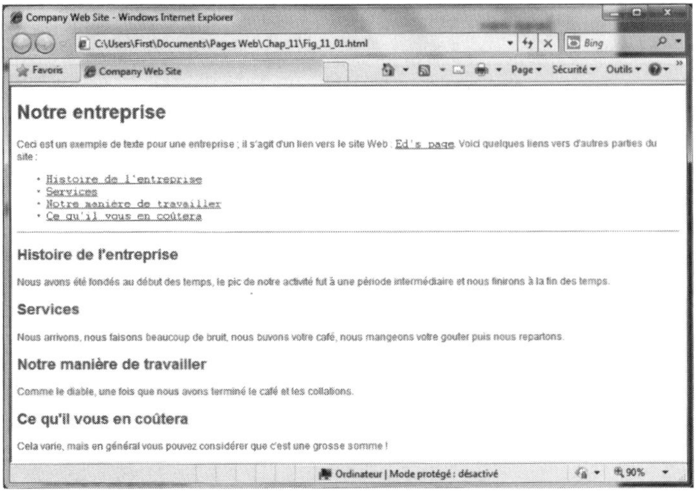

Figure 11.1 : La famille de police pour les hyperliens diffère de celle du reste du texte.

- **L'un de ces mots-clés prédéfinis :**

  `xx-small`, `x-small`, `small`, `medium`, `large`, `x-large`, ou `xx-large`.

Les règles recensées dans les sous-sections suivantes définissent :

Taille de police avec CSS

Outre les noms de taille de police (`xx-small`, `x-small`, `small`, `medium`, `large`, `x-large` ou `xx-large`), vous pouvez aussi affecter la taille de police en utilisant les unités de mesure CSS suivantes : px (pixels), pt (points) ou em (la hauteur m de la police utilisée, quelle qu'elle soit). Les pixels dépendent de la taille de chaque pixel de votre écran et varient trop d'un écran à l'autre pour être fiables. Les points sont une unité de mesure infime qui demande trop de tests pour trouver la bonne. Ceci explique certainement pourquoi em est l'unité la plus utilisée pour déterminer la taille de police en CSS et pourquoi cette méthode est considérée comme la meilleure pour exprimer la taille des polices dans les feuilles de style. Opter pour em ne vous dispense pas d'effectuer des tests mais il est plus simple et plus rapide de déterminer une taille par rapport à votre police de base. Pour plus d'informations sur l'utilisation de ces unités sous la forme `font-size: 2em` (pour doubler la taille de la police) ou `font-size: 0.8em` (pour réduire une police de 80% par rapport à la police de référence), reportez-vous au Chapitre 9.

- Une taille de police relative pour tout le texte.
- Une taille de police absolue pour tous les titres de premier niveau.

```
body {color: #808000; font-family: Arial, sans-serif; font-size:
     85%;}
h1 {font-family: "trebuchet ms", verdana, geneva, arial, helvetica,
sans-serif; font-size: 2em; line-height: 2.5em; color: teal;}
```

Le résultat est représenté dans la Figure 11.2.

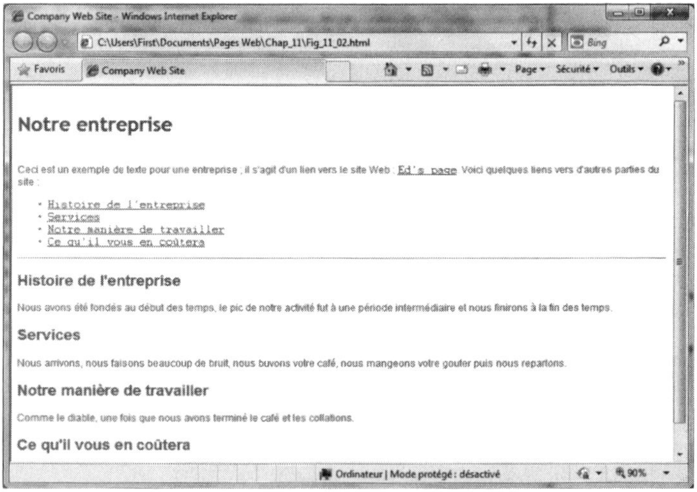

Figure 11.2 : Les titres de premier niveau sont en 24 points ; la taille de police pour le reste du texte est relative.

La hauteur de ligne

La *hauteur de ligne* d'un paragraphe correspond à l'espace qui sépare les lignes du paragraphe.

TRUC

La hauteur de ligne correspond à l'espacement des lignes dans un traitement de texte.

Pour modifier l'espacement entre les lignes d'un paragraphe, utilisez la propriété `line-height` :

```
sélecteur {line-height: valeur;}
```

La valeur de la propriété `line-height` peut être indifféremment :

- Une valeur exprimée dans l'une des unités de mesure standard (recensées dans le Chapitre 9).
- Un nombre que multiplie la taille de police de l'élément, comme `1.5`

Nous assignons une classe `citation` au premier paragraphe tout au long de ce chapitre pour que vous puissiez observer les modifications. Cela nous permettra d'appliquer ces styles au premier paragraphe en utilisant

```
<p class="citation">
```

dans le document HTML.

Les règles de style suivantes mettent le premier paragraphe en italique, l'indentent et augmentent la hauteur de ligne pour améliorer la lisibilité (voir la Figure 11.3) :

```
body {color: #808000; font-family: Arial, sans-serif; font-size:
      85%;}
      h1 {font-family: "trebuchet ms", verdana, geneva, arial,
          helvetica, sans-serif;
      font-size: 2em; line-height: 2.5em; color: teal;}
      .citation {font-style: italic; text-indent: 2em; line-height:
                 150%;}
```

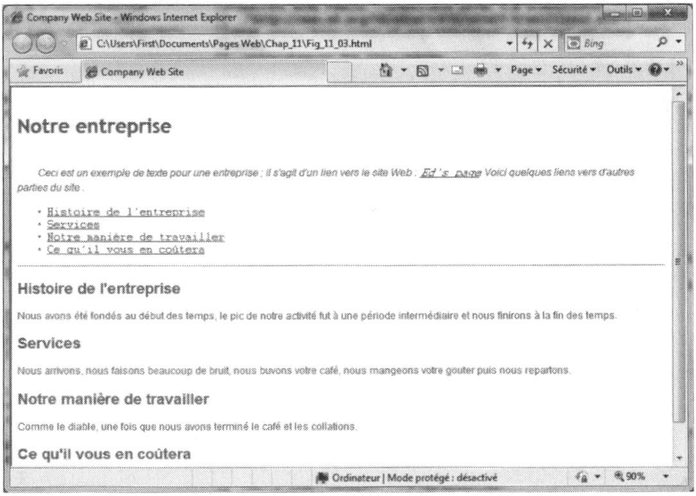

Figure 11.3 : Tous les éléments qui appartiennent à la classe citation sont mis en forme de la même manière.

L'espacement des caractères

Vous pouvez *augmenter* ou *réduire* l'espace entre les lettres ou les mots en utilisant ces propriétés :

- `word-spacing` : La déclaration de style pour `word-spacing` est :

  ```
  sélecteur {word-spacing: valeur;}
  ```

- `letter-spacing` : La déclaration de style pour `letter-spacing` est :

  ```
  sélecteur {letter-spacing: valeur;}
  ```

La valeur de ces propriétés d'espacement doit être une longueur définie dans l'une des unités de mesure standard (recensées dans le Chapitre 9).

Le code suivant augmente l'espacement entre les lettres (crénage) du premier paragraphe (voir la Figure 11.4) :

```
body {color: #808000; font-family: Arial, sans-serif; font-size:
      85%;}
      h1 {font-family: "trebuchet ms", verdana, geneva, arial,
           helvetica, sans-serif;
      font-size: 2em; line-height: 2.5em; color: teal;}
      .citation {font-style: italic; text-indent: 10pt; line-height:
               150%;
               letter-spacing: 0.2em;}
```

Positionner les blocs de texte

Les propriétés d'alignement permettent de contrôler la manière dont les bords des blocs de texte s'alignent les uns par rapport aux autres.

L'alignement du texte

L'alignement détermine si les bords gauche et droit d'un bloc texte sont :

- **Alignés :** Ils commencent ou se terminent ensemble.
- **Décalés :** Ils commencent ou se terminent à différents endroits.

Figure 11.4 : Le crénage peut être plus important ou moins important que l'espacement normal de la police.

La syntaxe pour l'alignement du texte

L'alignement est défini à l'aide de la propriété `text-align`. La déclaration de style pour aligner le texte est la suivante :

```
sélecteur {text-align: valeur;}
```

La propriété `text-align` doit prendre pour valeur l'un des mots-clés suivants :

- `left` aligne le texte à gauche. Le côté droit du bloc de texte est décalé.
- `right` aligne le texte à droite. Le côté gauche du bloc de texte est décalé.
- `center` centre le texte au milieu de la fenêtre. Les deux côtés du bloc de texte sont décalés.
- `justify` aligne le texte à gauche et à droite. L'espacement du texte de chaque ligne est ajusté pour que les deux côtés du bloc de texte soient alignés.

ATTENTION !

Justifier le texte affecte l'espacement des mots ou des lettres dans le paragraphe. Testez le résultat avant de montrer vos pages Web au monde entier.

Le balisage pour l'alignement du texte

L'exemple suivant définit l'alignement du titre de premier niveau et du premier paragraphe (voir la Figure 11.5) :

```
body {color: #808000; font-family: Verdana, sans-serif; font-size:
      85%;}
h1 {color: teal; font-family: "Trebuchet MS", Verdana, Geneva,
    Arial, Helvetica, sans-serif; font-size: 2em; line-height:
    2.5em; color: teal; text-align: center}
.citation {font-style: italic; text-indent: 2em; text-align: left;}
```

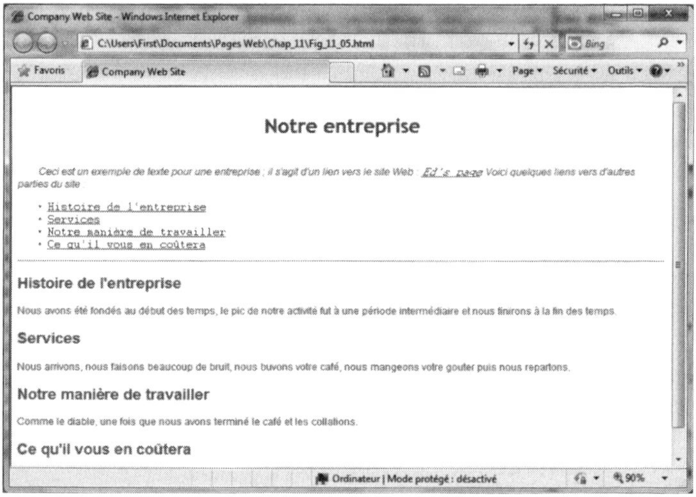

Figure 11.5 : Le titre de premier niveau est centré tandis que le premier paragraphe est indenté et aligné à gauche.

Indenter du texte

Vous pouvez définir la quantité d'espace qui devrait précéder la première ligne d'un paragraphe en utilisant la propriété `text-indent`.

La syntaxe pour indenter du texte

La déclaration de style utilisée pour indenter du texte est :

```
sélecteur {text-indent: valeur;}
```

`valeur` doit être exprimée dans l'une des unités de mesure standard de longueur (voir le Chapitre 9).

Le balisage pour indenter du texte

Comme nous l'avons vu dans ce chapitre, la propriété `text-indent` de la classe `citation` a une valeur de 2em.

```
body {color: #808000; font-family: Verdana, sans-serif; font-size:
      85%;}
.citation {font-style: italic; text-indent: 2em;}
```

Les décorations du texte

CSS vous permet de décorer votre texte en le mettant en gras, en italique, en le soulignant, le surlignant, le barrant et même en le faisant clignoter (lorsque les navigateurs le permettent).

Mettre en gras

Le gras est l'un des effets les plus utilisés par les typographes. Pour mettre du texte en gras en HTML, utilisez la balise `<b>`. Toutefois, CSS vous offre un contrôle plus précis de l'épaisseur de la police d'un texte en gras.

La syntaxe pour mettre en gras

Cette déclaration de style utilise la propriété `font-weight` :

```
sélecteur {font-weight: valeur;}
```

La valeur de `font-weight` peut être l'une des suivantes :

- `bold` : Affiche le texte en gras.
- `bolder` : Une valeur relative qui affiche le texte plus gras que l'élément parent.
- `lighter` : Une valeur relative qui affiche le texte moins gras que l'élément parent.
- `normal` : Supprime le gras.

- L'une de ces valeurs entières : `100` (la plus légère), `200`, `300`, `400` (normal), `500`, `600`, `700` (gras standard), `800`, `900` (la plus foncée).

Le balisage pour mettre en gras

L'exemple suivant met les hyperliens en gras (voir la Figure 11.6), désactive le soulignement et change la couleur en vert lorsque le lien est visité (nous avons appliqué ce traitement au premier lien de la liste pour que vous puissiez en observer l'effet) :

```
body {color: black; font-family: Arial, sans-serif; font-size: 85%;}
a {font-weight: bold;}
a:link {color: olive; text-decoration: underline;}
a:visited {color: green; text-decoration: none;}
```

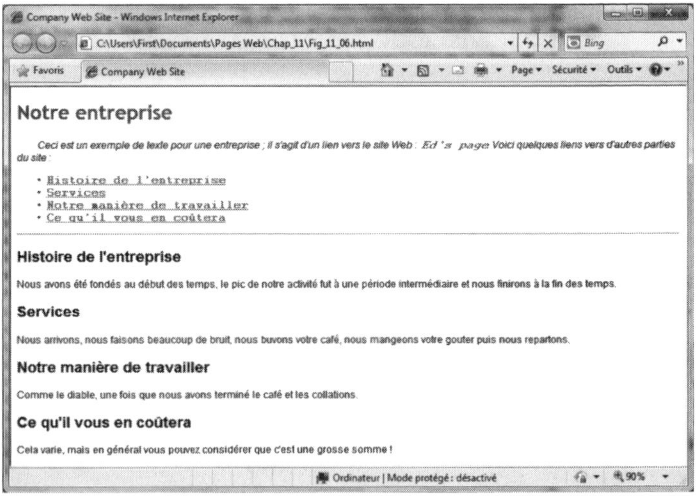

Figure 10.6 : Tous les hyperliens sont en gras.

Mettre en italique

L'italique est généralement utilisé pour les citations ou pour mettre le texte en évidence. Pour appliquer l'italique en HTML, utilisez la balise `<i>`. Toutefois, CSS offre un contrôle plus précis du style de police grâce à la propriété `font-style`.

La syntaxe pour mettre en italique

Cette déclaration de style utilise la propriété `font-style` :

```
sélecteur {font-style: valeur;}
```

La valeur de la propriété `font-style` peut être l'une des suivantes :

- `italic` : Affiche le texte en *italique* (une police spécifique inclinée vers la droite).
- `oblique` : Affiche le texte en *oblique* (une version inclinée de la police, très rarement utilisée).
- `normal` : Supprime l'italique ou l'oblique.

Le balisage pour mettre en italique

L'exemple suivant assigne un style de police italique au titre de premier niveau :

```
body {color: #808000; font-family: Verdana, sans-serif; font-size:
    85%;}
h1 {color: teal; font-family: "MS Trebuchet", Arial, Helvetica,
    sans-serif;
    text-transform: uppercase; font-style: italic; font-weight: 800;
    font-size: 2em; line-height: 30pt; text-align: center;}
```

Modifier la casse

La propriété `text-transform` permet de modifier la casse dans votre document.

La syntaxe pour modifier la casse

Cette déclaration de style utilise la propriété `text-transform` :

```
sélecteur {text-transform: valeur;}
```

La propriété `text-transform` peut prendre l'une de ces valeurs :

- `capitalize` : Passe en majuscule le premier caractère de chaque mot.
- `uppercase` : Passe en majuscules tous les caractères du texte de l'élément spécifié.

- `lowercase` : Passe en minuscules tous les caractères du texte de l'élément spécifié.
- `none` : Conserve la casse de l'élément parent.

Le balisage pour modifier la casse

L'exemple suivant affiche le titre de premier niveau en majuscules (voir la Figure 11.7) :

```
body {color: black; font-family: Arial, sans-serif; font-size: 85%;}
    a {font-weight: bold;}
    a:link {color: olive; text-decoration: underline;}
    a:visited {color: green; text-decoration: none;}
    h1 {font-family: "Trebuchet MS", verdana, geneva, arial,
        helvetica, sans-serif; font-size: 2em; line-height: 2.5em;
        color: teal; text-transform: uppercase; text-align: center}
```

Figure 11.7 : Le titre de premier niveau est affiché en majuscules.

Un peu de fantaisie avec la propriété text-decoration

La propriété `text-decoration` permet une mise en forme un peu plus fantaisiste du texte. Elle n'est pas souvent utilisée.

La syntaxe pour la décoration du texte

Cette déclaration de style utilise la propriété `text-decoration` :

```
sélecteur {text-decoration: valeur;}
```

La valeur de la propriété `text-decoration` peut être l'une des suivantes :

- `underline` : Souligne le texte.
- `overline` : Affiche le texte avec une ligne au-dessus.
- `line-through` : Affiche le texte rayé.
- `blink` : Fait clignoter le texte.

  Etes-vous *certain* de vouloir faire clignoter votre texte ?

  - blink n'est pas reconnu pas tous les navigateurs.
  - blink peut se révéler terriblement ennuyeux.
- `none` : Supprime toute décoration du texte.

Le balisage pour la décoration du texte

L'exemple suivant modifie le lien lorsque la souris le survole. Dans ce cas, le soulignement du lien est désactivé :

```
body {color: #808000; font-family: Verdana, sans-serif; font-size:
    85%;}
a:link {color: olive; text-decoration: underline;}
a:visited {color: olive; text-decoration: underline;}
a:hover {color: olive; text-decoration: none;}
```

La propriété générale font

De nombreuses propriétés de police peuvent être résumées en une seule déclaration à l'aide de la propriété raccourcie `font`. Avec elle, vous pouvez définir une combinaison de propriétés de police :

```
sélecteur {font: valeur valeur valeur;}
```

La valeur de la propriété `font` est une liste de valeurs qui correspond à diverses propriétés de police :

- Les valeurs suivantes doivent être définies dans cet ordre précis sans forcément être consécutives :
  - font-size (obligatoire)
  - line-height (optionnelle)
  - font-family (obligatoire)

  La liste des valeurs de `font-family` doit se terminer par un point-virgule.

  Utilisez des virgules pour séparer plusieurs noms de familles de police. Par exemple, vous pouvez utiliser la déclaration de style suivante pour créer un style spécifique pour le texte de paragraphe qui précise font-size, line-height et font-family dans cet ordre :

  ```
  P {font: 1.5em bold 150% Arial, Helvetica, sans-serif;]
  ```

- Les valeurs suivantes sont optionnelles et peuvent apparaître dans n'importe quel ordre dans la déclaration. Les valeurs sont séparées par des espaces :
  - font-style
  - font-variant
  - font-weight

Par exemple, vous pouvez utiliser la déclaration de style suivante pour créer un style spécifique pour le titre de premier niveau qui mélange les valeurs optionnelles avec les valeurs obligatoires (font-style et font-weight avant line-height et font-family, sans font-size ni font-variant) :

```
h1 {font: italic bold 150% Arial, Helvetica, sans-serif;}
```

Partie IV

Intégrer des scripts avec (X)HTML

"Les jeux font partie de mon site Web. Ils fatiguent bien les yeux."

Dans cette partie

Dans cette partie du livre, nous présentons et décrivons les types de langages de script qui fonctionnent dans les pages Web et explorons JavaScript, de loin le plus populaire de tous les langages de script utilisés pour le Web. Les langages de script permettent de transformer des pages Web statiques en documents actifs et dynamiques qui sollicitent des actions de l'utilisateur et y répondent.

Vous plongez dans l'univers des formulaires pour comprendre comment solliciter (et gérer) les saisies des utilisateurs. Le chapitre suivant vous montre comment intégrer des services et informations de tiers comme Flickr, Twitter, Google Maps et YouTube pour rendre vos pages plus dynamiques et intéressantes.

Le chapitre qui suit vous indique plusieurs possibilités pour mettre JavaScript au travail dans vos pages Web. Vous vous initiez aux techniques et concepts fondamentaux pour créer du HTML dynamique (parfois appelé DHTML) et utiliser des scripts côté client et du code préfabriqué afin de réaliser des tâches basiques comme afficher la date et l'heure, compter le nombre de visiteurs du site ou collecter des statistiques. Cette partie s'achève sur un aperçu des systèmes de gestion de contenu (SGC) basés sur le Web, notamment WordPress, Joomla! et Drupal.

Chapitre 12

Le top 20 des propriétés CSS

Dans ce chapitre :

- Plonger dans les arrière-plans et les bordures.
- Manipuler les polices, l'espacement et le positionnement.
- Gérer la couleur du texte et la hauteur de ligne.
- Lier avec des pseudo-classes.
- Tirer profit des ressources CSS en ligne.

Comme vous avez pu le voir dans les Chapitres 9 à 11, le balisage CSS offre d'énormes possibilités pour gérer et contrôler le comportement des pages Web dans les navigateurs. Dans ce chapitre, nous nous penchons sur 20 propriétés CSS que vous êtes susceptible de rencontrer et d'utiliser, même sur des pages Web simples. Bien évidemment, cet aperçu ne satisfera pas les pros du Web ou ceux qui aspirent à le devenir. C'est pourquoi ce chapitre vous propose aussi une série de références CSS hors pair dans lesquelles vous pourrez puiser plus de détails et vous initier à d'autres propriétés.

TRUC

Eric A. Meyer a non seulement rédigé la préface de ce livre mais il est également l'auteur de nombreux bijoux concernant CSS. Nous vous conseillons vivement de consulter sa bibliographie, notamment *Smashing CSS: Professional Techniques for Modern Layout* (Wiley).

Les propriétés d'arrière-plan

En tant que concept CSS, *background* se réfère à plusieurs propriétés (6 en tout) introduites avec CSS1.0 pour gérer, dans une page Web, le plan situé derrière les éléments sur un écran. Le Tableau 12.1 recense toutes les propriétés d'arrière-plan et est suivi d'exemples et de détails pour deux des propriétés. Pour en savoir plus sur les propriétés d'arrière-plan et les autres balises CSS, reportez-vous à la section "Meilleures ressources CSS" proposée en fin de chapitre.

Tableau 12.1 : Propriétés d'arrière-plan.

Propriété	Description
background	Raccourci pour toutes les propriétés d'arrière-plan
background-attachment	Détermine si l'image d'arrière-plan reste fixe ou défile avec la page
background-color	Définit la couleur d'arrière-plan de l'élément associé
background-image	Fournit une image d'arrière-plan pour l'élément associé comme l'URL
background-position	Définit la position initiale de l'image d'arrière-plan
background-repeat	Détermine comment l'image d'arrière-plan se répète sur la page

background-color

La propriété `background-color` vous permet de définir une couleur unie pour l'arrière-plan d'un élément, y compris les propriétés associées aux marges externes et aux bordures. Les couleurs peuvent être affectées par nom, comme décrit et illustré sur `ww.dummies.com/cheatsheet/html` (aqua, black, blue, fuchsia, etc.) ou par code hex. Le sujet (nom et code hex des couleurs) est traité dans le Chapitre 11.

Dans le code de la page Web illustrée dans la Figure 12.1, nous optons pour la couleur olive (`#808000`) pour le texte de l'élément `body`. Nous définissons ensuite une règle de style basique pour le titre de premier niveau par défaut (`h1`) affiché en haut avec du gris en arrière-plan (`background color`) et du texte noir. Le deuxième titre utilise une instance de classe nommée `alt-h1` pour définir des marges internes larges, des marges externes et des bordures afin de créer une vaste zone d'arrière-plan couleur argent autour du texte et une indentation à gauche.

background-image

Utilisez la propriété `background-image` pour définir une image plutôt qu'une couleur unie comme arrière-plan d'un élément. Nous prenons le code de la Figure 12.1, mettons `alt-h1` en italique et remplaçons `background-color: silver;` par `background-image: url(texture.jpg);`, où une texture photo est l'arrière-plan (voir la Figure 12.2).

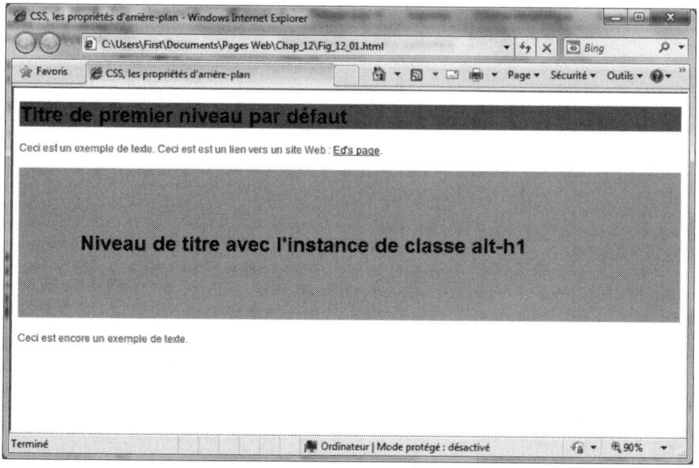

Figure 12.1 : Une règle de style générale définit l'apparence de `h1`, affinée par l'instance `alt-h1`.

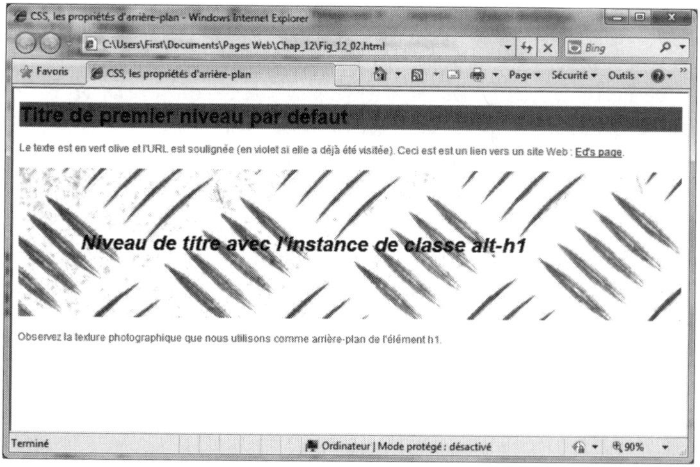

Figure 12.2 : Cette fois, l'instance `alt-h1` utilise une photo comme arrière-plan.

N'OUBLIEZ PAS

Quand vous utilisez une image comme arrière-plan, les textures répétitives ou les images abstraites sont les mieux adaptées, notamment si vous voulez que les utilisateurs puissent lire le texte en avant-plan.

Les propriétés des bordures et contours

Les bordures et les contours définissent les limites et rendent les bords visibles autour d'un élément. Vous allez découvrir toutes sortes de contrôles pour les bords, aussi bien pour la couleur, le style et la largeur. Pour bien comprendre le jargon, sachez qu'une *bordure* se trouve à l'intérieur des limites d'un objet tandis qu'un *contour* inclut ces limites. Le Tableau 12.2 énumère les différentes propriétés des bordures et contours et en propose une description.

Tableau 12.2 : Propriétés des bordures et des contours.

Propriété	Description
border	Raccourci pour toutes les propriétés de bordures
border-bottom	Définit toutes les propriétés de la bordure inférieure
border-bottom-color	Définit la couleur de la bordure inférieure
border-bottom-style	Définit le style de la bordure inférieure
border-bottom-width	Définit la largeur de la bordure inférieure
border-color	Définit la couleur des quatre bordures
border-left-color	Définit la couleur de la bordure gauche
border-left-style	Définit le style de la bordure gauche
border-left-width	Définit la largeur de la bordure gauche
border-right	Définit toutes les propriétés de la bordure droite
border-right-color	Définit la couleur de la bordure droite
border-right-style	Définit le style de la bordure droite
border-right-width	Définit la largeur de la bordure droite
border-style	Définit le style des quatre bordures
border-top	Définit toutes les propriétés de la bordure supérieure
border-top-color	Définit la couleur de la bordure supérieure
border-top-style	Définit le style de la bordure supérieure
border-top-width	Définit la largeur de la bordure supérieure
border-width	Définit la largeur des quatre bordures
outline	Définit toutes les propriétés du contour
outline-color	Définit la couleur du contour
outline-style	Définit le style du contour
outline-width	Définit la largeur du contour

border

Pour CSS, `border` est une *propriété raccourcie*, c'est-à-dire qu'elle combine la largeur, le style et la couleur dans une seule déclaration. Chacun de ces trois composants s'applique à la bordure supérieure, droite, inférieure et gauche d'un bloc d'élément, dans cet ordre. Pour retenir l'ordre, pensez à TRBL ou *trouble* pour top (bordure supérieure), right (droite), bottom (inférieure) et left (gauche).

Cette propriété CSS permet de définir pas moins de 12 propriétés subordonnées en même temps. Dans l'exemple illustré dans la Figure 12.3, nous encadrons les paragraphes de fines lignes pointillées violettes en spécifiant la largeur (thin), la couleur (purple) et le style (dashed) dans une seule déclaration. Même s'il est possible de contrôler les paramètres de chacune de ces caractéristiques par bordure (dans l'ordre TRBL), il est rare de le faire.

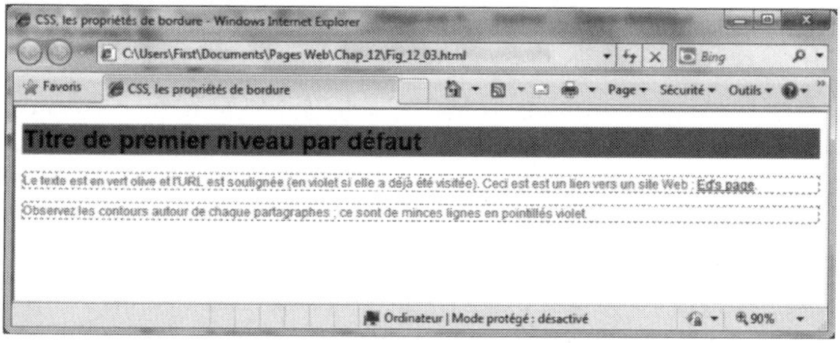

Figure 12.3 : Les paragraphes de cette page présentent un fin contour pointillé violet.

Libre à vous d'explorer les autres propriétés des bordures et contours. Accordez-vous un peu de temps pour les connaître et les utiliser.

Les dimensions

Les *propriétés de dimensions* spécifient des informations sur la taille (la hauteur et la largeur) pour contrôler l'endroit où les éléments sont placés sur une page Web. Outre la hauteur et la largeur basiques, il est également possible de définir des valeurs maximum et minimum pour de telles propriétés. Parfois appelées propriétés "min-max", elles sont utiles pour veiller à ce que les zones d'affichage soient toujours au moins aussi grandes qu'une certaine valeur minimum pour s'assurer que les informations visuelles ne se perdent pas. Les propriétés min-max peuvent être particulièrement pratiques quand du texte ou des images doivent flotter sur une page. Testez aussi les propriétés CSS `overflow`, `overflow-clip`, `clip` et `visibility` abordées plus loin dans ce chapitre pour voir comment gérer les flottements impairs, inattendus ou indésirables. Le Tableau 12.3 propose une liste de propriétés de dimensions.

Tableau 12.3 : Propriétés de dimensions.

Propriété	Description
height	Définit la hauteur de l'élément
max-height	Définit la hauteur maximale de l'élément
max-width	Définit la largeur maximale de l'élément
min-height	Définit la hauteur minimale de l'élément
min-width	Définit la largeur minimale de l'élément
width	Définit la largeur de l'élément

height et width

Nous traitons la hauteur et la largeur dans un seul exemple, dans lequel l'élément image (`img`) est dimensionné de sorte à occuper 10% d'un paragraphe pour chacune de ces propriétés. Ceci redimensionne l'image pour qu'elle n'occupe pas plus de 10% de la dimension horizontale de la fenêtre du navigateur tandis que la hauteur est conservée pour préserver le rapport hauteur/largeur initial (voir la Figure 12.4). La hauteur et la largeur peuvent aussi être spécifiées en utilisant diverses unités de mesure absolues (pixels, points, picas, em, etc.). Les valeurs min-max veillent à ce que l'élément ne soit jamais trop petit ou trop grand.

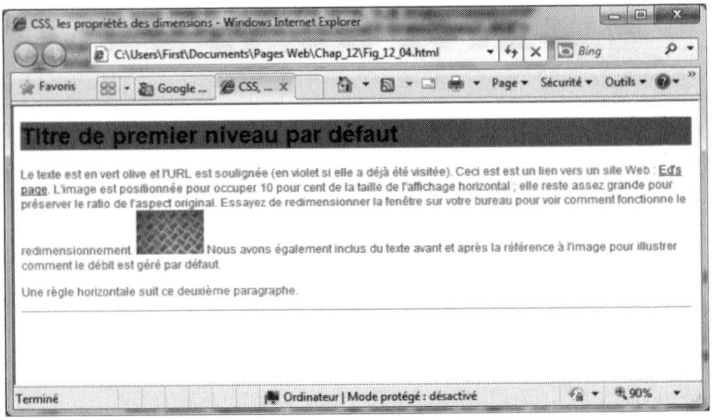

Figure 12.4 : Utilisez les propriétés `height` et `width` pour définir la taille de l'élément et conserver le rapport hauteur/largeur.

Ces propriétés sont très expressives dans un éditeur et quand vous redimensionnez votre fenêtre de navigateur, ce qui permet de bien comprendre comment tout cela fonctionne.

Les polices et propriétés de police

CSS vous permet non seulement de gérer une multitude de propriétés de police mais aussi d'associer des polices à des éléments (X)HTML spécifiques et même de définir des séries arbitraires de polices à utiliser pour ces éléments.

Si vous faites référence à une police dont le nom contient des espaces, placez ce nom entre guillemets pour que le navigateur l'identifie et l'utilise si elle est disponible.

Comme vous pouvez le voir dans le Tableau 12.4, la propriété raccourcie `font` couvre un bon nombre de valeurs. Utilisez-la avec précaution et maîtrise !

Tableau 12.4 : Propriétés de police.

Propriété	Description
font	Raccourci pour toutes les propriétés de police
font-family	Définit la famille de police (générique ou par nom)
font-size	Définit la taille de la police (exprimée dans l'une des unités de mesure standard)
font-style	Définit le style de la police (normal, italic, oblique)
font-variant	Active ou désactive les petites capitales (small-caps, normal)
font-weight	Définit l'épaisseur du trait de la police (bold, bolder, lighter, 100-900)

font-family

Utilisez la propriété `font-family` pour sélectionner les polices par nom dans la collection de polices installées par vos utilisateurs. En CSS, vous pouvez affecter à cette propriété plusieurs valeurs séparées par des virgules. Le navigateur utilisera la première police disponible qu'il trouve, en commençant par la spécification la plus à gauche. Terminez toujours une chaîne de spécifications de polices par le nom d'une police générique comme `serif` ou `sans-serif` pour être sûr que n'importe quel système local pourra toujours utiliser une sélection par défaut si toutes les autres sont endommagées (ou absentes).

Dans la Figure 12.5, nous avons sélectionné Arial comme police pour le titre de premier niveau et Lucida Console comme police pour le corps (paragraphe) mais y avons ajouté d'autres polices, notamment Arial Black, Book Antiqua, Tahoma, Times New Roman, Comic Sans et Cooper Black.

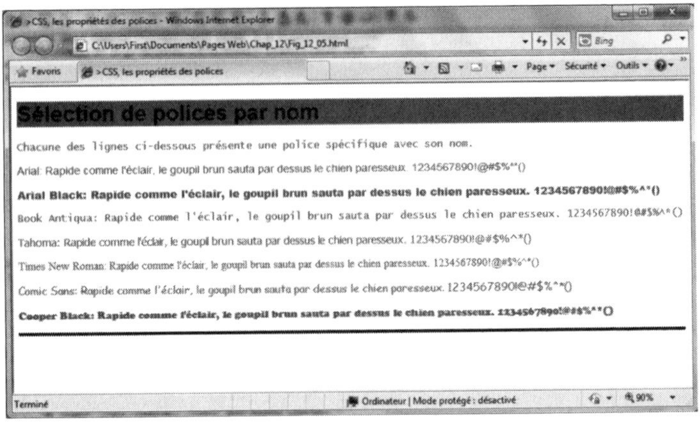

Figure 12.5 : Les polices affichées incluent Cooper et Arial ainsi que d'autres polices avec et sans empattement.

font-weight

La propriété `font-weight` détermine l'épaisseur du trait de la police affichée sur la page. Dans l'exemple de la Figure 12.6, nous identifions toutes les propriétés `font-weight` nommées ainsi que toutes les valeurs numériques reconnaissables de `font-weight`. Notez qu'il n'y a pas d'énorme différence entre `bold` et `bolder` et que les valeurs numériques ne présentent pas de gradations uniformes. La plupart des concepteurs estiment que le gras est assez gras et que les valeurs 200 à 500 et 600 à 900 sont interchangeables. Ils utilisent souvent la version black des polices (comme Arial Black ou Cooper Black) qui contraste mieux avec la version ordinaire (Arial ou Cooper) pour créer des variations ou effets plus marqués.

font-size

La propriété `font-size` gère la taille de la police sur l'écran. Pour imposer une petite taille de police, utilisez les points (pt) sachant que la plupart des paragraphes standard utilisent des polices de 10pt à 12pt (Figure 12.7). Les polices plus petites que 6pt sont difficiles à lire sur l'écran. Dimensionner des polices entièrement en em peut vite être ingérable.

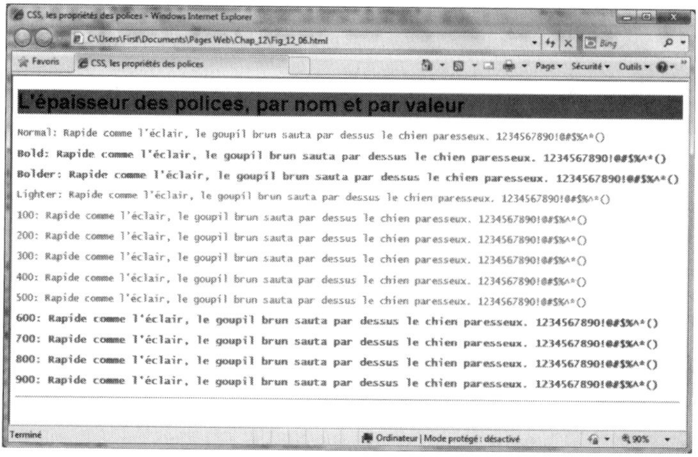

Figure 12.6 : Même si les épaisseurs de trait sont nombreuses, il n'y a pas d'énorme différence sur l'écran.

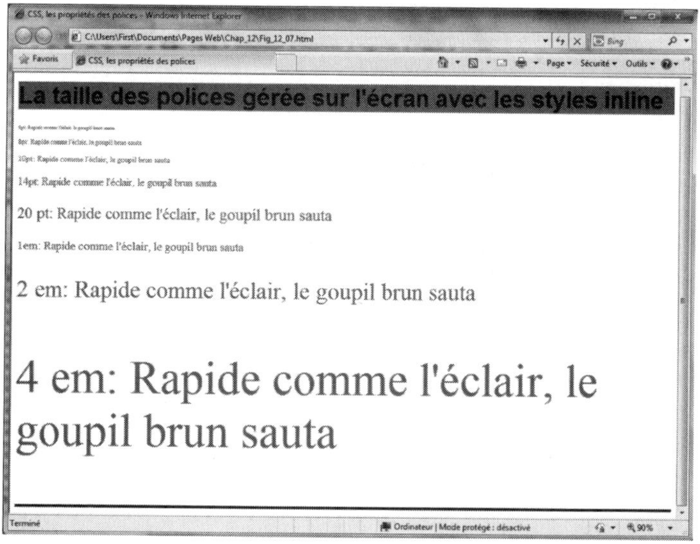

Figure 12.7 : La taille de police doit être assez grande pour être lisible et assez petite pour ne pas encombrer la page.

Les propriétés d'espacement : marges internes et externes

Les *marges internes* définissent l'espace autour des bords des éléments de blocs que les couleurs d'arrière-plan ne remplissent pas. Les *marges externes* définissent l'espace autour des bords d'un élément de bloc que les couleurs d'arrière-plan remplissent. Le Tableau 12.5 présente ces propriétés. Même si nous traitons ces deux propriétés raccourcies et leurs propriétés subordonnées séparément dans le texte qui suit le tableau, nous les combinons dans un seul exemple dans la Figure 12.8 pour mieux les comparer et montrer comment elles collaborent. Nous ajoutons aussi des bordures pour préciser leur emplacement autour du bloc d'élément.

Tableau 12.5 : Propriétés de marges internes et externes.

Propriété	Description
margin	Raccourci pour toutes les propriétés des marges internes (TRBL)
margin-bottom	Définit la marge interne inférieure de l'élément
margin-left	Définit la marge interne gauche de l'élément
margin-right	Définit la marge interne droite de l'élément
margin-top	Définit la marge interne supérieure de l'élément
padding	Raccourci pour toutes les propriétés des marges externes (TRBL)
padding-bottom	Définit la marge externe inférieure de l'élément
padding-left	Définit la marge externe gauche de l'élément
padding-right	Définit la marge externe droite de l'élément
padding-top	Définit la marge externe supérieure de l'élément

margin

Tout comme `padding`, `margin` est une propriété raccourcie dont les valeurs concernent les bords TRBL (top, right, bottom et left soit supérieur, droit, inférieur et gauche), dans cet ordre. Si vous affectez une seule valeur à `margin`, elle s'applique indifféremment aux quatre bords. Par exemple, `margin: 0.5em;` est identique à `margin-top: 0.5em; margin-right: 0.5em; margin-bottom: 0.5em; margin-left: 0.5em;`.

padding

Tout comme `margin`, `padding` est une propriété raccourcie dont les valeurs concernent les bords TRBL, dans cet ordre. Si vous affectez une seule valeur à `padding`, elle s'applique indifféremment aux quatre bords. Par exemple, `padding: 0.5em;` est identique à `padding-top: 0.5em; padding-right: 0.5em; padding-bottom: 0.5em; padding-left: 0.5em;`.

Une observation précise de la figure montre que les marges externes étendent le bloc de texte autour de l'élément, y compris l'arrière-plan. En revanche, utiliser `margin` éloigne les bords du bloc de texte de la limite du bloc de texte parent de telle sorte que le contenu est indenté tout autour. La combinaison des deux (voir les deux derniers éléments de la Figure 12.8) étend l'arrière-plan autour des éléments (marges externes) et déplace les bords pour ajuster les marges.

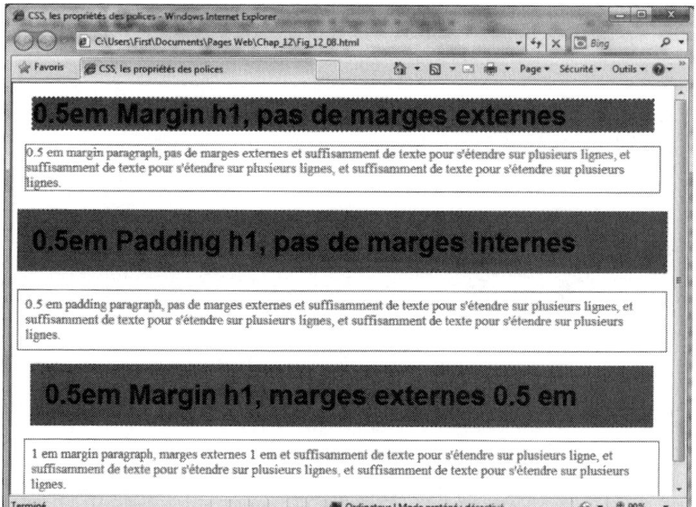

Figure 12.8 : Les marges internes et externes à l'œuvre, séparément et ensemble.

Le positionnement

Les *contrôles de positionnement* (voir Tableau 12.6) définissent l'emplacement des éléments sur la page, les relations entre les éléments et le flottement du texte autour des différents éléments. Les propriétés TRBL (top, right, bottom, left) entrent en jeu ici, sachant que les éléments peuvent être positionnés de manière *absolue* (avec référence

Tableau 12.6 : Propriétés de positionnement.

Propriété	Description
bottom	Définit la limite de la marge inférieure du bloc positionné
clear	Fixe les limites de l'élément sur d'autres éléments flottants
clip	Fixe un élément positionné de manière absolue
cursor	Indique le type de curseur à afficher
display	Indique le type de bloc qu'un élément doit générer
float	Active ou désactive le flottement d'un bloc
left	Définit la limite de la marge gauche du bloc positionné
overflow	Contrôle comment le contenu couvre un bloc d'élément
overflow-clip	Contrôle comment le contenu couvre un bloc d'élément
position	Indique le type de positionnement d'un élément
right	Définit la limite de la marge droite du bloc positionné
top	Définit la limite de la marge supérieure du bloc positionné
visibility	Active ou désactive la visibilité de l'élément
z-index	Affecte l'ordre de superposition d'un élément (numérique)

à l'origine ou au coin supérieur gauche de la page) ou *relative* (avec référence à n'importe quel élément alentour).

float

Utilisez `float` pour spécifier comment le texte flotte autour d'un élément. Le flottement existe depuis que différents navigateurs Web proposent des "extensions" HTML non normalisées pour permettre aux concepteurs Web de faire "flotter" des images à gauche ou à droite d'une page Web. CSS fournit cette norme et l'applique de la même manière aux blocs de texte (paragraphes ou listes) et aux images. `float` peut prendre les valeurs `left`, `right` ou `none` (valeur par défaut), comme le montre la Figure 12.9.

Notez, dans la Figure 12.9, que le flottement à gauche et à droite pousse l'arrière-plan des titres `h1` vers le haut. Nous vous expliquons comment corriger ce comportement dans la section "clear". Cela prouve que la gestion du flottement a son importance (notamment quand des éléments `img` sont placés dans des paragraphes). Notre dernier paragraphe sans flottement montre comment une image peut venir se coller n'importe où dans une page. Ce n'est pas une position idéale même si elle ne couvre aucun autre élément de la page.

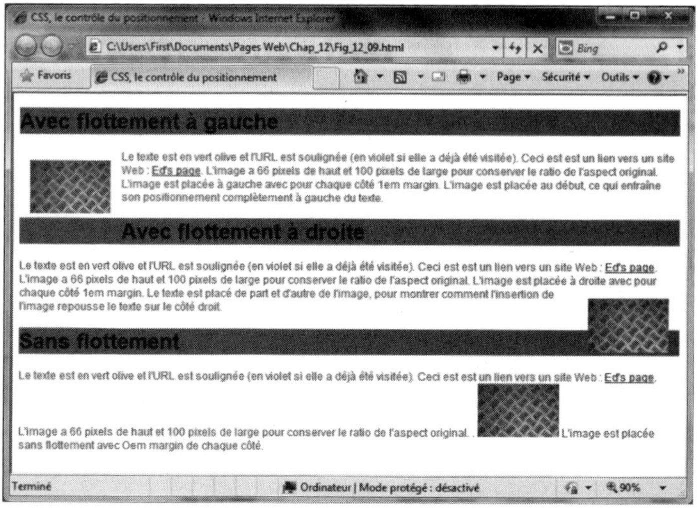

Figure 12.9 : Les paramètres de flottement facilitent le déplacement d'éléments dans des blocs de texte et prouvent l'importance des autres outils de positionnement.

z-index

Quand vous placez plusieurs éléments sur une page (comme nous l'avons fait dans le Chapitre 10 avec un menu et une image), certains éléments peuvent se superposer et créer des effets intéressants. La propriété `z-index` ajoute une troisième dimension au positionnement avec des lignes de profondeur et des coordonnées 3D (x, y et z).
Sur une page Web, la valeur `z-index` est purement relative. Elle est utilisée pour gérer l'ordre d'affichage, sachant que plus la valeur est élevée, plus l'élément occupe l'avant-plan et plus la valeur est basse, plus l'élément est proche de l'arrière-plan. En d'autres termes, quand vous dessinez des blocs dans lesquels se trouvent des éléments, un navigateur donne priorité à ceux dont la valeur est élevée si plusieurs blocs dont la valeur est moindre occupent le même espace. Dans le Chapitre 10, nous vous montrons comment utiliser `z-index` avec un menu et une image et vous expliquons, dans le code de la Figure 10.4, qu'un élément avec une valeur `z-index` négative passe derrière tous les éléments avec une valeur `z-index` positive. Reportez-vous-y pour une rapide illustration !

ATTENTION !

Utilisez la propriété `z-index` avec prudence et assurez-vous qu'elle est définie pour votre menu CSS (ou tout autre élément avec des propriétés dynamiques qui pourrait se superposer à un objet imbriqué quand vous appelez une fonction). En outre, une propriété `z-index` non définie peut causer des problèmes d'affichage si vous utilisez CSS avec Flash. En effet, Flash contient souvent une propriété `z-index` par défaut dans son script, qui peut créer des conflits.

clear

Les concepteurs utilisent `clear` pour éviter le problème illustré dans la Figure 19.2 (les images flottent dans les arrière-plans de titre des deuxième et troisième paragraphes). `clear` peut prendre ces valeurs : `left`, `right`, `both` et `none` (valeur par défaut). Puisque l'image se superpose et que le texte flotte de gauche à droite, l'ajout de `clear: right;` au balisage de l'image résout le problème, comme le montre la Figure 12.10.

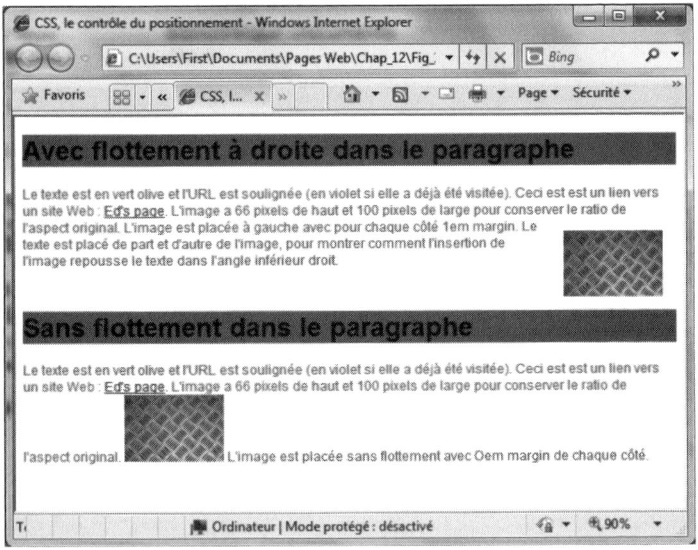

Figure 12.10 : Utilisez `clear` pour imposer une marge autour de l'élément.

cursor

L'utilisation de la propriété `cursor` modifie l'apparence du curseur de la souris dans un navigateur Web quand il survole des éléments spécifiques. Des valeurs numériques peuvent être affectées à cette propriété alors testez-en plusieurs pour voir à quoi elles correspondent dans différents navigateurs et déterminer quand il est approprié de les utiliser. La Figure 12.11 utilise quatre images de textures avec chacun un curseur différent (difficile d'illustrer une action dynamique dans un livre, c'est pourquoi nous avons réalisé un collage de plusieurs captures).

CSS supporte 17 types de curseurs différents. Prenez le temps de tester les différentes valeurs pouvant être affectées à la propriété `cursor`.

Figure 12.11 : Cet assortiment de captures illustre différents types de curseurs.

Le texte

Certains considèrent les propriétés de texte comme les éléments les plus importants de la collection CSS. Quoi qu'il en soit, nous vous recommandons de consulter le Tableau 12.7 pour découvrir les propriétés CSS disponibles pour contrôler l'apparence et le comportement du texte affiché. Vous allez être surpris et ravi, du moins nous l'espérons.

Tableau 12.7 : Propriétés de texte.

Propriété	Description
color	Définit la couleur du texte (nom ou code hex)
direction	Spécifie la direction du texte/écriture (ltr ou rtl)
letter-spacing	Gère l'espace entre les caractères du texte
line-height	Définit la hauteur des lignes

Propriété	Description
text-align	Définit l'alignement horizontal (left, right, justify, center)
text-decoration	Spécifie la décoration ajoutée au texte
text-indent	Définit l'indentation de la première ligne d'un bloc de texte
text-shadow	Définit l'effet d'ombre appliqué au texte
text-transform	Contrôle la casse du texte
vertical-align	Définit l'alignement vertical
white-space	Gère l'espace entre les mots du texte
word-spacing	Gère l'espace entre les mots du texte

color

Utilisez `color` pour déterminer la couleur du texte dans les éléments. Les couleurs peuvent être affectées avec leur nom ou leur code hex (visitez `www.dummies.com/cheatsheet/html` pour consulter la liste des noms et valeurs). Cette propriété est abordée dans les Chapitres 9 à 11, c'est pourquoi nous ne vous proposons pas d'exemple.

line-height

La propriété `line-height` définit la hauteur des blocs en ligne (ceux alloués pour chaque ligne de texte) dans tout type de bloc de texte. Utilisez `line-height` pour augmenter ou réduire l'espace entre les lignes de texte, comme dans l'exemple de la Figure 12.12.

Les pseudo-classes

En CSS, les pseudo-classes paraissent étranges de prime abord puis deviennent vite familières car elles modifient les éléments (X)HTML. Ceci explique pourquoi le Tableau 12.8 liste les noms des pseudo-classes précédés d'un double point (il agit comme un délimiteur avec l'élément qu'il modifie et signale la présence d'une pseudo-classe CSS). Généralement, les pseudo-classes servent à rendre le contenu de pages Web plus dynamique et interactif, comme vous allez le découvrir quand vous serez à l'aise pour les utiliser.

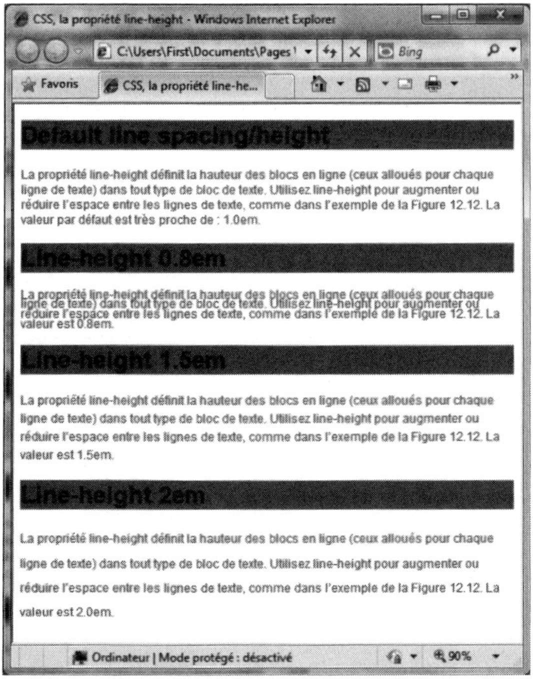

Figure 12.12 : Les différentes hauteurs de ligne montrent les effets de cette propriété.

Tableau 12.8 : Pseudo-classes CSS.

Propriété	Description
:active	Applique un style à l'élément activé
:after	Insère du contenu après un élément
:before	Insère du contenu avant un élément
:first-child	Applique un style au premier élément enfant dans un autre élément
:first-letter	Applique un style au premier caractère dans une chaîne de texte
:first-line	Applique un style à la première ligne dans une chaîne de texte
:focus	Applique un style à l'élément sélectionné avec le clavier
:hover	Applique un style à l'élément pointé par la souris
:lang	Applique un style à tout élément avec un attribut de langage spécifique
:link	Applique un style aux liens non visités
:visited	Applique un style aux liens visités

Les pseuso-classes les plus utilisées s'appliquent aux liens (X)HTML. Dans l'exemple de la section suivante, nous combinons `:hover`, `:link` et `:visited` pour vous montrer comment ça fonctionne (et à quoi ça ressemble).

:hover, :link et :visited

Les pseudo-classes `:hover`, `:link` et `:visited` s'appliquent toutes à des hyperliens.

- `:hover` entre en action quand le curseur de la souris pointe un hyperlien.
- `:link` applique un style à un hyperlien qui n'a pas encore été visité.
- `:visited` applique un style à un hyperlien qui a déjà été visité.

Tous ces comportements sont bien visibles dans le code créé pour la Figure 12.13.

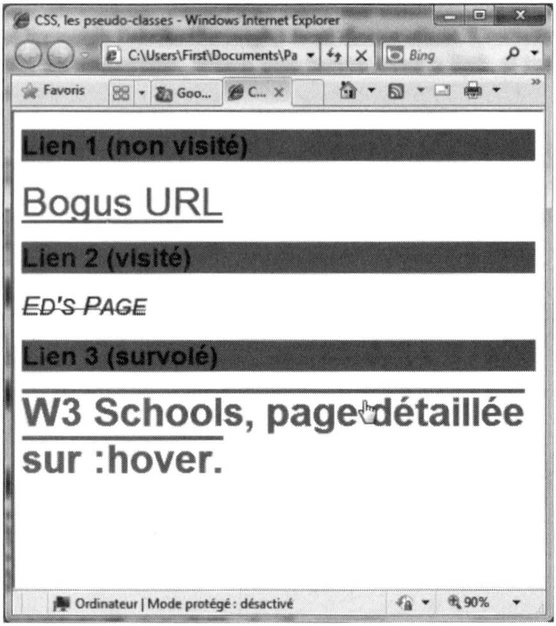

Figure 12.13 : Les pseudo-classes relatives aux liens modifient l'apparence des hyperliens en réponse à un état de visite et à l'activité de la souris.

Dans notre exemple, nous modifions `font-variant` en petites capitales pour les liens visités et utilisons la décoration de texte `linethrough` (barré). Les liens non visités utilisent une police plus grande et sont soulignés. Quand vous survolez un lien, il se met en gras et se colore en rouge tandis que le curseur prend la forme d'une main.

Les meilleures ressources CSS

La série suivante de sites Web vous propose d'excellentes références concernant CSS et son utilisation sur des pages Web bien conçues. La première référence de W3Schools.com est absolument géniale et fournit une grande partie de la matière première sur laquelle se basent les Tableaux 12.1 à 12.8.

W3Schools.com

`www.w3schools.com/css/css_reference.asp`

Cette excellente ressource en ligne propose des définitions CSS et leur utilisation, les pages associées, les navigateurs supportés, les exemples, et offre même la possibilité de "tester soi-même" dans un environnement contrôlé sur `www.w3schools.com/css/tryit.asp?filename=trycss_background`.

Firebug

`http://getfirebug.com`

Il s'agit du meilleur navigateur pour déboguer et déterminer pourquoi vos pages CSS ou HTML ne réagissent pas comme vous le souhaitez. Grâce à Firebug, vous pouvez sélectionner des éléments sur une page et vérifier quelles propriétés CSS y sont affectées, fichier par fichier (si vous avez plusieurs feuilles de style) ou même ligne par ligne, dans le document source. Vous pouvez aussi utiliser cet outil pour ajouter ou ignorer temporairement des déclarations CSS, ce qui facilite le test et le débogage de votre balisage CSS.

La réinitialisation d'Eric Meyer

`http://meyerweb.com/eric/tools/css/reset/reset.css`

Cette URL offre un bel exemple de *feuille de style de réinitialisation*. Une *feuille de style de réinitialisation* vise à réduire les incohérences des paramètres des navigateurs, notamment les hauteurs de ligne par défaut, les marges, les tailles de police dans les titres, etc. Les raisons d'une réinitialisation sont abordées dans l'article "Reset Reloaded" posté en mai 2007 sur le blog de Meyer (`http://meyerweb.com/eric/thoughts/2007/05/01/reset-reloaded`). Les feuilles de style de réinitialisation apparaissent relativement souvent dans le cadre de CSS et celle de Meyer, "`meyerweb reset`", a été intégrée dans la page d'accueil de Blueprint (`www.blueprintcss.org`), entre autres. Les feuilles de style de réinitialisation sont dignes d'intérêt et méritent d'être appliquées à vos propres efforts de conception Web. Si vous cliquez sur le lien précédent, vous découvrirez une partie du texte de la feuille de style reset.css.

Spoon Browser Sandbox

`www.spoon.net/browsers`

Malheureusement, l'affichage de CSS varie parfois dans différents navigateurs. Utilisez ce site pour vous éviter de concevoir ce que vous pensez être le site du siècle et découvrir finalement qu'il ne ressemble à rien dans un navigateur que vous n'avez pas testé. Pour l'instant, Spoon Browser Sandbox est uniquement compatible avec un PC mais il vous permet, à distance, de lancer des navigateurs Web qui ne sont pas installés sur votre ordinateur. Utilisez ce site pour voir à quoi vos pages ressemblent dans les différentes versions d'Internet Explorer, Firefox, Opera, Chrome et Safari.

Le service de validation CSS du W3C

`http://jigsaw.w3.org/css-validator`

Testez vos documents CSS et (X)HTML avec feuilles de style à l'aide de cet outil en ligne gratuit. Orientez-le vers des pages Web publiquement accessibles, chargez les fichiers à valider ou saisissez directement le code dans un bloc de texte pour en tester le contenu.

Le manuel du développeur Web

`www.alvit.de/handbook`

Ce site en fait presque trop, proposant un énorme répertoire de liens CSS et de liens généraux relatifs à la conception Web. De nombreuses sections sur CSS contiennent des articles, des présentations et des galeries, des outils et des services, des spécifications, etc. Accordez-vous du temps pour fouiller dans tout ça ; il y a vraiment beaucoup de matière à se mettre sous la dent !

YSlow

`https://addons.mozilla.org/en-US/firefox/addon/5369`

Basé sur une série de règles utilisées dans des pages Web haute performance, YSlow analyse les pages Web et propose des solutions pour améliorer leur performance. YSlow est un module Firefox pour l'outil de développement Web Firebug. Il note les pages Web en utilisant l'une des trois séries de règles prédéfinies ou une série de règles définies par l'utilisateur. En outre, YSlow émet aussi des suggestions pour améliorer la performance de la page, analyse les composants de la page, affiche les statistiques de la page et fournit des outils d'analyse de performance comme Smush.it et JSLint.

Chapitre 13

Ajouter du script dans les pages Web

Dans ce chapitre :

- Découvrir ce que JavaScript peut faire pour les pages Web.
- Agencer le contenu.
- Ouvrir de nouvelles fenêtres.
- Vérifier les saisies utilisateur.
- Découvrir d'autres possibilités de JavaScript.

Lorsqu'ils sont utilisés avec votre balisage HTML, les scripts (de petits programmes que vous pouvez ajouter dans vos pages Web) permettent à vos pages Web de réagir aux actions de l'utilisateur. Ainsi, vous pouvez créer des effets interactifs et dynamiques que vous rencontrez sur le Web, tels que des images qui changent automatiquement lorsque l'utilisateur place le pointeur de sa souris dessus, des fenêtres de navigateur qui s'ouvrent lorsqu'une page se charge et des barres de navigation animées ou interactives.

Comme les scripts sont des mini-programmes, ils sont souvent écrits dans un langage de programmation nommé JavaScript. Si vous n'avez jamais entendu ce terme, JavaScript peut résonner à vos oreilles comme le scénario d'un film publicitaire pour du café. En fait, c'est un langage de script intégré dans tous les navigateurs Web populaires.

Fort heureusement, grâce à l'invention du "copier-coller" digne du prix Nobel, vous n'avez pas besoin d'être un gourou de la technologie pour ajouter des scripts à vos sites Web. Le Web comprend de nombreux sites proposant des scripts prêts à être utilisés que vous pouvez copier et coller gratuitement dans votre page Web (le Chapitre 14 recense les meilleurs sites JavaScript).

Nombre d'excellents éditeurs de pages Web (tels que Adobe Dreamweaver et AdobeFireworks) disposent d'outils intégrés pour vous aider à créer des scripts, même si vous ne connaissez rien à la programmation.

Dans ce chapitre, vous découvrirez comment les scripts fonctionnent en disséquant trois exemples écrits en JavaScript. Si vous portez un intérêt plus poussé à JavaScript et son fonctionnement, nous vous conseillons l'excellent *JavaScript pour les Nuls*, signé Emily Vander Veer.

Ce que JavaScript peut faire pour les pages Web

Ajouter des scripts à votre site Web, c'est un peu comme ces émissions de télé-réalité qui transforment l'apparence d'une maison ou d'une personne en quelque chose de complètement nouveau et merveilleux. Avec JavaScript, vous pouvez transformer une page Web toute bête en une page originale, interactive et dynamique, qui mettra vos visiteurs en joie pour les années à venir (ok, nous exagérons peut-être un peu mais vous voyez l'idée).

Par exemple, si vous visitez le site US pourlesnuls (`www.dummies.com`) et que vous cliquez sur le bouton Search sans saisir de mot-clé pour spécifier votre recherche, le navigateur affiche une boîte d'avertissement pour vous en informer, comme dans la Figure 13.1.

Ici, un petit script vérifie si vous avez saisi un mot-clé avant de traiter votre requête :

- Si vous entrez un mot-clé, l'avertissement ne s'affiche pas.
- Si vous n'entrez pas de mot-clé, le script dans la page affiche la boîte de dialogue d'avertissement.

Le script rend la page *dynamique*, ce qui signifie qu'il ajoute des fonctionnalités programmées à la page pour lui permettre de répondre aux actions de l'utilisateur (par exemple, remplir un formulaire ou déplacer le pointeur de la souris sur une image). Lorsque vous ajoutez des scripts à votre page, celle-ci interagit avec les utilisateurs et modifie son affichage ou son comportement en réponse à leurs actions.

L'URL de la page ne change pas et aucune autre fenêtre de navigation ne s'ouvre quand vous ne saisissez pas de mot-clé pour votre recherche. La page répond à vos actions sans envoyer de requête au serveur Web pour lui demander une nouvelle page. C'est pourquoi la page est dite *dynamique*.

Figure 13.1 : Aucun mot-clé n'a été saisi.

Si vous tentiez de mettre en œuvre ce dispositif de contrôle sans utiliser de script (c'est-à-dire sans recourir aux fonctionnalités dynamiques de la page Web), le navigateur devrait envoyer une séquence avec les données saisies par l'utilisateur au serveur Web. Le serveur retournerait alors une page d'avertissement signalant à l'utilisateur qu'il n'a pas saisi de mot-clé. Tout ce travail se déroulerait donc sur le serveur Web et non dans le navigateur. L'opération serait plus lente (car la requête devrait d'abord parvenir au serveur puis le serveur devrait transmettre la page d'avertissement au navigateur) et paraîtrait donc moins fluide à l'utilisateur. Il vaut mieux utiliser un bouton dans la page et afficher une alerte immédiatement à l'attention de l'utilisateur.

Dans les sections suivantes, nous présentons trois utilisations courantes de JavaScript dans des pages Web.

N'OUBLIEZ PAS

Ne vous souciez pas des détails du code JavaScript dans les exemples qui vont suivre. Concentrez-vous sur la manière dont les scripts JavaScript peuvent être collés dans votre page Web pour trouver leur place parmi vos balises HTML.

JavaScript, ce n'est pas Java

Vers la fin des années 1990, les créateurs du langage de script JavaScript voulurent surfer sur l'immense popularité du langage de programmation Java, c'est pourquoi ils le baptisèrent d'un nom accrocheur, JavaScript. Une telle décision ne pouvait que générer beaucoup de confusion du fait du rapport entre les deux noms. Pour clarifier la situation, précisons que le langage de programmation Java *n'est pas* un langage de script pour le Web. Java descend des langages de programmation C et C++. Les programmeurs peuvent créer des applications Java qui fonctionnent indifféremment sur Windows, Macintosh, Linux et d'autres plateformes :

- Du côté client, Java est utilisé pour créer des *applets* (petits programmes qui se téléchargent sur le Net et qui fonctionnent dans le navigateur). Comme Java est conçu pour fonctionner sur toutes les plateformes, ces applets devraient aussi fonctionner sur tout navigateur supportant Java.
- Du côté serveur, Java est utilisé pour créer de nombreuses applications basées sur le Web.

Utiliser JavaScript pour agencer le contenu dynamiquement

JavaScript peut être utilisé avec CSS (dont il est question dans les Chapitres 9 à 12) pour modifier l'apparence du contenu d'une page en réponse à une action de l'utilisateur. Voici un exemple : deux auteurs partagent un blog nommé Backup Bain (`www.backupbrain.com`). L'un des auteurs préfère une police sans empattement de petite taille tandis que l'autre trouve qu'une police à empattement, de grande taille, est plus facile à lire. Le blog dispose donc de boutons permettant de modifier l'apparence du site en fonction des préférences de chacun. Bien entendu, les visiteurs du site peuvent aussi utiliser les boutons pour basculer d'un type de police à un autre et le site se souvient de leur choix pour restaurer leurs préférences en créant un *cookie* (un petit fichier de préférences créé sur l'ordinateur du visiteur). La Figure 13.2 montre les deux versions de la page.

JavaScript et CSS créent cet effet en alternant entre deux feuilles de style :

- La feuille de style sans empattement, `sansStyle.css`.
- La feuille de style avec empattement, `avecStyle.css`.

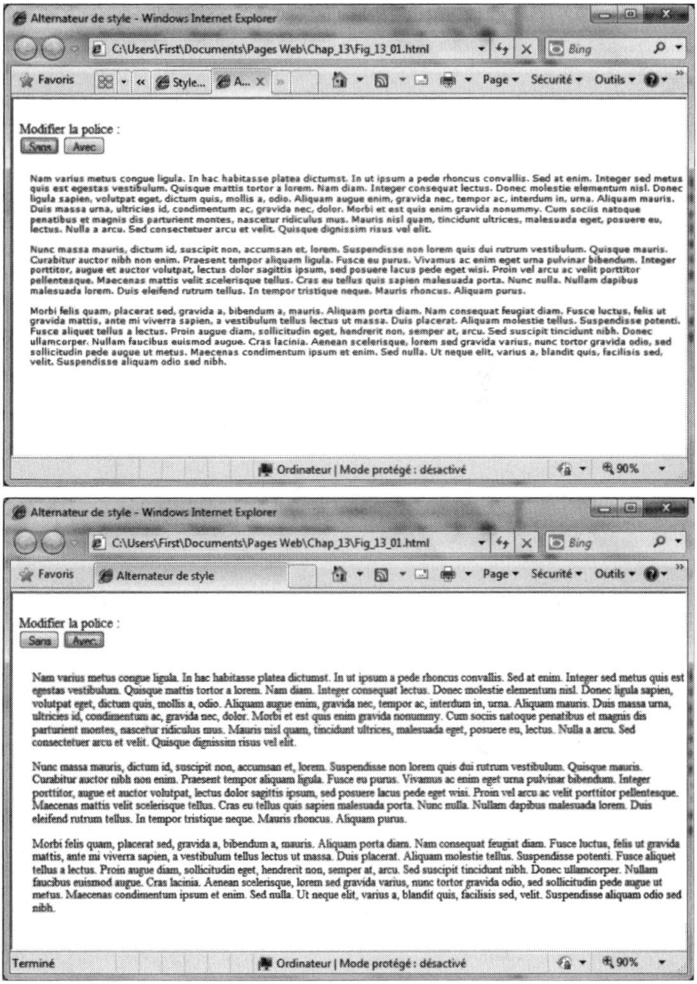

Figure 13.2 : L'affichage du texte change.

Le Listing 13.1 montre le code source d'un exemple de page qui contient le mécanisme d'alternance illustré dans la Figure 13.2.

- Lorsque l'utilisateur clique sur le bouton Sans, le script `StyleSwitcher.js` référencé dans l'élément `<head>` s'exécute, change de feuille de style et active `sansStyle.css` (`.js` est l'extension utilisée pour les fichiers JavaScript, comme dans la valeur `src` de l'élément `script` dans le Listing 13.1).

Listing 13.1 : Changement de style.

```
<!DOCTYPE html PUBLIC "-//W3C//DTD XHTML 1.0 Transitional//EN"
         "http://www.w3.org/TR/xhtml1/DTD/xhtml1-transitional.dtd">
<html xmlns="http://www.w3.org/1999/xhtml" lang="en" xml:lang="en">
<head>
    <title>Alternateur de style</title>
    <meta http-equiv="Content-Type" content="text/html;
       charset=ISO-8859-1" />
    <link href="simpleStyle.css" rel="stylesheet" rev="stylesheet" />
    <link href="sansStyle.css" rel="stylesheet" rev="stylesheet"
        title="default" />
    <link href="avecStyle.css" rel="alternate stylesheet"
        rev="alternate stylesheet" title="serif" />
    <style type="text/css" media="all">@import url("complexStyle.
        css");</style>
    <script src="StyleSwitcher.js" language="javascript1.5"
        type="text/javascript"></script>
</head>
<body>
<div class="navBar">
<br />Modifier la police :
<form action="none">
    <input type="button" class="typeBtn" value="Sans"
       onclick="setActiveStylesheet('default')" />
    <input type="button" class="typeBtn2" value="Avec"
       onclick="setActiveStylesheet('serif')" />
</form>
</div>

<div class="content" id="headContent">
<p>Remplacez ce paragraphe par votre propre contenu.</p>
</div>
</body>
</html>
```

- Lorsque l'utilisateur clique sur le bouton Avec, le même script change de feuille de style et active `avecStyle.css`.

Pour plus d'informations sur le fonctionnement de cet exemple, rendez-vous sur `www.javascriptworld.com/js5e/scripts/chap16/ex6/index.html`.

Les fichiers relatifs à l'alternance de police se trouvent dans le Chapitre 16.

Travailler avec les fenêtres du navigateur

JavaScript peut demander à votre navigateur d'ouvrir et de fermer des fenêtres.

Vous avez certainement déjà été confronté à une version exaspérante de cette technique : les fenêtres publicitaires qui apparaissent lorsque vous tentez de quitter un site. Cette technique peut aussi être utilisée pour faire le bien. Par exemple, elle peut vous permettre de *prévisualiser* un ensemble de gros fichiers d'images sous la forme de versions miniatures. Lorsque vous cliquez sur une miniature, vous déclenchez des actions telles que :

- Ouvrir une fenêtre pour y afficher une version plus grande de l'image.
- Ouvrir une page contenant un lien sous forme de texte qui ouvre une fenêtre avec une illustration de ce texte, comme dans la Figure 13.3.

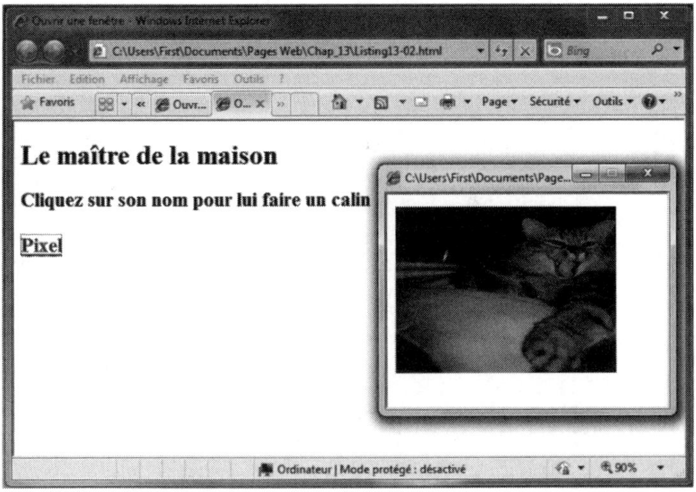

Figure 13.3 : Lorsque vous cliquez sur le lien, une fenêtre s'affiche avec une image.

Le code requis pour ce genre de fenêtre *pop-up* est assez évident à comprendre, comme le montre le Listing 13.2 avec l'appel de la fonction `window.open`.

Listing 13.2 : Les fenêtres pop-up.

```
<!DOCTYPE html PUBLIC "-//W3C//DTD XHTML 1.0 Transitional//EN"
        "http://www.w3.org/TR/xhtml1/DTD/xhtml1-transitional.dtd">
<html xmlns="http://www.w3.org/1999/xhtml">
<head>
    <title>Ouvrir une fenêtre</title>
    <script language="Javascript" type="text/javascript">

    function newWindow() {
        catWindow = window.open("images/pixel2.jpg", "catWin",
          "width=330,height=250")
    }
    </script>
</head>
<body bgcolor="#FFFFFF">
    <h1>Le maître de la maison</h1>
    <h2>Cliquez sur son nom pour lui faire un câlin<br /><br />
    <a href="javascript:newWindow()">Pixel</a></h2>
</body>
</html>
```

Les fenêtres pop-up ne sont plus recommandées et doivent être utilisées avec précaution. Une surutilisation de fenêtres pop-up peut vous coûter cher. De nombreux sites Web contiennent ce type de fenêtres pour afficher des publicités, si bien que les utilisateurs y sont devenus insensibles (voire hostiles) et qu'ils les ignorent tout simplement (ou installent un logiciel qui en empêche l'affichage). De plus, certains navigateurs Web comme Firefox, Safari et Internet Explorer bloquent automatiquement les fenêtres pop-up. Avant d'ajouter une fenêtre pop-up à votre site, demandez-vous si c'est absolument nécessaire. Si tel est le cas, prévenez vos visiteurs que vous utilisez des fenêtres pop-up pour qu'ils autorisent leur navigateur Web à les afficher.

Solliciter et vérifier des saisies de l'utilisateur

JavaScript est très souvent utilisé pour vérifier que les utilisateurs ont rempli tous les champs obligatoires d'un formulaire avant que le navigateur n'en soumette le contenu au programme de traitement des saisies qui se trouve sur le serveur Web. Dans le Listing 13.3, l'élément `<script>` de la page HTML contient une fonction de validation de formulaire, `checkSubmit`. Cette fonction est appelée via l'attribut `onsubmit` de l'élément `<form>`.

Listing 13.3 : Validation de formulaire.

```
<!DOCTYPE html PUBLIC "-//W3C//DTD XHTML 1.0 Transitional//EN"
        "http://www.w3.org/TR/xhtml1/DTD/xhtml1-transitional.dtd">
<html xmlns="http://www.w3.org/1999/xhtml" lang="fr" xml:lang="fr">
<head>
  <title>Valider un formulaire</title>
  <meta http-equiv="Content-Type" content="text/html;
     charset=ISO-8859-1" />
  <script type="text/javascript" language="javascript">
    function checkSubmit ( thisForm ) {
      if ( thisForm.FirstName.value == '' ) {
            alert('Veuillez saisir votre prénom.');
            return false;
      }

      if ( thisForm.LastName.value == '' ) {
            alert('Veuillez saisir votre nom.');
            return false;
      }

      return true;
    }
</script>
</head>

<body>
  <form method="post" action="/cgi-bin/form_processor.cgi"
       onsubmit="return checkSubmit(this);">
  <p>
   Prénom : <input type="text" name="FirstName" /><br />
   Nom : <input type="text" name="LastName" /><br />
      <input type="submit" />
  </p>
  </form>
</body>
</html>
```

Ce script accomplit une des deux opérations suivantes si l'un des champs de saisie n'est pas rempli au moment où l'utilisateur clique sur le bouton Envoyer :

- Il indique au navigateur d'afficher un avertissement pour signaler à l'utilisateur qu'il a oublié de remplir le champ.

- Il renvoie la valeur `false` au navigateur, ce qui l'empêche de soumettre le contenu du formulaire à l'application qui traite le formulaire.

Si les champs sont correctement remplis, le script n'affiche pas d'alerte et renvoie la valeur `true`, ce qui signale au navigateur que le contenu du formulaire peut être envoyé au serveur Web. La Figure 13.4 montre comment le navigateur affiche une alerte si le prénom n'est pas saisi.

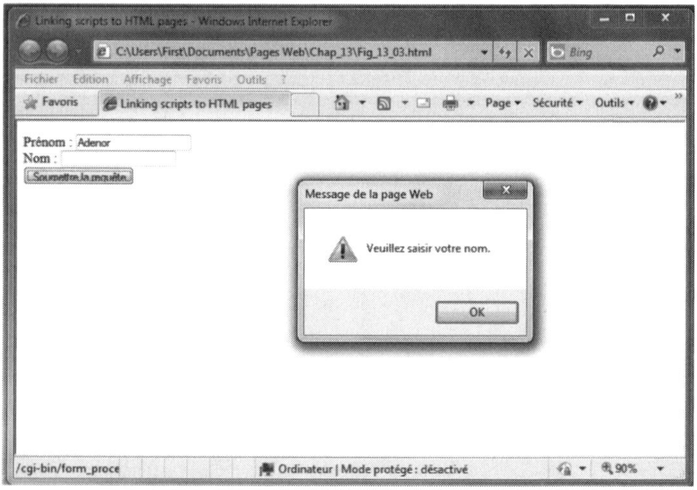

Figure 13.4 : JavaScript est souvent utilisé pour valider des données saisies dans un formulaire.

TRUC

Cet exemple vérifie simplement si les utilisateurs ont rempli les champs du formulaire mais vous pouvez créer des scripts plus élaborés qui contrôlent des formats de données complexes (comme la présence du caractère `@` dans une adresse e-mail ou la présence exclusive de chiffres dans un numéro de téléphone).

SUPER ASTUCE

Lorsque vous créez un formulaire qui comprend des champs obligatoires, nous vous recommandons de toujours inclure un script JavaScript pour contrôler les données manquantes avant de soumettre le contenu du formulaire au serveur. Les visiteurs peuvent être frustrés s'ils prennent le temps de remplir un formulaire pour apprendre par la suite qu'ils doivent cliquer sur le bouton Page précédente et tout ressaisir à cause d'une information oubliée. Quand vous utilisez JavaScript, le script détecte les informations manquantes avant que le formulaire ne disparaisse, si bien que les utilisateurs peuvent rapidement modifier leur saisie et tenter une nouvelle fois de soumettre le formulaire.

Mais attendez... ce n'est pas tout !

Vous pouvez faire bien plus avec JavaScript. La liste suivante recense quelques utilisations fréquentes de ce langage de script :

- Détecter si l'utilisateur a installé une certaine extension sur son navigateur pour gérer du contenu multimédia.
- Créer une galerie d'images.
- Rediriger automatiquement l'utilisateur sur une page Web différente.
- Ajouter de la logique conditionnelle à votre page, de sorte que des actions ne sont déclenchées que si l'utilisateur en effectue certaines autres.
- Créer, positionner et faire défiler de nouvelles fenêtres de navigation.
- Créer des barres de navigation et modifier dynamiquement les menus dans ces barres.
- Afficher automatiquement la date et l'heure dans votre page.
- Combiner JavaScript et CSS pour animer des éléments de la page.

Le script sur le serveur

JavaScript est un langage de script qui fonctionne dans le navigateur mais il existe d'autres langages de script qui fonctionnent côté serveur, tels que Perl, ASP (Active Server Pages), PHP, Python, .NET, et d'autres. Les programmes écrits dans ces langages résident sur le serveur et sont interrogés par la page Web, généralement lorsque l'utilisateur soumet un formulaire qu'il a rempli. Les gens qui écrivent ces pages Web peuvent inclure de petits morceaux de code qui transmettent des informations de la page HTML au programme sur le serveur Web. Lorsqu'il est appelé, le programme s'exécute puis renvoie un résultat à l'utilisateur.

Amazon (`www.amazon.com`) exécute une application Web de commerce électronique qui fonctionne essentiellement côté serveur et utilise des scripts de serveur. Les pages Web affichées par le navigateur quand vous visitez Amazon résultent du traitement des scripts côté serveur qui se fait avant même que la page n'atteigne votre navigateur. Pour plus d'informations sur JavaScript et ses possibilités, consultez *JavaScript pour les Nuls*, signé Emily A. Vander Veer.

JavaScript est utilisé de manière innovante dans *Gmail*, le service de messagerie gratuit de Google que vous trouverez sur `www.gmail.com`. Gmail utilise JavaScript pour gérer toute l'interface utilisateur, ce qui le rend bien plus réactif aux actions de l'utilisateur que la plupart des services de messagerie disponibles sur le Web. Gmail utilise JavaScript pour limiter au strict minimum les informations que la page doit demander au serveur. En laissant le navigateur assurer la plupart du traitement de l'information, Gmail ressemble beaucoup à un programme de messagerie qui s'exécute sur votre ordinateur. La Figure 13.5 montre l'interface de Gmail optimisée par JavaScript. C'est un excellent exemple de la puissance de JavaScript.

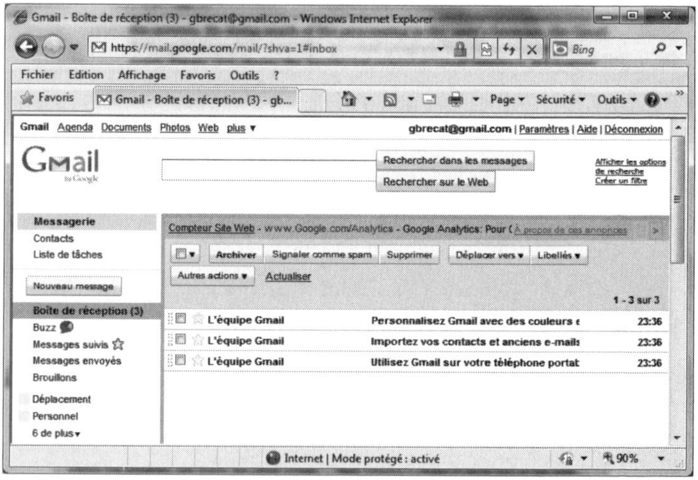

Figure 13.5 : L'interface de Gmail est optimisée par JavaScript.

Chapitre 14

Travailler avec des formulaires

Dans ce chapitre :

- tiliser des formulaires dans des pages Web.
- Créer des formulaires.
- Travailler avec les données d'un formulaire.
- Concevoir des formulaires faciles à utiliser.
- Simplifier les formulaires avec un cadre de formulaire.

La plupart du code HTML que vous écrivez vous sert à afficher du contenu et des informations pour vos utilisateurs. Toutefois, il se peut que vous souhaitiez qu'une page Web collecte des informations auprès des utilisateurs plutôt que de simplement leur présenter des informations statiques. Les *balises de formulaire* HTML vous fournissent une liste d'éléments et d'attributs qui permettent de créer des formulaires pour effectuer cette collecte.

Ce chapitre traite des nombreuses utilisations des formulaires. Il vous montre aussi comment utiliser les balises pour créer le bon formulaire permettant de demander des informations à vos utilisateurs. Il passe en revue les options dont vous disposez pour traiter l'information ainsi collectée, il donne quelques conseils pour créer des formulaires faciles à utiliser qui aident vos utilisateurs à fournir l'information que vous recherchez.

Les utilisations des formulaires

Le Web contient des millions de formulaires mais tous utilisent le même jeu de balises. Les formulaires Web peuvent être courts ou longs, simples ou complexes et peuvent être utilisés à des fins très diverses. Toutefois, ils se rangent toujours dans l'une ou l'autre de ces catégories :

- **Les formulaires de recherche** qui permettent à l'utilisateur d'effectuer une recherche sur un site ou le Web.
- **Les formulaires de collecte de données** qui permettent de fournir des informations sur des sujets tels que le shopping en ligne, le support technique, les préférences du site, la personnalisation.

Avant de créer un formulaire, vous devez déterminer le type de données que vos utilisateurs sont susceptibles de rechercher sur votre site ou le type de données que vous souhaitez leur demander. Vos données déterminent les éléments de formulaire que vous utilisez et comment vous les assemblez dans une page.

Les formulaires de recherche

Les formulaires de recherche vous permettent de fournir des informations aux visiteurs.

Les formulaires de recherche suivants proviennent de nos amis du fisc américain (IRS). La différence entre ces formulaires réside dans les données dont le site de l'IRS a besoin pour conduire sa recherche :

- La page d'accueil de l'IRS (voir la Figure 14.1) est un formulaire de recherche simple qui aide les visiteurs à rechercher des informations générales sur les impôts, les services en ligne, le paiement, les démarches administratives, etc. Ce type de formulaire peut produire des dizaines de réponses pertinentes. Les visiteurs peuvent à la fois :
  - Sélectionner la meilleure option.
  - Consulter plusieurs options.
- Un formulaire de recherche plus complexe, comme celui représenté dans la Figure 14.2, ne produit qu'une seule réponse. Il recherche dans les données du service public le solde d'impôt sur le revenu de l'utilisateur. La page demande des informations précises car le service public ne veut pas que vous puissiez consulter le dossier de quelqu'un d'autre, c'est pourquoi ce formulaire :
  - Trouve les données dont les visiteurs ont besoin.

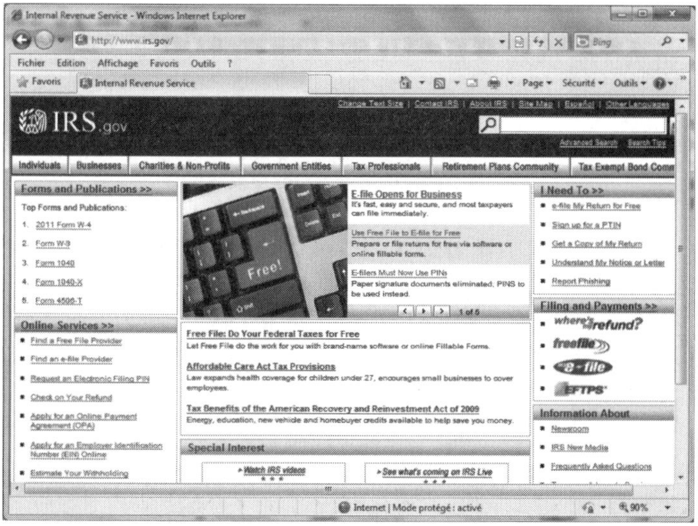

Figure 14.1 : La page d'accueil de l'IRS offre un accès facile aux formulaires, aux publications et aux informations.

Figure 14.2 : Un formulaire tel que celui-ci est un peu plus complexe.

- Dissimule les données que les visiteurs ne doivent pas pouvoir consulter.

N'OUBLIEZ PAS

Il est possible de conduire des recherches de toute nature, si bien que les formulaires sont eux aussi particulièrement variés. Une simple recherche par mot-clé peut suffire mais vous pouvez tout aussi bien employer une méthode de recherche plus sophistiquée.

Les formulaires de collecte de données

Les formulaires de collecte de données récupèrent des informations que vous voulez enregistrer ou traiter. Lorsque vous créez un formulaire qui collecte des informations, ce sont les informations dont vous avez besoin qui dictent sa structure et sa complexité :

- Si vous n'avez besoin que de peu d'informations, le formulaire peut être court et (relativement) agréable à utiliser.

  Exemple : Facebook utilise un formulaire pour collecter des informations auprès des personnes qui souhaitent s'inscrire, comme le montre la Figure 14.3. Facebook n'a pas besoin de beaucoup d'informations pour mettre en œuvre l'abonnement, d'où un formulaire aussi court que simple.

- Si vous avez besoin de beaucoup d'informations, votre formulaire peut faire plusieurs pages.

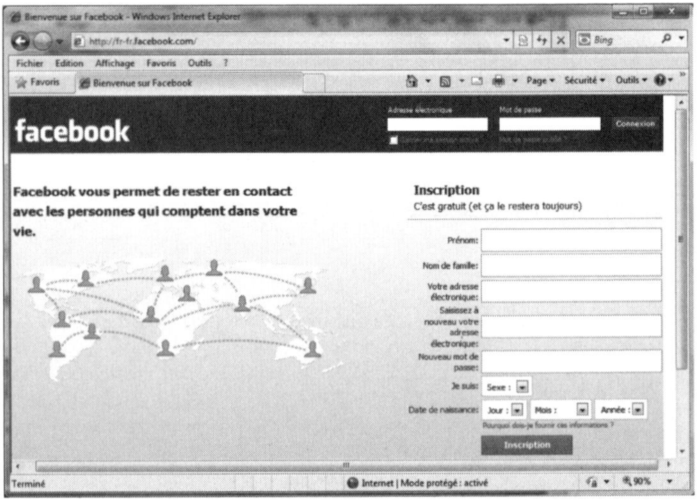

Figure 14.3 : Un formulaire d'abonnement gratuit collecte des informations de base.

Exemple : L'INPI utilise de longs formulaires détaillés pour collecter les informations nécessaires pour permettre l'inscription sur le site. La Figure 14.4 montre la première des pages que le visiteur doit remplir pour fournir toutes les informations requises.

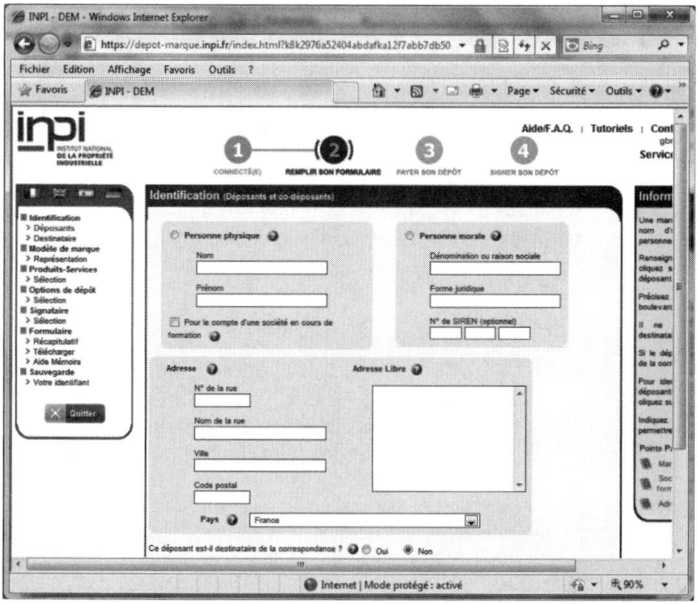

Figure 14.4 : Certains sites utilisent des formulaires très détaillés pour collecter les données nécessaires.

Créer des formulaires

Les formulaires HTML peuvent présenter des informations aux utilisateurs, sous forme de texte et d'images. Ils peuvent aussi proposer différents types de zones de saisie de texte (intégré ou sur une ou plusieurs lignes) ainsi que différents types d'outils de sélection de données comme des cases d'options (qui permettent de sélectionner une option parmi d'autres), des listes de choix (qui permettent de saisir une valeur d'une liste prédéfinie d'options) ou des cases à cocher (qui permettent de sélectionner aucune, une ou plusieurs valeurs d'une liste prédéfinie d'options). Les balises et les attributs de formulaire HTML vous aident à :

- Définir la structure globale du formulaire.
- Signaler au navigateur comment gérer les données du formulaire.

- Créer des éléments de saisie (comme des champs de saisie ou des listes déroulantes).

  Tous les formulaires ont la même structure de base. La nature des éléments de saisie que vous utilisez dépend des données que vous présentez et collectez.

La structure

L'élément `form` est un conteneur de contenu (et de saisie) qui fonctionne plus ou moins comme l'élément paragraphe (`p`) qui contient le texte du paragraphe ou l'élément division (`div`) qui contient différents types de sous-éléments dans une section logique de document. Tous les éléments de saisie associés à un formulaire sont :

- Contenus dans une balise `<form>`.
- Traités par le même gestionnaire de formulaire.

  Un *gestionnaire de formulaire* est un programme sur le serveur Web (ou une simple URL `mailto:`) qui gère les données que l'utilisateur vous envoie via le formulaire. Un navigateur Web ne peut que collecter les informations via les formulaires ; il ne sait pas quoi en faire une fois qu'il en dispose. Vous devez fournir un quelconque mécanisme pour *faire quelque chose* des données collectées (la section "Traiter les données" de ce chapitre traite des gestionnaires de formulaire dans le détail).

Les attributs

Vous devez toujours utiliser ces deux attributs-clés avec la balise `<form>` :

- `action` : L'URL du gestionnaire de formulaire.
- `method` : Méthode à utiliser pour l'envoi des données du formulaire au gestionnaire de formulaire.

  Votre gestionnaire de formulaire définit la valeur à utiliser pour `method` (votre hébergeur vous a certainement fourni un document qui décrit comment interroger votre gestionnaire de formulaire sur le serveur Web local avec tous les détails nécessaires et peut-être quelques exemples) :

  - get envoie les données du formulaire au gestionnaire de formulaire via l'URL.

- `post` envoie les données du formulaire via un en-tête du protocole HTTP.

Webmonkey propose un bon aperçu des différences entre `get` et `post` dans son article "Add HTML Forms to Your Site" sur www.webmonkey.com/2010/02/add_html_forms_to_your_site.

Le balisage

Le balisage du Listing 14.1 crée un formulaire qui utilise la méthode `post` pour envoyer à un gestionnaire de formulaire (`livredor.cgi`) des informations saisies par l'utilisateur qui doivent être traitées sur le serveur Web.

Listing 14.1 : Un formulaire tout simple traité par un gestionnaire de formulaire.

```
<!DOCTYPE html PUBLIC "-//W3C//DTD XHTML 1.0 Transitional//EN"
        "http://www.w3.org/TR/xhtml1/DTD/xhtml1-transitional.dtd">
<html xmlns="http://www.w3.org/1999/xhtml">
<head>
    <title>Formulaires</title>
    <meta http-equiv="Content-Type" content="text/html;
        charset=ISO-8859-1" />
</head>
<body>
    <form action="cgi-bin/livredor.cgi" method="post">

    <!-- les éléments de saisie du formulaire se trouvent ici -->

    </form>
</body>
</html>
```

La valeur de l'attribut `action` est une URL. Vous pouvez utiliser des URL relatives ou absolues pour cibler un gestionnaire de formulaire sur votre serveur. Les URL absolues et relatives sont traitées dans le Chapitre 6.

Les balises de saisie

Les balises que vous utilisez pour inviter les visiteurs de votre site à saisir des informations constituent le cœur du formulaire. HTML propose toute une série de possibilités, des zones de texte aux cases d'option et des fichiers aux images.

Tout contrôle de saisie associe une valeur à un nom :

- Lorsque vous créez le contrôle, vous lui donnez un nom.
- Le contrôle renvoie une valeur en fonction de ce que l'utilisateur saisit dans le formulaire.

Par exemple, si vous créez une zone de texte qui collecte le prénom de l'utilisateur, vous pourrez nommer ce champ `prenom`. Lorsque l'utilisateur saisira son prénom dans ce champ et qu'il soumettra le formulaire, la valeur associée à `prenom` sera le prénom que l'utilisateur aura saisi dans ce champ.

L'objectif d'un formulaire étant de réunir les valeurs associées à ses contrôles de saisie, il est important de nommer chacun de ces contrôles. Les sections suivantes expliquent comment vous devez travailler sur les noms et les valeurs des contrôles de saisie.

L'élément `input` (et par extension, la balise vide `<input … />`) est l'acteur principal dès qu'il s'agit d'utiliser des formulaires HTML pour solliciter les saisies des utilisateurs. Dans l'élément `input`, vous définissez les types de saisie que vous voulez collecter et précisez comment vous assemblez et présentez les zones de saisie et les indices que vous proposez aux utilisateurs pour qu'ils puissent vous fournir ce que vous demandez.

Les zones de saisie

Vous pouvez utiliser une multitude de zones de saisie dans vos formulaires, comme des zones de texte, des champs mot de passe, des cases d'option ou des cases à cocher, des champs masqués, etc. Tous les champs n'exigent pas des valeurs pour les attributs de nom et de type (par exemple, les blocs de texte ou les champs mot de passe) mais il est judicieux de fournir aux utilisateurs des indices et des exemples des données à saisir dès lors qu'il peut y avoir un doute sur le format (par exemple, faut-il insérer une barre oblique ou un espace entre les chiffres d'un numéro de téléphone ou d'une carte de crédit ?). En revanche, les cases d'option et les cases à cocher nécessitent ces informations car elles se doivent d'être claires quand le navigateur propose aux utilisateurs les options possibles.

Vous devez définir un nom et une valeur pour les éléments de saisie qui demandent à l'utilisateur de sélectionner une option (comme les cases à cocher ou les cases d'option) plutôt que de taper du texte dans un champ. Quand l'utilisateur sélectionne une case à cocher ou une case d'option et qu'il clique sur le bouton Envoyer, le formulaire renvoie le nom et la valeur assignée à l'élément.

Ces deux types de zones de saisie sont traités dans la section "Les cases à cocher et les cases d'option".

Les zones de texte

Les *zones de texte* sont des champs d'une seule ligne dans lesquels les utilisateurs peuvent saisir des informations. Pour offrir aux utilisateurs la possibilité de remplir plus d'une ligne, utilisez un bloc de texte (voir section "Les zones de texte sur plusieurs lignes").

Voici comment créer un champ de texte d'une ligne :

1. **Pour définir un élément de saisie de type texte, utilisez l'élément** `<input />` **avec l'attribut** `type` **et la valeur** `text`**.**

   ```
   <input type="text" />
   ```

2. **Utilisez ensuite l'attribut** `name` **pour donner un nom à ce champ de saisie.**

   ```
   <input type="text" name="prenom" />
   ```

   L'utilisateur remplace la valeur en écrivant dans le champ.

Le balisage suivant crée deux champs de saisie ; un pour le prénom et un autre pour le nom :

```
<form action="cgi-bin/livredor.cgi" method="post">
<ul style="list-style-type: none;">
  <li>Prénom : <input type="text" name="prenom" /></li>
  <li>Nom : <input type="text" name="nom" /></li>
</ul>
</form>
```

En plus des éléments `<input />`, le balisage précédent contient des éléments de liste (`<ul>` et `<li>`) et un peu de texte pour décrire chaque champ. D'eux-mêmes, les éléments d'un formulaire ne fournissent pas beaucoup d'indices aux utilisateurs sur la nature de l'information que vous voulez qu'ils saisissent. Les listes sont abordées dans le Chapitre 5.

Par ailleurs, vous devez utiliser des blocs de HTML et des éléments en ligne pour mettre en forme votre formulaire et fournir le texte nécessaire. La Figure 14.5 montre comment un navigateur affiche ce HTML.

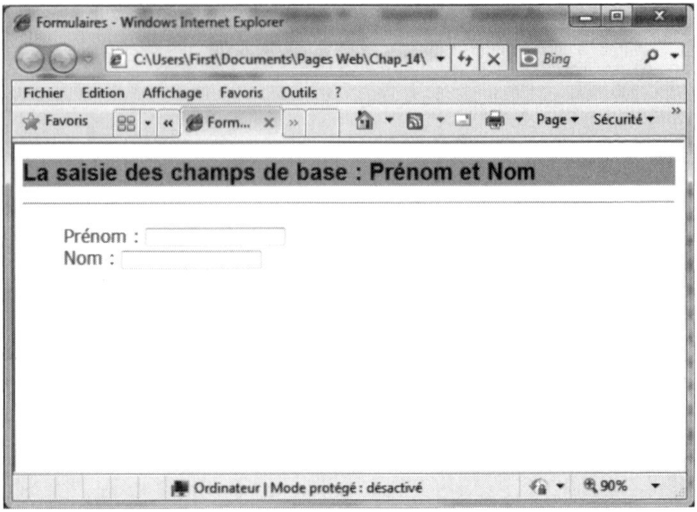

Figure 14.5 : Des champs de saisie de texte dans un formulaire.

Vous pouvez contrôler la longueur d'une zone de texte à l'aide de ces attributs :

- `size` : La longueur (en caractères) du champ de texte.
- `maxlength` : Le nombre maximal de caractères que l'utilisateur peut saisir dans le champ.

Le balisage suivant crée un formulaire dans lequel `size` vaut `30` et `maxlength` vaut `25`. Même si chaque champ fait environ 30 caractères de long, l'utilisateur ne peut saisir que 25 caractères dans chaque champ, comme le montre la Figure 14.6. Définir une valeur plus grande pour l'attribut `size` que pour `maxlength` garantit, dans la zone de texte, la présence d'espace vide entre la saisie de l'utilisateur et la fin du champ. Vous n'êtes pas obligé de suivre cette recommandation mais nous trouvons qu'elle apporte un certain confort visuel.

```
<form action="cgi-bin/livredor.cgi" method="post">
<ul style="list-style-type: none;">
  <li>Prénom : <input type="text" name="prenom" size="30"
      maxlength="25" /></li>
  <li>Nom : <input type="text" name="nom" size="30"
```

```
    maxlength="25" /></li>
</ul>
</form>
```

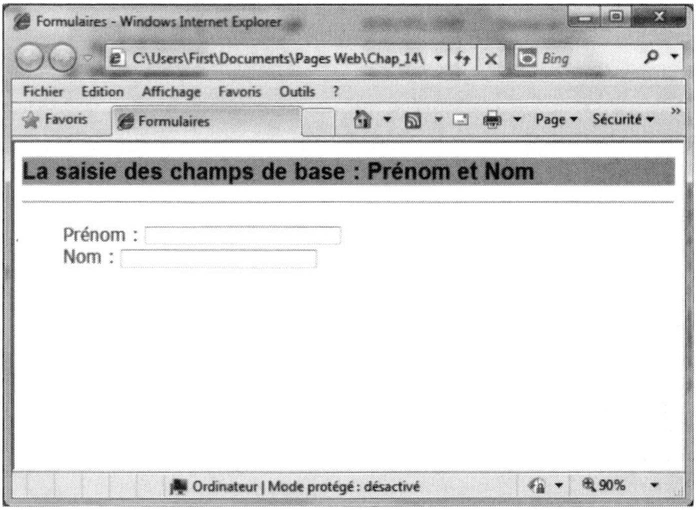

Figure 14.6 : Vos pouvez spécifier la longueur et le nombre maximal de caractères pour une zone de texte.

Les champs mot de passe

Un *champ mot de passe* est un champ de saisie qui n'affiche pas ce que l'utilisateur y saisit. Chaque élément saisi est remplacé à l'écran par un caractère de substitution, comme un astérisque ou une puce. Ainsi, si quelqu'un regarde par-dessus l'épaule de l'utilisateur, il ne voit pas l'information sensible.

Vous créez un champ mot de passe en utilisant l'élément `<input />` dont l'attribut `type` prend la valeur `password`, comme suit :

```
<form action="cgi-bin/livredor.cgi" method="post">
<ul style="list-style-type: none;">
  <li>Prénom : <input type="text" name="prenom" size="30"
    maxlength="25" /></li>
  <li>Nom : <input type="text" name="nom" size="30"
    maxlength="25" /></li>
  <li>Mot de passe : <input type="password" name="mdp" size="30"
    maxlength="25" /></li>
</ul>
</form>
```

Les champs mot de passe sont programmés comme des zones de texte.

La Figure 14.7 montre comment un navigateur remplace ce que vous saisissez par des puces. Notez que certains navigateurs remplacent le texte par des astérisques ou un autre caractère, en fonction des paramètres par défaut du navigateur.

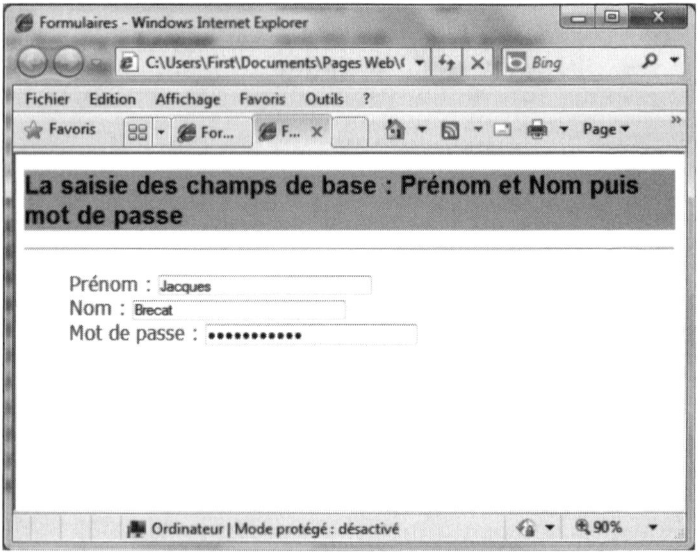

Figure 14.7 : Les champs mot de passe masquent le texte saisi par l'utilisateur.

Les cases à cocher et les cases d'option

Si seules quelques options sont possibles pour l'utilisateur, vous pouvez lui proposer une sélection d'options parmi lesquelles choisir :

- **Les cases à cocher :** Pour choisir une option ou plus.
- **Les cases d'option :** Pour choisir une seule option.

Si beaucoup d'options sont disponibles (plus de six, par exemple), vous pouvez utiliser une liste déroulante plutôt que des cases d'option ou des cases à cocher.

Pour créer des cases d'option et des cases à cocher :

1. **Utilisez l'élément** `<input/>` **dont l'attribut** `type` **prend la valeur** `radio` **(case d'option) ou** `checkbox` **(case à cocher).**

2. **Créez chaque option avec ces attributs :**
   - name permet de donner un nom à l'option.
   - value permet de spécifier la valeur qui est renvoyée quand l'utilisateur sélectionne l'option.

Vous pouvez utiliser l'attribut `checked` (dont la valeur est `checked`) pour spécifier qu'une option doit être sélectionnée par défaut dès que le navigateur affiche le formulaire. C'est un bon moyen de définir une sélection par défaut dans une liste.

Le balisage suivant montre comment créer des options sous forme de cases à cocher et de cases d'option :

```
<form action="cgi-bin/livredor.cgi" method="post">
<p>Quels sont vos mets préférés ?</p>
<ul style="list-style-type: none;">
  <li><input type="checkbox" name="mets" value="pizza"
      checked="checked" />
    Pizza</li>
   <li><input type="checkbox" name="mets" value="glace" /> Glace</li>
   <li><input type="checkbox" name="mets" value="oeufsbacon" />
       Oeufs au bacon</li>
</ul>

<p>Vous êtes ?</p>
<ul style="list-style-type: none;">
  <li><input type="radio" name="sexe" value="homme" /> Un homme</li>
  <li><input type="radio" name="sexe" value="femme"
      checked="checked" />
    Une femme</li>
</ul>
</form>
```

Dans le code précédent, chaque jeu d'options utilise le même nom pour chaque contrôle de saisie mais affecte une valeur différente à chaque option. Il faut donner le même nom aux contrôles d'un jeu d'options pour que le navigateur sache qu'ils appartiennent à ce jeu. La Figure 14.8 montre comment le navigateur affiche ce balisage. Nous avons coché la case "Pizza" tout en conservant la case "Glace" telle quelle. Vous pouvez cocher par défaut autant de cases à cocher que vous le souhaitez dans le balisage de la page en ajoutant simplement `checked="checked"` dans chaque élément `<input … />` correspondant.

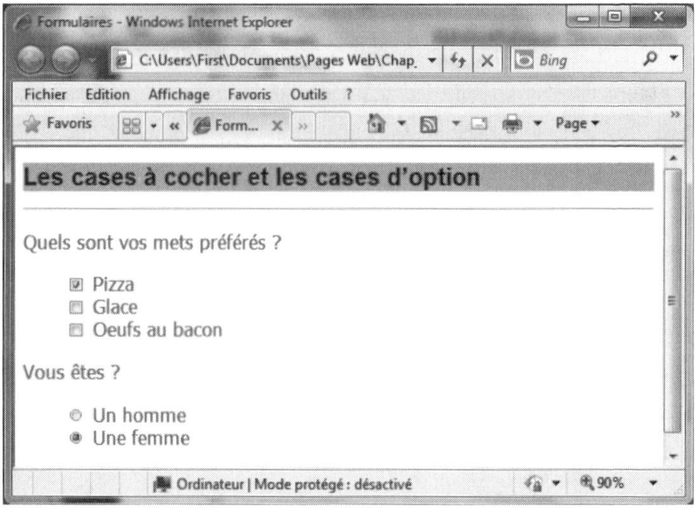

Figure 14.8 : Les cases à cocher et les cases d'option proposent plusieurs choix.

Les champs cachés

Un *champ caché* vous permet de collecter un nom et une valeur que l'utilisateur ne peut pas voir dans le formulaire. Les champs cachés sont utilisés pour conserver la trace d'informations associées au formulaire (comme sa version ou son nom).

Pour créer un champ caché :

- Utilisez l'élément `<input/>` dont l'attribut `type` est `hidden`.
- Indiquez le nom et la valeur que vous voulez envoyer au gestionnaire de formulaire.

Voici un exemple de balisage pour un champ caché :

```
<form action="cgi-bin/livredor.cgi" method="post">
<input type="hidden" name="e-mail" value="moi@monsite.com" />
<ul style="list-style-type: none;">
  <li>Prénom : <input type="text" name="prenom" size="30"
      maxlength="25" /></li>
  <li>Nom : <input type="text" name="nom" size="30"
      maxlength="25" /></li>
  <li>Mot de passe : <input type="password" name="mdp" size="30"
      maxlength="25" /></li>
</ul>
</form>
```

En général, il est déconseillé d'utiliser votre adresse e-mail dans un champ caché de formulaire car elle risque d'être collectée par les spammeurs. Si votre fournisseur d'accès Internet vous explique que c'est ainsi que vous devez concevoir votre formulaire de commentaires, demandez-lui une solution pour limiter les risques. Les internautes qui consultent votre page ne peuvent pas visualiser votre adresse mais les robots utilisés par les spammeurs peuvent lire le balisage sous-jacent. Vous pouvez au moins espérer que votre FAI supporte l'un des nombreux outils de cryptage JavaScript disponibles pour masquer votre adresse aux yeux des spammeurs.

Les champs de téléchargement de fichier

Un formulaire peut recevoir des documents et autres fichiers, comme des images, de la part des utilisateurs. Quand l'utilisateur soumet le formulaire, le navigateur récupère une copie du fichier et l'envoie avec le reste des données du formulaire. Pour créer ce champ de téléchargement :

- Utilisez l'élément `<input/>` dont l'attribut `type` est `file`.

  Le fichier lui-même correspond à la valeur de ce champ.

- Utilisez l'attribut `name` pour donner un nom au contrôle.

Voici un exemple de balisage pour un champ de téléchargement :

```
<form action="cgi-bin/livredor.cgi" method="post">
<p>Merci d'envoyer votre CV au format Microsoft Word ou texte :<br />
   <input type="file" name="cv" />
</p>
</form>
```

Les navigateurs affichent un champ de téléchargement sous la forme d'un bouton qui permet à l'utilisateur de localiser un fichier sur son disque dur et de vous l'envoyer, comme le montre la Figure 14.9.

Lorsque vous acceptez des fichiers de vos utilisateurs via un formulaire, ils peuvent être énormes ou contenir des virus. Demandez à la personne qui conçoit votre gestionnaire de formulaire les options possibles pour protéger votre système quand les fichiers y sont enregistrés. Plusieurs barrières peuvent aider à minimiser les risques, notamment :

- Un logiciel antivirus.
- Des restrictions sur la taille des fichiers.

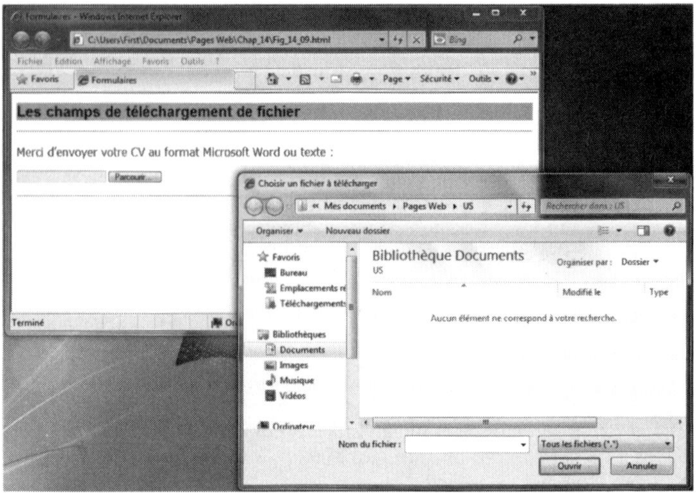

Figure 14.9 : Un champ de téléchargement de fichier.

- Des restrictions sur le type de fichier.

Les listes déroulantes

Les *listes déroulantes* constituent la solution idéale pour proposer aux utilisateurs de nombreuses options dans un espace restreint. Vous pouvez utiliser deux balises différentes pour créer une liste déroulante :

- `<select>` crée la liste.

  Utilisez l'attribut `name` avec l'élément `<select>` pour nommer la liste.

- Une série d'éléments `<option>` identifient les options.

  L'attribut `value` affecte une valeur unique à chaque élément `<option>`.

Voici un exemple de balisage pour une liste déroulante :

```
<form action="cgi-bin/livredor.cgi" method="post">
<p>Quel est votre mets préféré ?</p>
  <select name="mets">
   <option value="pizza"> Pizza</option>
   <option value="glace"> Glace</option>
   <option value="oeufsbacon"> Oeufs au bacon</option>
```

```
    </select>
  </form>
```

Le navigateur convertit ce balisage en une liste déroulante comprenant trois éléments, comme le montre la Figure 14.10.

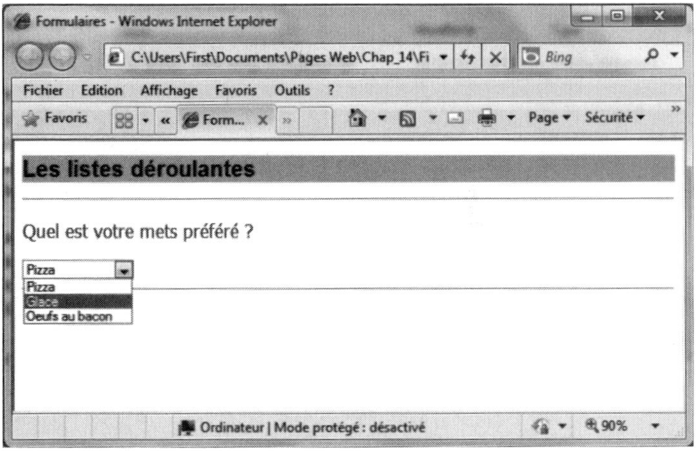

Figure 14.10 : Une liste déroulante.

TRUC

Vous pouvez permettre aux utilisateurs de sélectionner plus d'un élément dans une liste déroulante en modifiant les paramètres par défaut de cette liste :

- Si vous voulez que les utilisateurs puissent choisir plus d'une option (en maintenant la touche Ctrl [Windows] ou ⌘ [Mac] pendant qu'ils cliquent sur les options de la liste), ajoutez l'attribut `multiple` à la balise `<select>`. La valeur de `multiple` est `multiple`.
- Par défaut, le navigateur affiche une seule option jusqu'à ce que l'utilisateur clique sur la flèche de la liste déroulante pour afficher le reste de la liste. Utilisez l'attribut `size` avec l'élément `<select>` pour spécifier le nombre d'options que vous souhaitez afficher.

  Si vous spécifiez moins d'options que le nombre total d'options disponibles, le navigateur affiche une barre de défilement dans la liste déroulante.

Tout comme vous pouvez spécifier qu'une case à cocher ou une case d'option est sélectionné par défaut, vous pouvez aussi préciser que l'une des options de la liste déroulante est déjà sélectionnée quand le navigateur charge la page. Ajoutez simplement l'attribut `selected` avec la valeur `selected` à l'élément `<option>` à sélectionner par défaut. Optez pour cette technique si l'un des choix est évident. Ne vous en faites pas, l'utilisateur peut rapidement et facilement annuler la sélection par défaut.

L'exemple suivant :

- Permet à l'utilisateur de sélectionner plus d'une option dans la liste.
- Affiche deux options.
- Sélectionne la troisième option de la liste par défaut.

```
<form action="cgi-bin/livredor.cgi" method="post">
<p>Quels sont vos mets préférés ?</p>
<select name="mets" size="2" multiple="multiple">
  <option value="pizza"> Pizza</option>
  <option value="glace"> Glace</option>
  <option value="oeufsbacon" selected="selected">
     Oeufs au bacon</option>
</select>
</form>
```

La Figure 14.11 montre comment l'ajout de ces attributs modifie l'apparence de la liste dans le navigateur.

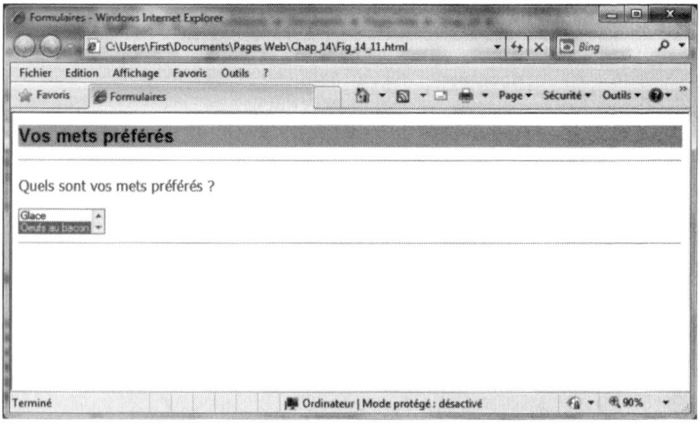

Figure 14.11 : Une liste déroulante modifiée.

Les zones de texte sur plusieurs lignes

Si une zone de texte sur une seule ligne n'offre pas assez d'espace pour les réponses, créez un bloc de texte plutôt qu'un champ :

- L'élément `<textarea>` définit le bloc et ses paramètres.
- L'attribut `rows` spécifie la hauteur du bloc en lignes en fonction de la police utilisée dans le bloc de texte.
- L'attribut `cols` définit la largeur du bloc en colonnes en fonction de la police utilisée dans le bloc de texte.

Le texte que l'utilisateur saisit dans le bloc fournit la valeur. Il suffit donc d'attribuer un nom au bloc de texte à l'aide de l'attribut `name` :

```
<form action="cgi-bin/livredor.cgi" method="post">
  <p> Merci de saisir vos commentaires ici.</p>
  <textarea rows="10" cols="40" name="commentaires">
...Commentaires ici...
  </textarea>
</form>
```

TRUC

Tout texte que vous insérez entre les balises `<textarea>` et `</textarea>` apparaît dans la zone de texte dans le navigateur, comme dans la Figure 14.12. Contrairement à toutes attentes, le texte par défaut n'apparaît pas justifié à gauche dans le bloc de texte mais légèrement décalé vers la droite sans être centré. L'utilisateur saisit son texte en écrasant le vôtre.

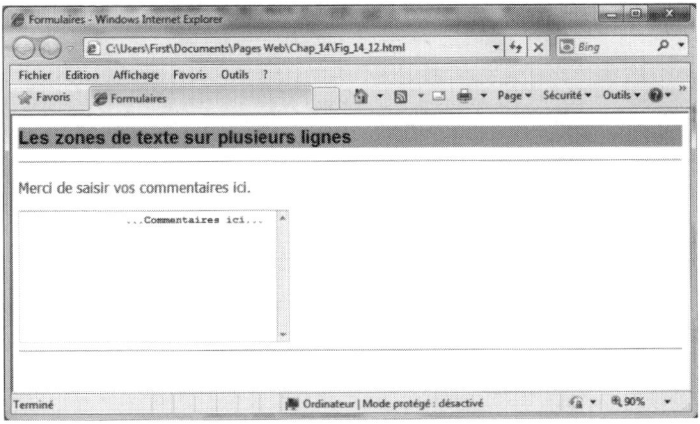

Figure 14.12 : Un bloc de texte.

Les boutons Envoyer et Effacer

Les boutons Envoyer et Effacer permettent à l'utilisateur d'indiquer au navigateur ce qu'il doit faire du formulaire. Vous pouvez créer les boutons pour soumettre ou réinitialiser votre formulaire en utilisant l'élément `<input />` avec les attributs `type` et `valeur` suivants :

- `submit` **(envoyer).**

  Les visiteurs doivent signaler au navigateur qu'ils ont terminé de remplir un formulaire et qu'ils veulent envoyer le contenu au serveur Web. Pour cela, vous ajoutez un bouton dans le formulaire en utilisant ce balisage :

  ```
  <input type="submit" value="Soumettre" />
  ```

  Vous n'avez pas besoin d'utiliser l'attribut `name` pour les boutons Envoyer ou Effacer. Vous utilisez l'attribut `value` à la place pour spécifier comment le navigateur doit étiqueter les boutons à l'affichage.

- `reset` **(effacer).**

  Les visiteurs ont besoin d'effacer le contenu du formulaire s'ils souhaitent le reprendre à zéro ou s'ils décident de ne pas le remplir. Pour cela, vous ajoutez un bouton `reset` dans le formulaire avec le balisage suivant :

  ```
  <input type="reset" value="Réinitialiser" />
  ```

La valeur que vous affectez à l'attribut `value` s'affiche sur le bouton. Dans notre exemple, nous utilisons la valeur `Réinitialiser`. Bien évidemment, vous pouvez opter pour une valeur plus adaptée à votre site Web.

Le listing 14.2 offre un exemple de balisage qui crée des boutons Envoyer et Effacer nommés respectivement Soumettre et Réinitialiser :

Listing 14.2 : Un formulaire complet.

```
<!DOCTYPE html PUBLIC "-//W3C//DTD XHTML 1.0 Transitional//EN"
        "http://www.w3.org/TR/xhtml1/DTD/xhtml1-transitional.dtd">
<html xmlns="http://www.w3.org/1999/xhtml" lang="fr" xml:lang="fr">
<head>
   <title>Formulaire basique</title>
   <meta http-equiv="Content-Type" content="text/html;
      charset=ISO-8859-1" />
   <style type="text/css">
```

```
      h1 {background-color: silver;
          color: black;
          font-size: 1.2em;
          font-family: Arial, Verdana, sans-serif;}
      hr {color: blue;
          width: thick;}
      body {font-size: 12pt;
            color: brown;
            font-family: Tahoma, Bodoni, sans-serif;
            line-height: 0.8em;}
    </style>

</head>
<body>
  <h1>Formulaire complet</h1>
  <hr />
    <div>
      <form action="cgi-bin/livredor.cgi" method="post">
        <h1>Nom et mot de passe</h1>
          <p>Prénom : <input type="text" name="prenom" size="30"
             maxlength="25" /></p>
          <p>Nom : <input type="text" name="nom" size="30"
             maxlength="25" /></p>
          <p>Mot de passe : <input type="password" name="mdp"
                              size="30"
               maxlength="25" /></p>
         <h1>Mets préférés</h1>
           <p>Quels sont vos mets préférés ?</p>
           <p><input type="checkbox" name="mets" value="pizza"
               checked="checked" /> Pizza</p>
           <p><input type="checkbox" name="mets" value="glace" />
               Glace</p>
           <p><input type="checkbox" name="mets"
                   value="oeufsbacon" />
               Oeufs au bacon</p>
         <h1>Information sur le sexe</h1>
           <p>Vous êtes ?</p>
           <p><input type="radio" name="sexe" value="homme" />
               Un homme</p>
           <p><input type="radio" name="sexe" value="femme" />
               Une femme</p>

         <p style="line-height: 2em; margin: 2em;">
             <input type="submit" value="Soumettre" />
             <input type="reset" value="Réinitialiser" />
         </p>
      </form>
```

```
      </div>
    <hr />
  </body>
  </html>
```

La Figure 14.13 montre comment le navigateur affiche ces boutons dans un formulaire.

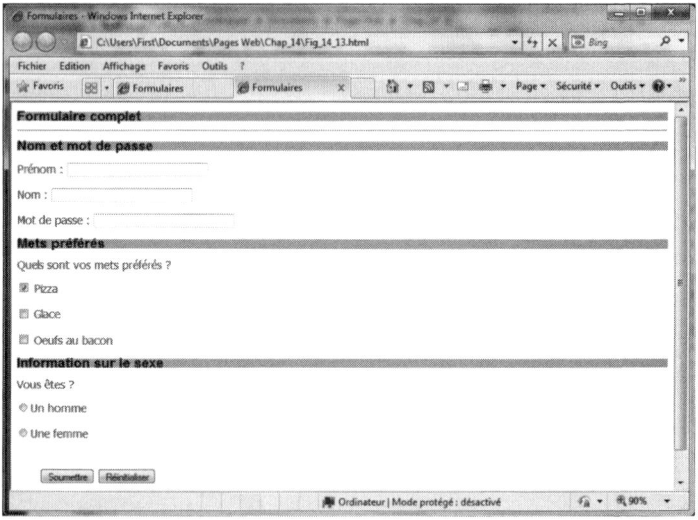

Figure 14.13 : Les boutons Envoyer et Effacer nommés Soumettre et Réinitialiser.

Personnaliser les boutons Envoyer et Effacer

Si vous n'aimez pas les boutons Envoyer et Effacer créés par le navigateur, vous pouvez les modifier avec des définitions de style CSS, comme suit :

```
input {background-color: teal;
       font-family: Lucida Console, Arial, sans-serif;
       padding: 6px;
       margin: 0.2em;
       font-size: 1.2em;
       color: white;
       border-left-color: gray;
       border-top-color: gray;
       border-bottom-color: black;
```

```
        border-right-color: black;
        border-style: double;
        font-weight: bold;}
```

En moins de dix minutes, nous avons créé les boutons illustrés dans la Figure 14.14.

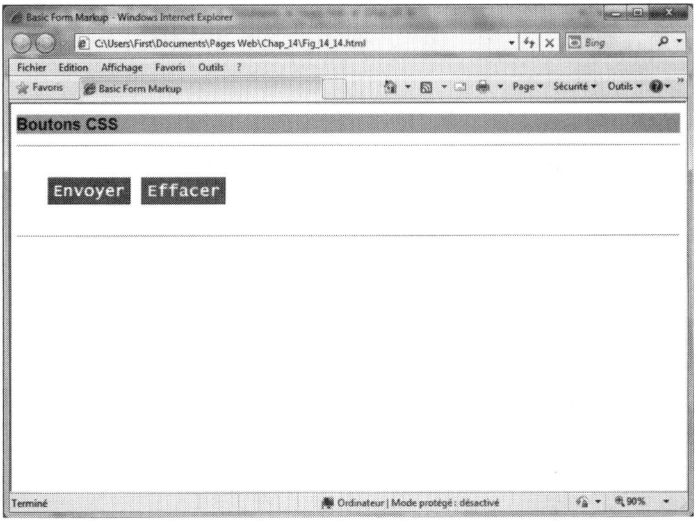

Figure 14.14 : Un peu de CSS créatif permet de personnaliser vos boutons.

Si vous recherchez un résultat plus sophistiqué, vous pouvez remplacer les boutons par vos propres images en utilisant :

- L'élément `<input />` dont la valeur de l'attribut `type` est `image`.
- Un attribut `src` qui indique l'emplacement de l'image.
- Un attribut `value` qui définit l'action effectuée par l'image :
  - Pour une image qui envoie le formulaire, attribuez submit à value.
  - Pour une image qui efface le formulaire, attribuez reset à value.

TRUC

Utilisez l'attribut `alt` pour fournir un texte alternatif aux navigateurs qui ne peuvent pas afficher d'images (ou pour les utilisateurs qui ne peuvent pas les voir). Vous pouvez utiliser des boutons fantaisie avec des bords arrondis, des ombres portées et d'autres effets amusants comme ceux disponibles sur `www.buttongenerator.com`.

Le balisage suivant crée des boutons Envoyer et Effacer personnalisés :

```
<p>
    <input type="image" value="submit" src="bouton_envoyer.gif"
       alt="Envoyer" />
    <input type="image" value="reset" src="bouton_effacer.gif"
     alt="Effacer" />
</p>
```

La validation de formulaire

Aussi intelligents que les visiteurs de votre site puissent être, il se peut que certains d'entre eux ne saisissent pas les données attendues. Heureusement, JavaScript peut vous venir en aide !

La *validation de formulaire* est le terme technique désignant la vérification des données saisies par l'utilisateur avant de les stocker dans votre base de données. Vérifiez les données avec JavaScript et avec des scripts CGI sur votre serveur.

JavaScript

Vous pouvez valider les saisies en JavaScript avant que les données ne soient envoyées au serveur. Cela signifie que les visiteurs n'attendront pas que votre serveur vérifie leurs données. Ils seront informés très rapidement en cas de problème (avant même de soumettre le formulaire).

TRUC

Si vous voulez utiliser JavaScript dans vos formulaires et sur votre serveur Web, consultez le Chapitre 13 de ce livre ou les ressources en ligne suivantes pour en savoir plus sur le sujet :

- www.w3schools.com/js/default.asp
- www.quirksmode.org/js/forms.html
- http://www.webmonkey.com/2010/02/javascript_tutorial

CGI

Vous devez valider les données du formulaire sur le serveur car les utilisateurs peuvent avoir désactivé JavaScript pour naviguer (en conséquence, la validation prendra plus de temps). Vous en apprendrez plus sur CGI dans la section suivante et sur :

- www.4guysfromrolla.com/webtech/LearnMore/Validation.asp
- www.cgi101.com/book

Traiter les données

Collecter les données d'un formulaire ne représente que la moitié du travail à accomplir. Vous créez un formulaire pour demander des données à vos utilisateurs mais vous devez ensuite savoir quoi faire de ces données. Bien entendu, votre formulaire et vos données sont uniques, si bien qu'aucun gestionnaire de formulaire générique ne peut gérer toutes les données de chaque formulaire. Avant de trouver (ou d'écrire) un programme capable de traiter vos données de formulaire, vous devez déterminer l'usage que vous souhaitez en faire. Par exemple :

- Si vous souhaitez simplement recevoir des commentaires par e-mail via un formulaire, vous n'aurez sans doute besoin que d'une simple URL `mailto:`.
- Si le formulaire collecte des informations auprès des utilisateurs pour les afficher dans un livre d'or, vous devrez :
  - Insérer les données dans un fichier texte ou dans une petite base de données qui stockera les entrées.
  - Créer une page Web qui affichera les entrées du livre d'or.
- Si votre site requiert un panier d'achat, vous avez besoin de programmes et d'une base de données pouvant gérer l'inventaire, les informations relatives à la commande de l'utilisateur, les modalités de la livraison et le calcul des coûts.

TRUC

C'est votre fournisseur d'accès Internet qui détermine le type d'application que vous pouvez utiliser sur votre site Web pour gérer les données du formulaire. Si vous souhaitez utiliser des formulaires sur votre site, assurez-vous que votre FAI gère les applications que vous devez exécuter sur le serveur pour traiter les données saisies dans les formulaires (avec les méthodes `get` ou `post` que nous avons évoquées plus tôt dans ce chapitre). Le Chapitre 3 fournit plus d'informations pour vous aider à trouver le FAI qui hébergera vos pages.

Traiter les formulaires dans les pages

Généralement, les données d'un formulaire sont traitées d'une manière ou d'une autre par un programme exécuté sur un serveur Web. Ce peut être un script CGI (*Common Gateway Interface*) écrit dans un langage de programmation tel que Perl, Java ou AppleScript ou un autre programme gestionnaire écrit en PHP, Apache, Java Server Pages (JSP), ASP ou d'autres programmes exécutés sur un serveur Web pour traiter les entrées des utilisateurs. Ces programmes rendent les données de formulaire utiles :

- En les stockant dans une base de données ou en les partageant avec un autre type de programme.
- En créant du HTML personnalisé basé sur les données.
- En les écrivant dans un fichier plat.

Pas besoin d'être programmeur pour tirer le meilleur parti des formulaires. De nombreux FAI supportent (et fournissent) des scripts pour le traitement de formulaires tels que ceux qui gèrent un livre d'or, des commentaires et même un panier d'achat. Votre FAI peut vous fournir :

- Toutes les informations dont vous avez besoin pour exécuter un programme de traitement des saisies.
- Du HTML à inclure dans vos pages pour l'interaction avec le programme.

Vous pouvez bidouiller le balisage qui spécifie la manière dont le formulaire apparaît dans le HTML fourni par votre FAI mais vous ne devez pas modifier le formulaire lui-même, surtout les noms de ses éléments et leurs valeurs. Le programme sur le serveur Web utilise ces informations pour fonctionner.

Il existe de nombreux sites sur lesquels vous pouvez trouver des scripts gratuits à télécharger et à utiliser avec vos formulaires. Nombre d'entre eux sont fournis avec du HTML générique que vous pouvez modifier pour adapter la présentation du formulaire à celle de votre site Web. Glissez simplement le programme de traitement du formulaire dans le répertoire de votre site qui contient les programmes (généralement `cgi-bin`), insérez le HTML dans vos pages et c'est tout. Voici les adresses de quelques sites où vous pouvez trouver des scripts à télécharger et à mettre en œuvre immédiatement :

- **Les archives de scripts de Matt :** `www.scriptarchive.com/nms.html`
- **L'index des ressources CGI :** `http://cgi.resourceindex.com`
- **ScriptSearch :** `www.scriptsearch.com`

Envoyer les données de formulaire par e-mail

Vous pouvez choisir de recevoir les données de votre formulaire par e-mail plutôt que d'utiliser un script ou un autre utilitaire pour les traiter. Vous récupérerez simplement une série de couples nom-valeur dans un fichier texte joint à l'e-mail qui vous sera adressé, ce qui n'est pas nécessairement une mauvaise chose. Vous pouvez ajouter un bref formulaire de prise de contact sur votre site Web qui demande aux utilisateurs de vous faire part de leurs commentaires (une fonctionnalité d'un genre très professionnel). Il vous suffit ensuite d'inclure, dans l'URL de `action`, l'adresse e-mail à laquelle les données doivent être envoyées :

```
<form action="mailto:moi@monsite.com" method="post">
```

De nombreux spammeurs récupèrent des adresses e-mail en explorant le contenu de sites Web, à la recherche d'URL de type `mailto:`. Pensez à créer un compte de messagerie spécifique pour les commentaires qui vous sont adressés. De cette manière, votre adresse personnelle ne finira pas sur les listes des spammeurs. Vous pouvez aussi utiliser des outils de cryptage d'adresse e-mail écrits en JavaScript, qui dissimulent de telles adresses. Du moment qu'elles peuvent être décryptées par les navigateurs, c'est tout ce qui compte !

Concevoir des formulaires ergonomiques

Concevoir des formulaires *utiles*, ce n'est pas concevoir des formulaires *ergonomiques*. Votre formulaire peut collecter toutes les données dont vous avez besoin mais il peut s'avérer difficile à utiliser, si bien que les visiteurs de votre site l'abandonneront avant d'avoir fini de le remplir.

Lorsque vous utilisez des éléments de balisage mentionnés dans ce chapitre, ainsi que d'autres éléments qui pilotent l'agencement de la page, gardez à l'esprit ces lignes directrices :

- **Fournissez des indices pour permettre aux utilisateurs de comprendre vos formulaires.** Précisez clairement :

  - Les informations dont vous avez besoin.
  - Le format souhaité.

  Par exemple, communiquez à vos utilisateurs des instructions telles que :

  - Les dates doivent être saisies au format jj/mm/aa (ou jj/mm/aaaa).
  - Le nombre de caractères d'un champ de saisie est limité.

  TRUC : Comme vous l'avez appris plus tôt dans ce chapitre, le nombre de caractères peut être limité grâce à l'attribut `maxlength`.

- **Utilisez la longueur et le nombre maximum de caractères d'un champ pour fournir une indication visuelle sur la longueur du texte à saisir.** Par exemple, si les utilisateurs doivent saisir un numéro de téléphone au format *xx-xx-xx-xx-xx*, créez éventuellement cinq champs de saisie ; un pour chaque partie du numéro de téléphone.
- **Regroupez les champs similaires.** Un regroupement logique de champs facilite la saisie du formulaire. Les visiteurs s'y perdent si vous leur demandez d'abord leur nom puis leur date de naissance et enfin leur prénom.
- **Découpez les formulaires longs en sections faciles à gérer.** Les formulaires qui se présentent en plusieurs parties sont moins intimidants et ont plus de chances d'être remplis.
- **Signalez clairement les champs obligatoires.** Si certaines parties de votre formulaire ne peuvent pas être ignorées, marquez-les clairement.

  TRUC : Pour identifier les champs obligatoires :

  - Mettez-les en gras.
  - Utilisez une autre couleur.
  - Insérez un astérisque à côté du champ.

- **Indiquez aux utilisateurs les informations dont ils ont besoin pour remplir le formulaire.** Si les utilisateurs ont besoin de certaines informations spécifiques pour remplir votre formulaire, une page *passerelle* doit le leur détailler avant qu'ils ne commencent à compléter le formulaire.

  La page de l'INPI consacrée au renouvellement de marque (représentée dans la Figure 14.15) précise clairement aux visiteurs qui s'apprêtent à remplir un long formulaire quelles informations sont nécessaires avant de commencer.

TRUC : Les formulaires que l'INPI utilise pour collecter des informations sont d'excellents exemples de formulaires longs qui demandent toutes sortes de données en utilisant tous les éléments de balisage dispo-

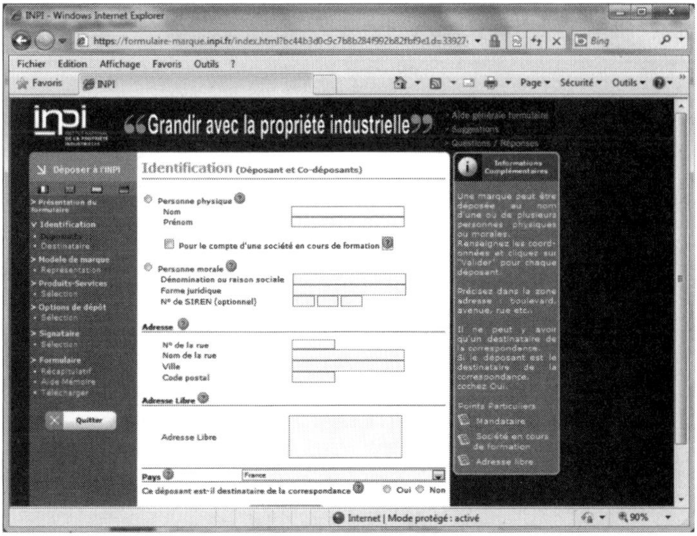

Figure 14.15 : Une page passerelle aide les utilisateurs à se préparer pour remplir un formulaire long.

nibles. Visitez `www.inpi.fr` pour observer les techniques des formulaires.

Autre balisage utile pour les formulaires

Le Tableau 14.1 recense d'autres attributs de balises (X)HTML liées aux formulaires que vous pouvez rencontrer dans des fichiers HTML.

Tableau 14.1 : Autres attributs de balises (X)HTML liées aux formulaires.

Nom	Fonction / Valeur	Type de valeur	Elément(s) associé(s)
accept	Liste les types MIME pour le téléchargement de fichiers	Types de médias CS	<form> <input />
accept-charset	Liste les jeux de caractères acceptés	Jeu de caractères	<form>
checked	Présélectionne une option dans une liste	"checked"	<input />

Nom	Fonction / Valeur	Type de valeur	Elément(s) associé(s)
MIMdisabled	Désactive des éléments de formulaire	"disabled"	<button> <input> <optgroup> <option> <select> <textarea>
enctype	Spécifie la méthode de cryptage pour les données saisies dans un formulaire	Types de médias	<form>
for	Pointe des éléments référencés par leur attribut ID	Idref	<label>
label	Identifie un groupe d'options dans un formulaire	Texte	<optgroup>
label	Spécifie le nom d'une option dans un formulaire	Texte	<option>
method	Méthode HTTP à utiliser pour soumettre le formulaire	{"get" | "post"}	<form>
multiple	Permet la sélection de plusieurs options dans un formulaire	"multiple"	<select>
name	Nomme un contrôle dans un formulaire	CDATA	<button> <textarea>
name	Nomme un champ de saisie dans un formulaire	CDATA	<select>
name	Nomme un formulaire pour l'accès au script	CDATA	<form>
readonly	Interdit la modification des zones de texte dans un formulaire	"readonly"	<input /> <textarea
size	Spécifie le nombre de lignes de texte à afficher dans une liste déroulante	Nombre	<select>
tabindex	Définit l'ordre des contrôles quand l'utilisateur utilise la touche de tabulation dans un formulaire	Nombre	<a> <area /> <button> <input /> <object> <select> <textarea>

Nom	Fonction / Valeur	Type de valeur	Elément(s) associé(s)
type	Définit la fonction d'un bouton dans un formulaire	{"button"| "reset"| "submit"}	<button>
type	Spécifie le type de contrôle dans un formulaire	{"button"| "checkbox"| "file"| "hidden"| "image"| "password"| "radio"| "reset"| "submit"| "text"}	<input />
value	Fournit une valeur à envoyer au serveur lorsque l'utilisateur clique sur le bouton	CDATA	<button>
value	Associe des valeurs aux cases d'option et aux cases à cocher	CDATA	<input />

Quelques explications s'imposent pour les types de valeur du Tableau 14.1 :

- **CDTA :** Type de caractère SGML qui permet d'utiliser tous les caractères du clavier.
- **Types de médias CS :** Noms de types sensibles à la casse comme "text/html", "image/gif" ou "text/css".
- **Jeu de caractères :** Généralement UTF-8, ISO-LATIN-1 ou ISO-8859-1. Pour une liste plus complète, consultez `www.w3schools.com/TAGS/ref_charactersets.asp`.
- **MIME :** Abréviation pour Multi-part Internet Mail Extensions, une méthode standard pour coder différents types de documents et de données pour les pièces jointes aux messages électroniques et pour HTTP. Pour plus d'informations, visitez `http://fr.wikipedia.org/wiki/MIME`.

Les cadres de formulaire

Les cadres de formulaire regroupent tous les éléments pour créer, valider et traiter les données de formulaire dans une seule série cohérente d'outils et de code. Si vous apprenez à utiliser un cadre, vous n'aurez aucun problème pour créer des formulaires robustes et complexes, du moins tant que le cadre sera disponible sur votre serveur Web !

- **Wufoo** (`ttp://wufoo.com`) **:** Wufoo est un constructeur de formulaire HTML qui vous aide à créer des formulaires de contact, des questionnaires en ligne et des invitations pour vous permettre de collecter des données, des inscriptions et des paiements en ligne sans écrire une seule ligne de code. Rapide et facile !

- **Modules de validation jQuery** (`ttp://docs.jquery.com/Plugins/Validation`) **:** Même si jQuery facilite nettement l'écriture de vos propres modules de validation, de nombreuses subtilités restent à votre charge. Par exemple, vous avez besoin d'une bibliothèque standard de méthodes de validation (pensez aux e-mails, URL et numéros de cartes de crédit). Vous devez placer des messages d'erreur dans vos documents Web puis les afficher et les masquer aux moments appropriés. Vous voudrez sans doute réagir à plus d'un événement tel que `keyup` ou `blur`. Il vous faudra certainement utiliser différentes méthodes pour spécifier des règles de validation, basées sur l'environnement côté serveur utilisé pour un projet spécifique. Après tout, vous ne voulez pas réinventer la roue, n'est-ce pas ?

- **Validatious** (`http://validatious.org/learn/examples`) : Validatious propose un service de validation de formulaire avec un support JavaScript transparent qui utilise une classe CSS prédéfinie nommée `validate`. Les validations se traduisent donc simplement par l'ajout de noms de validation dans les éléments du formulaire, comme `input`, `select`, `textarea`, etc. Il ne s'agit pas d'un cadre de formulaire complet mais il effectue la validation de manière simple et directe (souvent le plus astucieux tant pour les débutants que pour les professionnels).

En outre, de nombreux environnements de développement orientés Web, comme Visual Studio, Web Expressions, ASP.NET, etc. disposent de modèles de formulaires et de composants de traitement. Ils fonctionnent comme des cadres mais requièrent généralement de travailler dans leur environnement pour pouvoir profiter de leurs excellentes possibilités.

CAPTCHA

CAPTCHA signifie *completely automated turing test to tell computers and humans apart*. En d'autres termes, c'est un moyen d'interagir sur le Web pour permettre aux développeurs d'assumer (avec beaucoup d'assurance) que la saisie à l'autre extrémité de la connexion à distance est effectuée par une personne et non par un programme. CAPTCHA est une technique reconnue, utilisée pour vérifier qu'une personne effectue une saisie (notamment, des informations sensibles ou utiles à la mise à jour) dans un formulaire Web ou un autre mécanisme de saisie utilisateur. Cette technologie a pour but d'empêcher les spammeurs et les hameçonneurs de créer de fausses adresses électroniques et comptes Web qu'ils peuvent utiliser à des fins frauduleuses. Vous n'aurez peut-être pas besoin d'utiliser CAPTCHA dans vos pages Web mais vous devez savoir de quoi il s'agit et pourquoi c'est important.

CAPTCHA fonctionne avec du texte incurvé en lignes ondulées et des rayures ou des points que l'humain peut déchiffrer et restituer tandis que les programmes informatiques en sont incapables. L'exemple classique de `www.captcha.net` est illustré dans la Figure 14.6. Il présente les mots "overlooks inquiry" soumis au traitement décrit plus haut.

Figure 14.16 : L'exemple CAPTCHA de la page d'accueil `www.captcha.net`.

Le site Web `www.captcha.net` explique la technologie dans les détails et décrit comment l'utiliser pour ajouter un niveau d'authentification dans vos pages Web. Elle n'est pas nécessaire dans les formulaires simples mais dès que les utilisateurs sont autorisés à définir un compte, gérer des informations de compte ou accéder à des données confidentielles (informations personnelles identifiables comme des numéros de sécurité sociale, des numéros de carte de crédit, des numéros de compte), mieux vaut utiliser CAPTCHA pour barrer la route à d'éventuels malfaiteurs.

Chapitre 15

Insérer le meilleur du Web dans son site Web

Dans ce chapitre :

- Comprendre l'intérêt de l'insertion de contenu pour les pages Web (et la charge de travail).
- Insérer des flux Twitter, des photos Flickr et des cartes Google.
- Optimiser les insertions multiples grâce à des mashups.
- Combiner des cartes et des avis sur des restaurants ou des cartes et des flux Twitter.

Jusqu'à présent, nous vous avons présenté les bases de HTML, XHTML et CSS qui permettent de créer un site Web. Avant de vous précipiter et de créer des tonnes de contenu, vérifiez si ce que vous voulez créer n'existe pas déjà. L'avantage d'Internet est qu'il grouille d'excellent contenu, prêt à être réutilisé. Avec un peu de pratique, il est facile "d'extraire" ce contenu et de l'utiliser dans votre site Web. Exploiter cette possibilité permet de gagner énormément de temps.

Par exemple, si vous voulez indiquer à un ami un itinéraire pour venir chez vous, vous allez passer du temps à dessiner ou à photographier tout votre quartier. Vous devrez ensuite rassembler toutes ces images et décider comment les afficher de manière efficace. Après tout ce travail, vous serez enfin prêt à regrouper tous les éléments dans une interface graphique pour que votre site puisse fournir l'itinéraire. C'est un investissement de temps énorme que de travailler sur une solution susceptible de subir des changements d'ici à ce que vous ayez fini, si tant est que vous finissiez un jour. Vous pouvez sans doute le faire mais en avez-vous vraiment envie ? De nombreuses solutions existantes sont déjà disponibles (comme Google ou Bing Maps ou encore MapQuest). Profiter de l'existant consiste alors simplement à insérer du contenu dans votre site et à consacrer votre temps, votre énergie et votre argent à d'autres activités.

Insérer le meilleur du contenu Web dans votre site est un moyen simple d'exploiter la puissance de services que d'autres ont créé et mettent à votre disposition. Il ne s'agit pas seulement de cartes mais aussi de galeries photos, de listes de restaurants avec des avis, de vidéos classées par contenu avec des commentaires et d'innombrables combinaisons de tout cela. Ce chapitre vous explique comment extraire et utiliser du contenu dans vos pages Web, pas uniquement pour vous faciliter la vie mais aussi pour insérer des informations utiles dans votre site en vous épargnant la corvée des mises à jour.

Qu'est-ce que l'insertion de contenu ?

Quand nous parlons d'*insertion de contenu*, nous ne pensons pas à voler de la matière ou à briser des tabous d'Internet. Nous entendons simplement suivre des règles établies fournies par des sociétés, des individus ou des organismes qui en autorisent d'autres (vous, par exemple) à présenter leur travail sur votre site. En d'autres termes, il s'agit de tirer profit des nouvelles, des services et des informations (cartes sur Google, Bing ou MapQuest, par exemple) auxquels le public peut accéder et qu'il peut réutiliser gratuitement.

L'avantage est que si vous regardez bien autour de vous, vous allez trouver des tas d'éléments intéressants que vous êtes invité, voire encouragé, à utiliser dans votre propre site. Ainsi, vous économisez du temps et des efforts mais ce n'est pas tout. Vous créez et développez un site Web plus dynamique qui se charge du travail de maintenance et de mise à jour sans vous obliger à passer chaque seconde à y travailler.

Dans les sections suivantes, vous trouverez des exemples qui vous aideront à comprendre ce qu'implique l'insertion de contenu dans une page Web, comment ça fonctionne et à quoi ça ressemble.

Utiliser un widget Twitter

Si vous n'avez jamais entendu parler (ou été sur) Twitter, nous vous félicitons de vous réveiller enfin de ce long sommeil et vous souhaitons la bienvenue dans le 21ème siècle. Certes, le skateboard volant n'a pas encore été inventé mais Twitter et d'autres services de réseau social ont envahi Internet.

En quelques mots, Twitter est une interface d'outil de communication dans laquelle les utilisateurs mettent à jour leur statut ou blog sous forme de petits messages (140 caractères maximum) appelés *tweets*. L'ensemble des tweets d'un expéditeur est appelé flux Twitter. Généralement, les utilisateurs se connectent pour suivre un ou plusieurs flux et tous les tweets qu'il contient.

Certains blogueurs Twitter (la plupart) postent constamment des informations banales (ce qu'ils ont mangé au petit déjeuner ou ce qu'ils portent) qui peuvent paraître sans intérêt. D'autres blogueurs, comme nous par exemple, utilisent Twitter pour aider à construire des communautés, répondre à des questions, interagir avec des lecteurs, rester en contact avec des amis, etc.

Comme beaucoup de technologies, Twitter peut ajouter de la valeur à votre site Web s'il est bien utilisé. L'exemple parfait consiste à insérer votre propre flux Twitter (ou celui d'un tiers) dans votre site. Ce flux se met automatiquement à jour avec les nouveaux tweets. Les mises à jour, sauvegardes et téléchargements manuels sont inutiles. Mieux encore, Twitter propose des widgets personnalisés pour vous faciliter l'insertion de flux dans vos pages.

Supposons que nous voulions insérer notre propre flux Twitter dans une page HTML. Ainsi, dès que nous ajoutons un tweet, le message s'affiche dans Twitter mais il met automatiquement à jour notre page Web, sans aucune intervention de notre part.

Nous devons d'abord créer un widget de profil Twitter pour décrire notre flux et le partager avec le monde. Pour ce faire, nous allons sur `http://twitter.com/goodies/widget_profile`.

La Figure 15.1 représente une page de profil Twitter. Mais avant, observez le widget de profil proposé à l'URL précédente. Pour commencer, rendez-vous sur le lien Twitter. Si vous avez déjà un compte Twitter, votre nom d'utilisateur est automatiquement renseigné. Si vous n'avez pas de compte, vous pouvez saisir le nom que vous voulez utiliser sur votre page Web. Le nom de compte qui s'affiche par défaut est "Twitter" à moins que vous ayez extrait ou utilisé un nom personnalisé. Vous devez créer un compte et vous identifier avant de découvrir et d'utiliser les widgets Twitter ou les boutons visibles au bas de la Figure 15.1.

Nous n'entrons pas dans les détails mais sachez que vous pouvez actualiser les préférences, l'apparence et les dimensions de votre widget de flux Twitter pour personnaliser son aspect sur votre page Web.

Après avoir modifié tout ou partie de ces éléments, cliquez sur le bouton Terminer et Récupérer le code, également illustré dans la

Figure 15.1. Vous pouvez couper et coller ce script dans Notepad ou votre éditeur de texte préféré pour le sauvegarder.

Ensuite, il ne vous reste plus qu'à coller le code dans le corps d'une page (X)HTML, enregistrer le fichier et afficher la page dans un navigateur Web. La Figure 15.2 montre un flux Twitter sur un site Web.

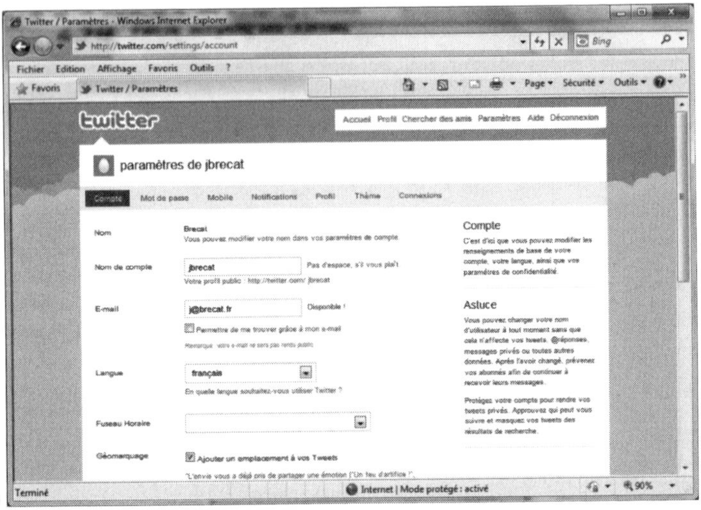

Figure 15.1 : La page du widget de profil Twitter.

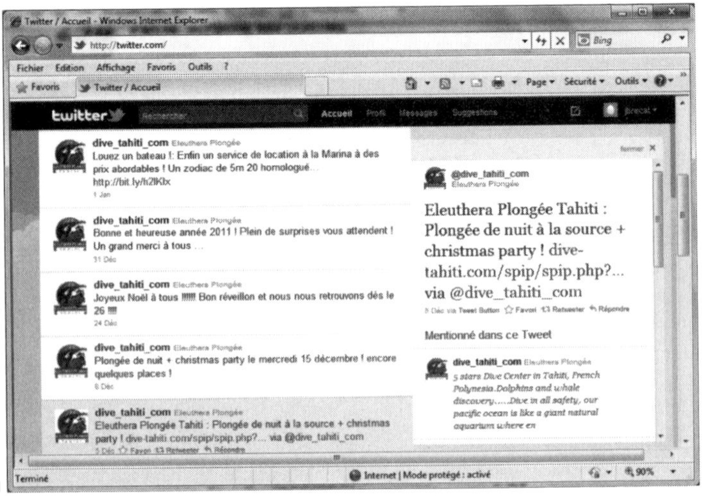

Figure 15.2 : La page de flux Twitter.

Pour découvrir d'autres widgets Twitter, visitez `http://twitter.com/widgets`. Vous y trouverez différents widgets qui fonctionnent avec des sites Web classiques (Mon Site Web) et Facebook. Ils incluent d'autres éléments tels qu'un widget de recherche, un widget de favoris et un widget de listes pour permettre aux utilisateurs de rechercher des tweets, d'afficher leurs favoris ou de lister des éléments de tweet spécifiques sur une page.

Travailler avec Flickr

Nous partageons l'avis de nombreux experts et passionnés selon lequel Flickr est l'une des meilleures applications de gestion et de partage de photos. Elle permet notamment de télécharger et de rassembler des photos, de créer vos propres diaporamas ou même de partager vos photos dans un diaporama automatisé. Pourquoi vous parlons-nous de tout cela ? Parce que vous pouvez aussi insérer des photos Flickr dans vos propres pages Web.

Yahoo! est propriétaire de Flickr. Un identifiant et un mot de passe Yahoo! suffisent pour s'identifier. Si vous n'en avez pas, vous devez créer un compte Yahoo! avant de pouvoir utiliser Flickr. Sachez que les comptes Yahoo! sont gratuits et ouverts à tous, sans aucune arnaque. Nous ne nous attardons pas sur la création du compte et sommes convaincus que vous êtes capable de vous identifier sans notre aide. Après vous être identifié et avoir téléchargé quelques photos, vous pouvez visualiser votre galerie de photos, comme le montre la Figure 15.3.

Cliquez sur Diaporama, le texte gris servant de lien, situé dans le coin supérieur droit de la fenêtre Flickr, sous la zone Rechercher (voir la Figure 15.3). Quand vous cliquez sur ce lien, vous basculez dans une nouvelle page qui affiche les photos de la galerie dans un format plus grand. Ces photos défilent automatiquement mais vous disposez aussi de plusieurs contrôles. Par exemple, vous pouvez cliquer sur l'une des miniatures pour l'afficher, interrompre le diaporama quand vous le souhaitez ou afficher les images en mode plein écran.

Si votre galerie en vaut la peine, vous pouvez envoyer un lien à vos amis et vos proches pour qu'ils puissent profiter de vos clichés. Pour en revenir à notre sujet, nous voulons vous expliquer comment insérer une galerie Flickr dans votre site. Comme avec Twitter, l'opération est très simple. Agissez comme suit :

1. **Cliquez sur Partager, situé en haut à droite.**

   Cliquez sur l'élément pendant l'affichage du diaporama.

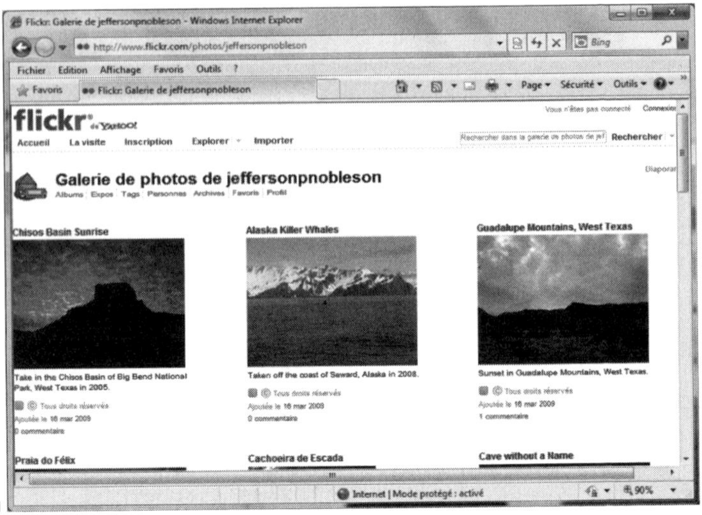

Figure 15.3 : Une galerie de photos Flickr.

2. **Cliquez sur le bouton Copier dans le presse-papiers, sous la zone de texte Copier le code HTML incorporé.**

3. **Ouvrez la page Web cible et collez l'élément** `object` **du presse-papiers dans la section** `body` **de la page.**

L'insertion de Flickr dans une page présente l'avantage suivant : dès que vous téléchargez une nouvelle photo de Flickr dans votre galerie, elle s'affiche automatiquement dans la galerie de votre nouvelle page HTML !

Créer une carte

Une carte illustre parfaitement la puissance de l'insertion de contenu. Disons qu'Ed organise une fête et crée un site Web pour fournir à ses amis les modalités de la soirée et une carte de sa ville, Austin, au cas où ils se perdraient. Il peut faire quelque chose comme l'illustration de la Figure 15.4.

Au début de ce chapitre, nous expliquons à quel point il est laborieux de dessiner une nouvelle carte comme celle proposée ci-dessous. Nous avons exporté cette image dans une page Web statique en utilisant l'élément `<img src>`. Les visiteurs de cette page ont donc pu observer une carte brute, sans aucune interactivité, comme le montre la Figure 15.4

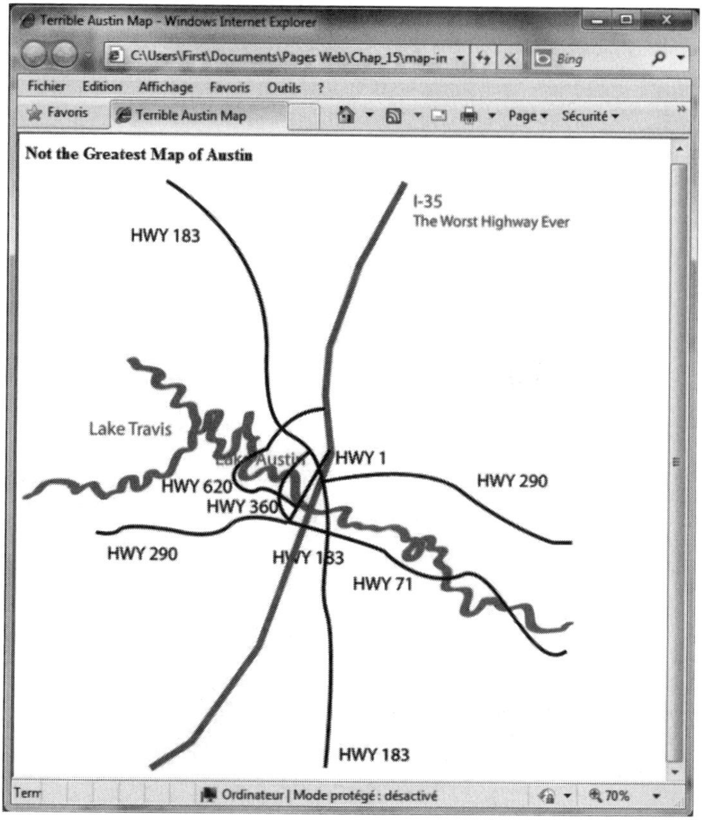

Figure 15.4 : Une carte d'Austin fade, dessinée à la main.

Une possibilité beaucoup plus intéressante consiste à obtenir une clé d'API Google Maps et à suivre les instructions du tutoriel gratuit pour créer un exemple de carte. Pour des raisons de concision, nous ne détaillons pas ces étapes. Après avoir créé l'exemple de carte, vous pouvez personnaliser la latitude et la longitude de la carte en fonction de la ville souhaitée. C'est indispensable sachant que par défaut Google propose une carte de l'Australie ! C'est à peu près tout ce qu'Ed doit faire pour sa fête.

Les visiteurs de cette page peuvent visualiser quatre versions différentes de la carte : une carte 2D, une vue satellite, une carte hybride (satellite plus 2D) ou une vue du terrain. Ils peuvent aussi utiliser l'interface de la carte pour naviguer vers la gauche, la droite, le haut et le bas et pour zoomer et dézoomer (du moindre détail à tout le continent).

Pour plus d'informations sur la création de votre propre carte Google, rendez-vous sur `http://code.google.com/apis/maps/documentation/javascript/tutorial.html`.

TRUC

Pour ceux qui ne connaissent pas la latitude et la longitude de leur ville, de nombreux sites Web fournissent cette information, notamment `http://stevemorse.org/jcal/latlon.php`.

Autres insertions à tester

Les exemples précédents ne représentent que quelques services que vous pouvez insérer gratuitement dans votre site Web. Ce n'est que le début ! Il est techniquement possible d'en insérer des centaines d'autres mais cela en vaut-il vraiment la peine ? Quoi qu'il en soit, nous vous proposons quelques "meilleurs éléments du Web" dignes d'intérêt :

- **YouTube** (`www.youtube.com`) pour la diffusion vidéo en ligne.
- **Picasa** (`http://picasa.google.com`) pour la gestion de photos en ligne.
- **Scribd** (`www.scribd.com`) pour le partage de documents Web.
- **SlideShare** (`www.slideshare.net`) pour le téléchargement et le partage de présentations.
- **AddThis** (`http://addthis.com`) pour le partage de contenu sur votre site Web.

Honnêtement, nous ne pouvons pas traiter le meilleur du meilleur en détail étant donné le nombre impressionnant de sites qui ont ce statut. Certains diront que chacun de ces services mérite un livre de la taille de celui que vous avez entre les mains pour maîtriser ses concepts et possibilités. Dans notre cas, notre objectif est de vous montrer ce qu'il est possible de faire et de vous informer que le Web regorge d'éléments similaires à exploiter.

Mashups : deux sites ou plus

En musique, un *mashup* est un morceau ou une composition obtenue en mixant deux titres ou plus pour créer quelque chose de neuf et de différent. Par exemple, en 2004, l'album controversé, *The Grey Album*, de DJ Danger Mouse, résultait de la combinaison de son du *White Album* des Beatles et de chant de *The Black Album* du rappeur Jay-Z. Les deux artistes n'ont jamais travaillé ensemble, ils ne partagent pas le même genre musical et il n'existe aucun lien historique entre les deux albums. Néanmoins, DJ Danger Mouse a choisi ces albums, les a mélangés et les a utilisés pour créer quelque chose de neuf et d'intéressant.

Revenons au sujet de ce livre, c'est-à-dire le développement Web. Dans ce contexte, un mashup est très proche de son équivalent musical sauf que le son et le chant sont remplacés par des données ou des fonctionnalités de deux (ou plusieurs) services externes pour créer quelque chose de neuf et d'intéressant en ligne.

En clair, les mashups offrent la possibilité de combiner et de développer différents services de site Web pour créer une nouvelle fonctionnalité qui n'existait pas auparavant. Pourquoi vouloir faire ça ? Certains diraient "Juste parce que c'est possible" ou "Juste pour le fun", d'autres aimeraient produire le même effet sur le Web que DJ Danger Mouse dans les studios.

En écrivant ce livre, nous supposons que vous débutez en HTML et CSS. C'est pourquoi, nous n'attendons pas de vous que vous soyez capable d'utiliser chaque ligne de code dans chaque mashup. Cependant, nous pensons que vous devez savoir que les mashups existent et qu'ils font partie du Web. Notre but est de vous aider à comprendre ce que sont les mashups et comment ils fonctionnent.

Quand vous aurez progressé en programmation, vous pourrez vous attaquer à des projets consistant à créer vos propres mashups. Pour l'heure, sachez que de plus en plus d'applications et de sites Web ouvrent leurs services (ou au moins une partie) via des interfaces de programmation d'application (API) spécifiques permettant de les insérer et de les réutiliser dans d'autres sites. Mieux encore, d'innombrables communautés en ligne, tutoriels et documentations expliquent comment accéder aux API, aux données et aux services offerts par les meilleurs fournisseurs Web. Notez que certains services sont meilleurs que d'autres et que certains outils et API sont plus faciles à utiliser que d'autres. La crème de la crème se caractérise par des services et des outils qui frisent l'excellence.

Pour l'instant, ne soyez pas frustré de ne pas pouvoir créer de mashups. Contentez-vous de savoir qu'ils existent et qu'ils sont très pratiques. Pour mieux comprendre pourquoi ils valent la peine d'être cités, observez les exemples suivants.

Créer un mashup Yelp/Google Maps

Dans la section "Créer une carte", nous vous avons montré comment créer une carte Google pour des amis invités à une fête à Austin. Si vous n'avez jamais été à Austin, sachez que l'une des spécialités culinaires dignes d'intérêt, ce sont les tacos. Peut-être n'avez-vous jamais entendu parler de ces délices. Pour faire court, un taco est composé d'œufs, de pommes de terre, de bacon, etc. enroulés dans une tortilla et agrémentés de sauce (douce, épicée, verte, etc.). En fait, un taco est un excellent exemple de mashup d'aliments !

Imaginons que les invités de la fête souhaitent que nous leur proposions une liste des restaurants de tacos à Austin. S'ils n'ont pas confiance en notre avis culinaire, nous pouvons créer un mashup qui recense l'avis d'une partie de la population d'Austin sur différents restaurants de taco. Voici une recherche dans Yelp qui fournit ce genre d'information : `www.yelp.com/search?find_desc=breakfast+tacos&ns=1&find_loc=Austin%2C+TX`.

Nous pouvons envoyer à nos amis un lien vers Yelp qui renvoie plus de 600 résultats avec des avis et des commentaires de vraies personnes. Cette information utile vise à fournir à nos amis une multitude d'avis et de données sur les restaurants de tacos à Austin.

La liste de Yelp contient aussi les adresses et les numéros de téléphone. Toutefois, à elle seule, cette liste de Yelp n'indique pas où sont situés les différents restaurants. Ajouter la possibilité de les localiser, c'est tout l'art des mashups et ce qui fait leur force. C'est donc ce que nous faisons et nous fournissons à nos amis une carte et les adresses pour qu'ils ne se perdent pas et ne meurent pas de faim dans les rues de la ville.

Dans la Figure 15.5, la petite carte sur le côté droit de la page est un parfait exemple de mashup. En effet, Yelp présente ses données (les adresses des différents établissements) sur une carte Google d'Austin. Tout comme pour la carte de la section précédente, nos amis peuvent zoomer et s'orienter et disposent en plus de marqueurs Yelp qui localisent les restaurants recensés sur le site. La combinaison est plus efficace que chaque élément séparé, n'est-ce pas ?

Cliquez sur le lien Mo' Map pour agrandir la petite carte par défaut et afficher plus clairement les marqueurs. Cliquez sur Less Map pour revenir au format initial mais avec plus d'informations (vue par défaut). Astucieux, vous ne trouvez pas ? Ce n'est pas révolutionnaire mais si vous survolez les quelques marqueurs de la carte, vous affichez les informations Yelp sur la carte Google. Double-cliquez sur l'un des marqueurs pour basculer sur la page de Yelp contenant les informations détaillés sur le restaurant. Ainsi, Yelp a combiné ses données sur les restaurants de tacos (localisation, avis, commentaires, adresses, etc.) avec un plan Google pour tirer le meilleur des deux univers.

Vous devez certainement vous dire : "Super mais c'est le travail de Yelp. Je suis sûr qu'ils ont d'excellents programmeurs qui ont simplement retroussé leurs manches et se sont mis au travail." C'est vrai mais vous pouvez avoir la même approche pour créer vous-même un mashup.

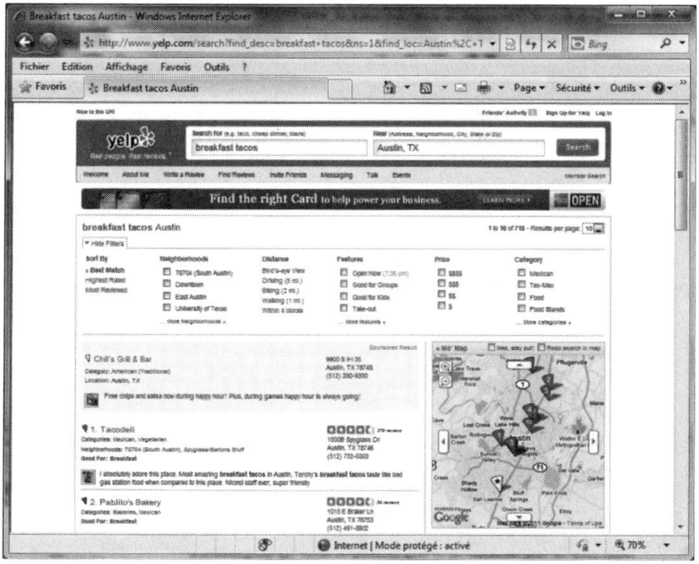

Figure 15.5 : Yelp combine ses adresses et avis avec un plan Google.

Nous avons décidé de développer cette idée (comme le montre la Figure 15.6) dans un site Web que l'auteur Jeff Noble et son ami Ron Norman ont créé pour s'amuser. En suivant la démarche de Yelp, ils ont accédé à son API (souvenez-vous, l'interface de programmation d'application, c'est-à-dire des liens de programmation qui permettent à des services de communiquer via une page Web) pour afficher les informations de Yelp sur les restaurants de tacos dans une carte satellite Google. Le résultat est illustré dans la Figure 15.6 et disponible en ligne sur `www.breakfasttacomap.com`.

Notez comment nous avons personnalisé les marqueurs avec des petites icônes en forme de tacos. Vous pouvez en faire autant ! Toutes sortes de personnalisations astucieuses sont possibles quand vous créez vos propres mashups.

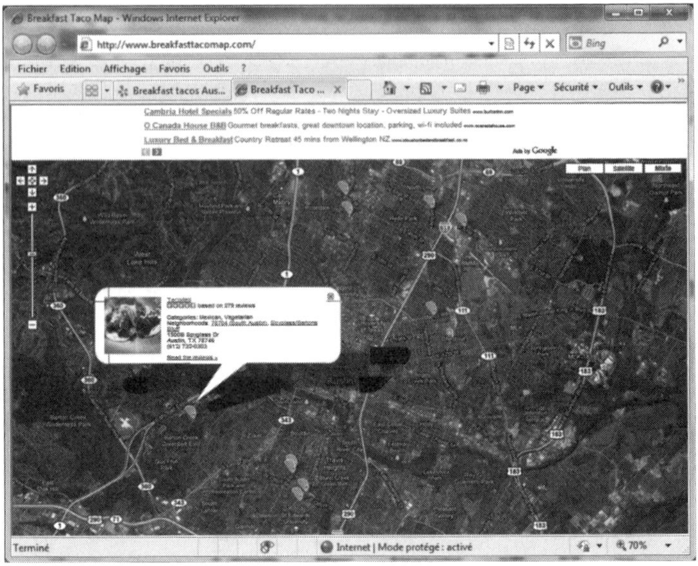

Figure 15.6 : Mashup fait maison d'une carte de tacos.

Pour plus d'informations, consultez ces ressources :

- **Google Maps JavaScript API V3** sur `http://code.google.com/apis/maps/documentation/javascript/examples/index.html`.
- **Yelp for Developers** sur `www.yelp.com/developers/documentation`.

Créer un mashup Twitter/Google Maps

Dans les sections précédentes, nous vous avons montré comment insérer des données de Yelp dans un mashup Google Maps. Nous avons aussi traité de l'insertion d'un flux Twitter dans une page. Pourquoi ne pas créer un mashup Twitter/carte ?

Par exemple, imaginons que vous vouliez créer un mashup qui affiche une carte de Round Rock au Texas (où vit l'auteur Ed Tittel) qui localise les tweets de la population et leur contenu, comme un moyen de se tenir informé de ce qu'il se passe en ville. Nous pensons que le principal avantage des mashups et des insertions de contenu est qu'ils évitent de "réinventer la roue". C'est là qu'intervient le travail du gourou de la carte, Adam DuVander, avec son intéressant mashup Twitter/carte, disponible sur `http://mapscripting.com/twitter`.

Dans notre exemple (voir la Figure 15.7), Adam charge automatiquement une carte Google de l'endroit où vous vous trouvez (ou du lieu d'implantation de votre fournisseur d'accès Internet pour ceux qui vivent dans la campagne profonde) et les tweets récents de la zone encerclée sur la carte. Dans la Figure 15.7, nous avons cliqué sur un marqueur de la carte pour afficher le tweet d'un habitant qui a visiblement un problème d'électricité.

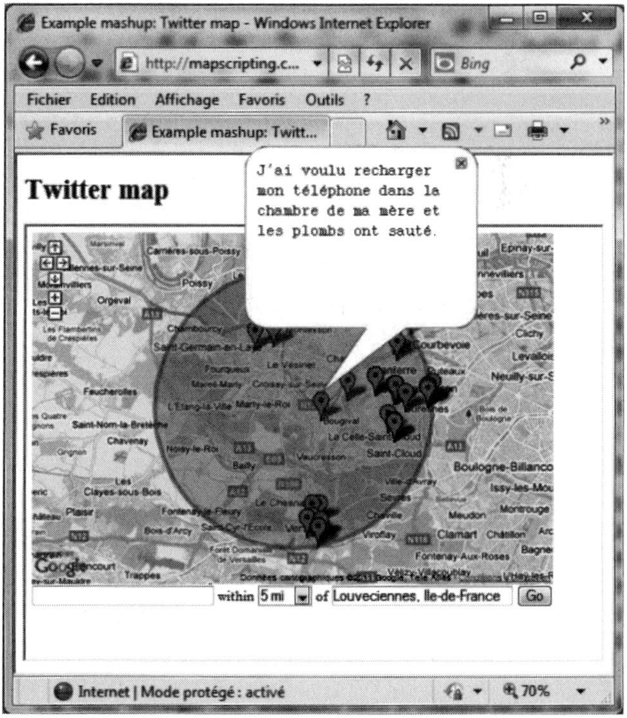

Figure 15.7 : Recherche possible par sujet et par lieu.

Pour ajouter plus de possibilités, Adam a inclus des contrôles dans ce mashup carte/tweet. En utilisant ces contrôles, les visiteurs peuvent rechercher les tweets dans d'autres lieux (les contrôles proposés sous la carte, à droite, permettent de modifier la distance). Vous pouvez aussi rechercher des tweets par sujet en utilisant la zone de recherche située à gauche, sous la carte.

Une fois de plus, nous admettons qu'Adam est un expert et que des illustrations comme son mashup tweet/carte devraient vous inspirer et vous montrer que tout est possible. Si vous vous basez sur les fondements présentés dans ce livre, vous pourrez vous aussi, un jour, utiliser vos compétences en XHTML, CSS et JavaScript pour créer des mashups comme celui-ci.

Pour en savoir plus sur la création de cartes, nous vous recommandons de vous plonger dans le livre en ligne d'Adam : *Map Scripting 101*, disponible sur `http://mapscripting.com/book`. Pour visualiser d'autres mashups de cartes d'Adam, visitez `http://mapscripting.com/example-maps`. Si vous n'en avez toujours pas assez et voulez devenir incollable en mashups, consultez la page Web "How to make your own Web mashup" disponible sur `www.programmableweb.com/howto`.

Chapitre 16

S'amuser avec des scripts côté client

Dans ce chapitre :

- Utiliser les rollovers d'image et de texte.
- Ajouter du contenu dynamique.
- Utiliser des cookies.
- Afficher des fenêtres pop-up.

Si vous êtes du genre à passer vos journées dehors, vous pouvez faire grimper votre adrénaline en escaladant une montagne, en faisant du VTT sur des sentiers à pic ou en inventant un autre sport, comme la pêche en parachute ou la plongée dans les égouts. Si vous lisez ce livre, il est probable que vous soyez devant votre ordinateur en train d'essayer de créer un site Web. Si tel est le cas, nous avons une autre idée pour avoir des montées d'adrénaline : le HTML dynamique !

Le HTML dynamique, ou *DHTML*, est un terme technique pour désigner un jeu de technologies très utiles et très puissantes. C'est une combinaison de HTML, de feuilles de style en cascade (CSS), du modèle objet de document (DOM) et de JavaScript. Si vous utilisez ces quatre technologies conjointement, vous faites du DHTML.

Le DHTML est un peu comme un document imprimé dans lequel le DOM serait l'encre, JavaScript la police, CSS la couleur et HTML le papier. Chaque élément est utile mais c'est leur combinaison qui est véritablement efficace. Si vous pouvez les faire fonctionner ensemble, vous pouvez parler DHTML.

Dans ce chapitre, nous vous montrons comment utiliser DHTML et les technologies qui le composent pour créer du contenu actif dans vos pages Web. Nous étudions notamment comment créer des rollovers, ajouter du contenu dynamique dans une page, afficher des fenêtres pop-up et utiliser des cookies.

Ajouter des rollovers dans des pages

Si vous êtes novice en HTML, vous ne savez sans doute pas en quoi consiste un *rollover*. En fait, il s'agit sans doute de l'usage le plus fréquent du DHTML sur le Web. C'est une instruction qui anime votre page Web lorsque le pointeur de la souris passe sur une image ou un texte. Autrefois, il était courant de créer des rollovers avec des solutions JavaScript/HTML/CSS mais aujourd'hui CSS suffit. Gardez toujours cette remarque à l'esprit et amusez-vous !

Les rollovers de texte avec CSS

Pendant des années, la seule option disponible pour créer un rollover a été de créer des images de boutons puis de les "activer" avec du JavaScript. Toutefois, maintenant que CSS est supporté par les nouvelles versions des navigateurs, il existe une autre option pour créer des rollovers sans utiliser d'images.

Les rollovers de texte présentent des avantages et des inconvénients par rapport aux rollovers d'image :

- **Les avantages :** Le texte est plus rapide et plus significatif pour les moteurs de recherche et il est toujours plus facile d'ajouter du texte à une page que de créer deux images puis de les y ajouter, comme c'est le cas pour un rollover d'image. Par ailleurs, vous n'avez pas à vous soucier du préchargement, du suivi et de la maintenance des images.
- **Les inconvénients :** Même si vous pouvez contrôler la police, le style et les bordures du texte, vous ne pouvez pas reproduire tous les effets que vous pouvez réaliser avec des images en utilisant un programme comme Adobe Photoshop (ou un programme similaire). Ces effets visuels englobent l'anticrénelage, les ombres portées et l'animation. Sachez toutefois que vous pouvez appliquer de tels effets en utilisant HTML 5 et CSS3, respectivement traités dans les Chapitres 19 et 20. En outre, cette méthode fonctionne seulement dans des navigateurs récents. Si vos visiteurs utilisent un navigateur de ce siècle, vous ne devriez pas rencontrer de problème).

La Figure 16.1 représente une page Web qui contient deux liens sous la forme de rollovers de texte : *Accueil* et *A propos*. Lorsque le curseur passe sur l'un des liens, comme dans la Figure 16.2, la version survolée du lien affiche du texte blanc sur fond noir au lieu du texte turquoise sur fond blanc pour les liens non visités et du texte gris sur fond blanc pour les liens visités. Le Listing 16.1 indique le HTML et le CSS requis pour produire cet effet de rollover.

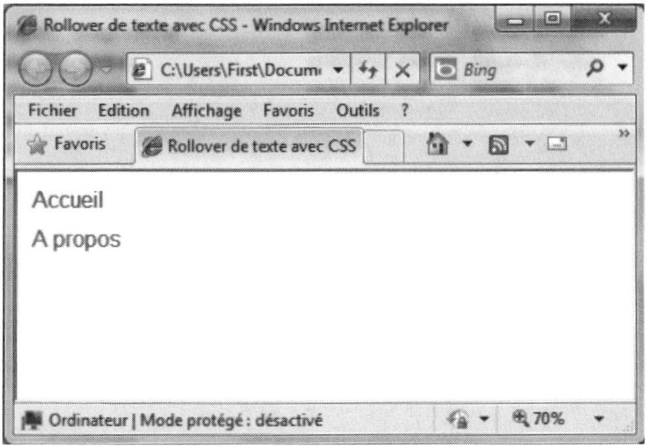

Figure 16.1 : Une page qui contient des rollovers de texte gérés avec CSS.

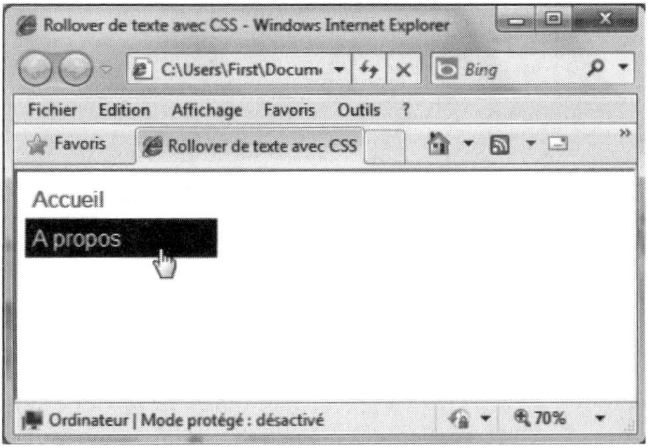

Figure 16.2 : Déplacer le curseur de la souris sur le lien modifie la couleur du texte et de l'arrière-plan.

Cet effet persiste même si vous utilisez le lien pour visiter la page. La Figure 16.3 montre à quoi la page ressemble une fois que vous avez cliqué sur le lien pour accéder à la page d'accueil du site. Même si le lien est grisé parce qu'il a été activé, le rollover fonctionne toujours : le survol du lien avec le curseur produit le même effet que dans la Figure 16.2.

Listing 16.1 : Un rollover de texte avec CSS.

```
<!DOCTYPE html PUBLIC "-//W3C//DTD XHTML 1.0 Transitional//EN"
        "http://www.w3.org/TR/xhtml1/DTD/xhtml1-transitional.dtd">
<html xmlns="http://www.w3.org/1999/xhtml">
<head>
  <title>Rollover de texte avec CSS</title>
  <meta http-equiv="Content-Type" content="text/html;
     charset=ISO-8859-1" />
  <style type="text/css">
      h4 {font: 18px geneva, sans-serif; margin: 0; color: teal;
           background: white;}
      a {text-decoration: none;}
      div#navbar {width: 200px;}
      div#navbar a {display:block; margin: 0; padding: 0.3em;}
      div#navbar a:link {color: #008080; background-color:
          transparent;}
      div#navbar a:visited {color: #C0C0C0; background-color:
          transparent;}
      div#navbar a:hover {background: black; color: white;}
  </style>
</head>
<body>
<div id="navbar">
  <h4><a href="index.html">Accueil</a></h4>
  <h4><a href="apropos.html">A propos</a></h4>
</div>
</body>
</html>
```

Rien de plus simple que d'ajouter ce type de navigation dans votre site :

1. **Dans les balises** `<head>`**, ajoutez le code précédent (du Listing 16.1) ainsi que les balises** `<style>` **et** `</style>`**.**

2. **Ajoutez les liens dans chaque balise** `<h4>`**.**

3. **Vérifiez que tout le menu se trouve dans une balise** `<div>` **dont l'attribut** `id` **vaut** `navbar`**.**

Si vous ajoutez le CSS à votre site via un lien vers une feuille de style externe (voir les Chapitres 9 et 10 pour plus d'informations sur les

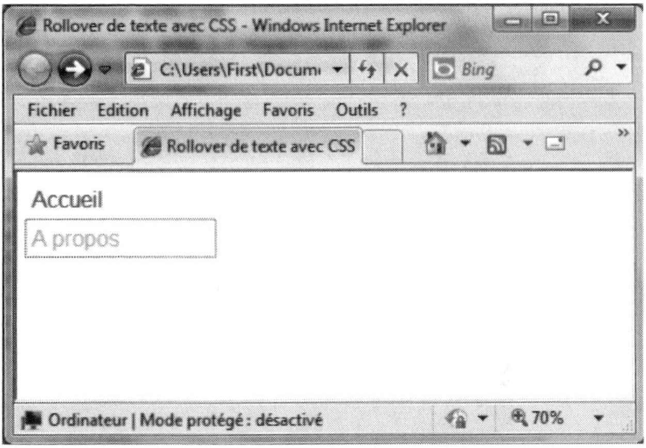

Figure 16.3 : Une fois que vous avez visité la page ciblée par le lien, la couleur du texte du lien change pour refléter cette visite.

feuille de style), vous pourrez ajouter, modifier ou supprimer des liens dans la barre de menu de votre site à tout instant sans avoir à retoucher une seule ligne de CSS ou de JavaScript. Il vous suffira d'ajouter ou de modifier les balises `<a href>`. Pratique, non ?

Les rollovers d'image avec CSS

Maintenant que vous maîtrisez les rollovers de texte, passons aux rollovers d'image. Imaginons que vous ayez une image basique et que vous vouliez la remplacer par une autre image quand un visiteur de votre site Web la survole. Autrefois, il fallait utiliser JavaScript pour gérer les mécanismes de rollover d'image. Heureusement pour vous, aujourd'hui CSS se charge de tout. En guise d'exemple, nous allons jouer avec la tête de Jeff (réellement).

Nous utilisons un peu de CSS pour visuellement masquer une image et la remplacer par une autre. En fait, c'est vraiment une seule image qui a été créée en superposant deux images, l'une au-dessus de l'autre. Nous utilisons quelques petites astuces de mise en forme pour gérer le comportement du rollover avec CSS en décalant notre image de référence vers la droite quand le curseur la survole.

La Figure 16.4 représente l'image (en fait, ce sont vraiment deux images). La Figure 16.5 illustre la page Web de l'image mise en forme avec une partie cachée. Quand le curseur survole l'image en noir et blanc, comme dans la Figure 16.6, la version survolée de l'image s'affiche (en couleur). Le Listing 16.2 représente le HTML et le CSS que nous utilisons pour produire cet effet de rollover.

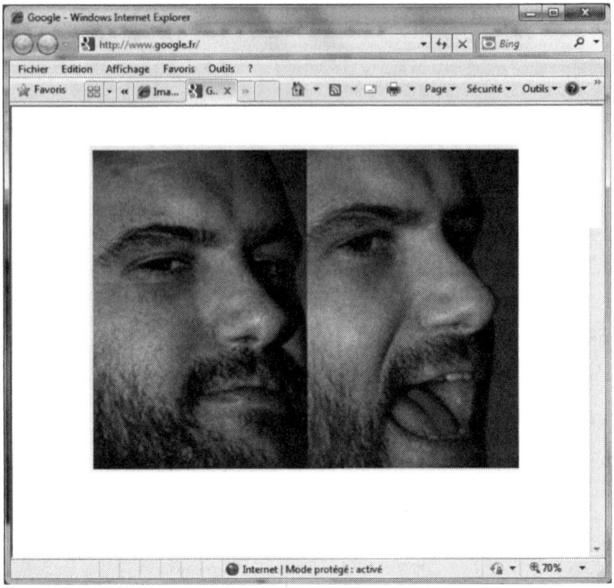

Figure 16.4 : Une image composée de deux photos de l'auteur, Jeff Noble.

Figure 16.5 : La page affichant l'image de référence de Jeff (en noir et blanc).

Figure 16.6 : Quand le curseur survole la tête de Jeff, l'image en couleur apparaît.

Listing 16.2 : HTML et CSS créant un effet de rollover.

```
<!DOCTYPE html PUBLIC "-//W3C//DTD XHTML 1.0 Transitional//EN"
        "http://www.w3.org/TR/xhtml1/DTD/xhtml1-transitional.dtd">
<html xmlns="http://www.w3.org/1999/xhtml">
<head>
  <meta http-equiv="Content-Type" content="text/html;
      charset=iso-8859-1" />
  <title>Rollover d'image</title>
  <style type="text/css">
      body {margin: 0px; padding: 0px;
            background-image:url(images/background-page.gif);}
      #top{width: 580px; height: 351px; background-image:url(images/
           header.gif)}
      #container{margin: 0px auto; width: 580px}
      #content{ background-color:#001021; margin-left: 6px;
              margin-right: 5px;}
      .jeffPhoto {width: 251px; height: 376px;
                  background-image:url(images/jeff.jpg);margin: 0px
```

```
                  auto;}
        .jeffPhoto:hover{background-position: -251px 0px}
        .caption{color:#FFF; width: 251px; margin: 0px auto;
                  text-align:center;
                  font-family:Verdana, Geneva, sans-serif}
    </style>
  </head>
  <body>
    <div id="container">
    <div id="top"></div>
    <div id="content">
    <div class="jeffPhoto"></div>
    <div class="caption">Survol de ma tête !</div>
    </div>
    </div>
  </body>
  </html>
```

C'est l'astuce de la position de l'arrière-plan lors du survol qui permet de basculer de l'image en noir et blanc à gauche à l'image en couleur à droite. En modifiant la première valeur à `-251px`, l'image se décale vers la droite et dévoile la "moitié" droite (en couleur).

Rollovers de boutons personnalisés avec CSS

Maintenant que les rollovers de texte et d'image n'ont plus de secret pour vous, vous pouvez vraiment optimiser votre site Web en combinant des aspects des deux rollovers pour créer des boutons personnalisés.

Autrefois, les boutons étaient créés en utilisant des images avec du texte par-dessus. Cette méthode fonctionnait bien mais nécessitait de créer une foule d'images avec des rollovers. Cela prenait beaucoup de temps en termes de création et de maintenance, sans compter le long chargement des images quand les visiteurs venaient sur le site.

Fini ! Vous pouvez créer des boutons basiques et utiliser CSS pour modifier leur apparence, comme l'indique le Chapitre 12. Cette technique fonctionne mais elle ne procure pas à votre site le dynamisme qu'il mérite. Une méthode plus élégante consiste à créer des boutons avec la technique CSS des "portes coulissantes" qui implique d'utiliser plusieurs images adaptées à la largeur de votre texte HTML.

Nous vous défions de rassembler vos nouvelles compétences et de tester cette technique tout seul. Nous vous confions à Janko Jovanovic, un vrai maître dans l'art des boutons fantaisie pour la technique des portes coulissantes. Suivez son tutoriel et testez-la vous-même. Peut-être que vous pourrez même l'améliorer grâce à votre savoir ! Visitez "Janko At Warp Speed" sur `www.jankoatwarpspeed.com/post/2008/04/30/make-fancy-buttons-using-css-sliding-doors-technique.aspx`.

Travailler avec les cookies

Dès que nous commençons à parler de cookies, il nous vient l'idée d'attraper un verre de lait. Mais nous nous rappelons alors que nous parlons des cookies pour le Web, qui ne sont pas comestibles. À défaut, vous les trouverez très utiles lorsque vous créerez votre site Web.

Un *cookie* vous permet de conserver des informations sur l'ordinateur d'un visiteur pour que vous puissiez y accéder ultérieurement. Les cookies sont un moyen efficace pour maintenir "l'état" de vos pages Web. Le code du Listing 16.3 lit et écrit deux cookies lorsqu'un visiteur charge la page :

- `pageHit` contient le nombre de fois où le visiteur a chargé la page.
- `pageVisit` contient la date et l'heure de la dernière visite du visiteur.

La Figure 16.7 représente la page après la première visite et la Figure 16.8 montre à quoi elle ressemble après plusieurs visites successives.

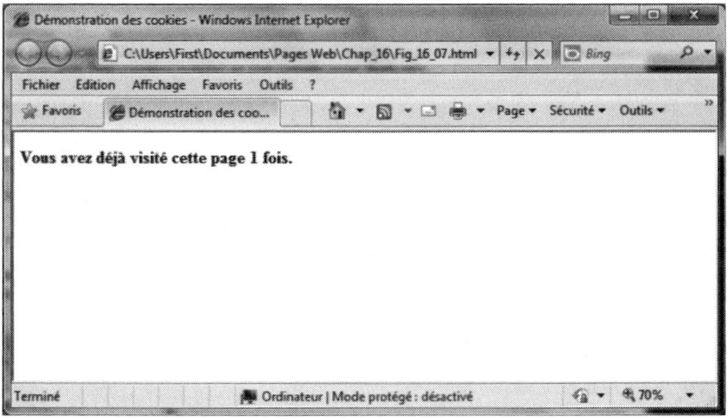

Figure 16.7 : Ce cookie sait que vous n'avez jamais visité la page auparavant.

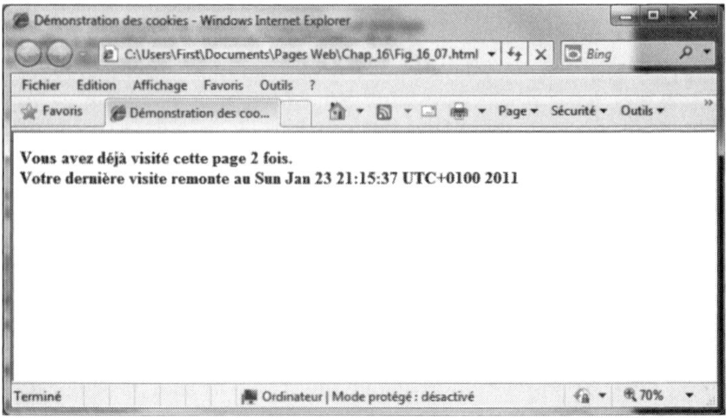

Figure 16.8 : Ces cookies savent non seulement que vous avez déjà visité la page mais aussi quand.

Listing 16.3 : Un script de gestion des cookies.

```
<!DOCTYPE html PUBLIC "-//W3C//DTD XHTML 1.0 Transitional//EN"
        "http://www.w3.org/TR/xhtml1/DTD/xhtml1-transitional.dtd">
<html xmlns="http://www.w3.org/1999/xhtml">
<head>
  <title>Démonstration des cookies</title>
  <meta http-equiv="Content-Type" content="text/html;
     charset=ISO-8859-1" />
  <script type="text/javascript" language="javascript">
<!--
  now = new Date
  expireDate = new Date
  expireDate.setMonth(expireDate.getMonth()+6)

  hitCt = parseInt(cookieVal("pageHit"))
  hitCt++
  lastVisit = cookieVal("pageVisit")
  if (lastVisit == 0) {
      lastVisit = ""
  }

  document.cookie = "pageHit="+hitCt+";expires=" + expireDate
                      .toGMTString()
  document.cookie = "pageVisit="+now+";expires=" + expireDate
                      .toGMTString()

  function cookieVal(cookieName) {
    thisCookie = document.cookie.split("; ")
     for (i=0; i<thisCookie.length; i++) {
```

```
            if (cookieName == thisCookie[i].split("=")[0]) {
                return thisCookie[i].split("=")[1]
            }
        }
        return 0
    }
-->
    </script>
</head>
<body>
<h2>
    <script type="text/javascript" language="javascript">
<!--
    document.write("Vous avez déjà visité cette page " + hitCt + "
                    fois.")
    if (lastVisit != "") {
        document.write("<br />Votre dernière visite remonte au " +
                        lastVisit)
    }
-->
    </script>
</h2>
</body>
</html>
```

Contrairement aux exemples précédents, le Listing 16.3 contient une section `<script>` dans l'en-tête et dans le corps :

- Les cookies sont lus et écrits dans le script de l'en-tête lorsque la page se charge.
- Le script du corps écrit dynamiquement le contenu de la page.

Suivez ces étapes pour ajouter le script de gestion des cookies à votre page :

1. **Copiez les deux sections `<script>` et placez-les aux endroits appropriés dans votre page.**
2. **Modifiez la section `<body>` qui contient le texte que vous souhaitez afficher dans la page.**

   Les lignes dans les instructions `document.write()` génèrent le texte à la volée dans le document.

Un cookie dispose d'une *date d'expiration* après laquelle il n'est plus disponible. Cet exemple crée des cookies qui expirent six mois plus tard. Si vous souhaitez que vos cookies vivent plus longtemps (ou qu'ils expirent plus tôt), modifiez le code JavaScript qui affecte une valeur à `expireDate`. Ainsi, l'exemple suivant repousse la date d'expiration de six mois :

```
expireDate.setMonth(expireDate.getMonth()+6)
```

Travailler avec jQuery et FancyBox

Dans le passé, il était courant d'utiliser des fenêtres pop-up pour présenter des informations supplémentaires sur son site Web. En fait, nous avons même traité cette technique dans la dernière édition de ce livre. Souvent surutilisées sur des sites Web peu scrupuleux et devenues trop envahissantes, les fenêtres pop-up sont désormais bloquées par la plupart des navigateurs… et c'est plutôt une bonne chose !

Pour remplacer les fenêtres pop-up, nous vous conseillons d'utiliser des lightbox. On dirait le nom d'une épée de Star Wars ou un outil utilisé par les photographes (on n'en est pas loin). Dans notre contexte, une *lightbox* est un outil qui affiche des images, du contenu HTML et multimédia sur une page Web.

Des dizaines de lightbox différentes sont disponibles sur Internet. Utilisez votre moteur de recherche préféré pour les tester si vous voulez en savoir plus. Dans cette section, nous nous intéressons uniquement à jQuery et FancyBox.

Si vous ne connaissez pas jQuery, imaginez-vous une bibliothèque JavaScript à laquelle vous pouvez faire référence sans écrire trop de code. Nous n'entrons pas dans les détails de jQuery dans ce livre. Il suffit de faire une recherche Web sur le sujet pour trouver plus d'informations. jQuery peut être utilisé pour créer une lightbox. Quelle coïncidence !

Pour créer une lightbox, suivez ces étapes :

1. **Téléchargez FancyBox sur** `http://fancybox.googlecode.com/files/jquery.fancybox-1.3.1. zip`**.**

   La page d'accueil de FancyBox est illustrée dans la Figure 16.9.

2. **Désarchivez les fichiers dans le dossier de votre site Web.**

3. **Créez une page HTML vierge et insérez les fichiers JavaScript nécessaires et le fichier FancyBox CSS (voir la Figure 16.10).**

4. **Insérez le code suivant dans ce document (dans la partie** `head`**) :**

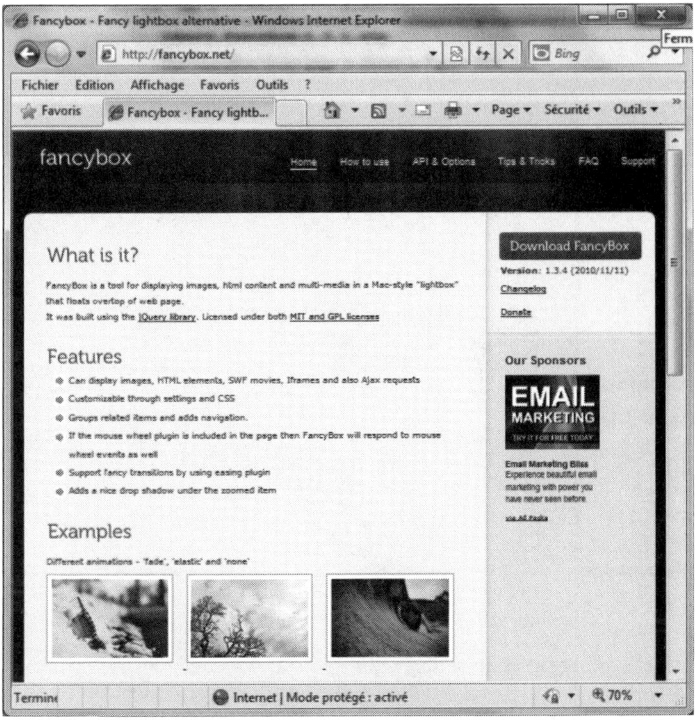

Figure 16.9 : La page d'accueil de FancyBox.

```
<script type="text/javascript"
  src="http://ajax.googleapis.com/ajax/libs/jquery/1.4/jquery
       .min.js">
</script>
<script type="text/javascript"
      src="fancybox/jquery.fancybox-1.3.1.pack.js"></script>
<link rel="stylesheet" href="fancybox/jquery.fancybox
         -1.3.1.css"
    type="text/css" media="screen" />
```

5. **Créez un lien pour lancer la lightbox.**

   Dans cet exemple (voir la Figure 16.11), nous utilisons une petite image pour en lancer une plus grande.

```
<a id="example" href="image/oldCoverLarge.jpg">
<img src="images/olCoverSmall.jpg" alt="Our Old Book Cover"
    border="0" /></a>
```

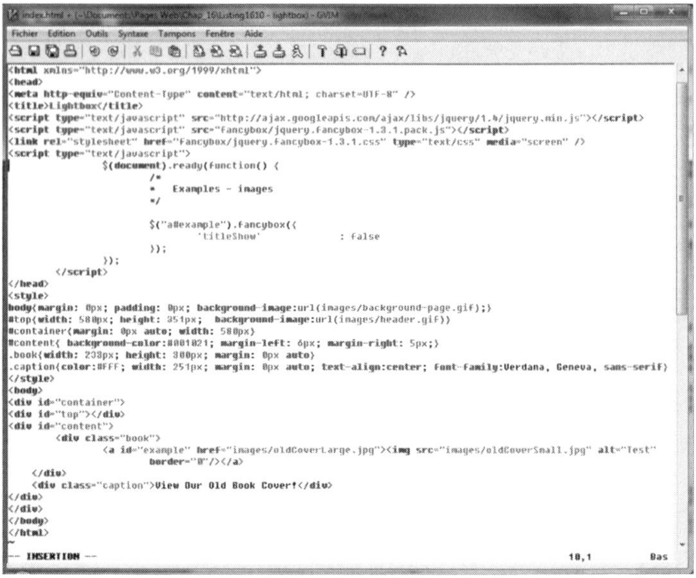

```
<html xmlns="http://www.w3.org/1999/xhtml">
<head>
<meta http-equiv="Content-Type" content="text/html; charset=UTF-8" />
<title>Lightbox</title>
<script type="text/javascript" src="http://ajax.googleapis.com/ajax/libs/jquery/1.4/jquery.min.js"></script>
<script type="text/javascript" src="fancybox/jquery.fancybox-1.3.1.pack.js"></script>
<link rel="stylesheet" href="fancybox/jquery.fancybox-1.3.1.css" type="text/css" media="screen" />
<script type="text/javascript">
		$(document).ready(function() {
			/*
			*   Examples - images
			*/

			$("a#example").fancybox({
				'titleShow'		: false
			});
		});
	</script>
</head>
<style>
body{margin: 0px; padding: 0px; background-image:url(images/background-page.gif);}
#top{width: 580px; height: 351px;  background-image:url(images/header.gif)}
#container{margin: 0px auto; width: 580px}
#content{ background-color:#001821; margin-left: 6px; margin-right: 5px;}
.book{width: 238px; height: 300px; margin: 0px auto}
.caption{color:#FFF; width: 251px; margin: 0px auto; text-align:center; font-family:Verdana, Geneva, sans-serif}
</style>
<body>
<div id="container">
<div id="top"></div>
<div id="content">
	<div class="book">
		<a id="example" href="images/oldCoverLarge.jpg"><img src="images/oldCoverSmall.jpg" alt="Test"
			border="0"/></a>
    </div>
    <div class="caption">View Our Old Book Cover!</div>
</div>
</div>
</body>
</html>
~
-- INSERTION --                                                    18,1          Bas
```

Figure 16.10: Code source HTML pour notre exemple de lightbox.

La Figure 16.11 montre comment la lightbox apparaît sur la page Web.

Petite touche de magie : nous ajoutons un peu de JavaScript pour permettre à la lightbox de travailler avec jQuery.

6. **Entrez le code suivant dans la section** head **de votre document :**

```
<script type="text/javascript">
$(document).ready(function() {
  $("a#example").fancybox({
        'titleShow': true
  });
});
</script>
```

Cet exemple vise à présenter ce qu'il est possible de réaliser avec ces outils.

Visitez les sites suivants pour plus de ressources sur cet exemple :

- **jQuery :** http://docs.jquery.com/How_jQuery_Works
- **FancyBox :** http://fancybox.net/howto

Figure 16.11 : Exemple de lightbox.

Testez les sites suivants pour trouver d'autres lightbox :

- **6 extensions de lightbox pour WordPress :** `http://franklin-bishop.net/6-lightbox-plugins-for-wordpress`
- **jQuery lightBox :** `http://leandrovieira.com/projects/jquery/lightbox`

Pour en savoir plus sur les bibliothèques JavaScript, consultez les sites suivants :

- **jQuery :** `www.jquery.com`
- **script.aculo.us :** `http://script.aculo.us`
- **MooTools :** `http://mootools.net`

N'OUBLIEZ PAS

Si vous tentez de suivre les différentes techniques illustrées dans ces chapitres, vous vous rendrez vite compte que nous ne décrivons aucune démarche en détail. Vous devrez charger des fichiers d'image dans les différents environnements (Flickr, par exemple) et vous assurer que les chemins d'accès aux fichiers et aux autres ressources sont corrects (sinon les images et les objets ne s'afficheront pas comme ils le devraient). Notre approche plutôt sommaire vise à vous aider à comprendre ce que vous devez faire.

Chapitre 17

Les systèmes de gestion de contenu

Dans ce chapitre :

- Comprendre les différences entre les systèmes de gestion de contenu et HTML.
- S'initier à WordPress, Drupal et Joomla!
- Personnaliser CSS en utilisant des systèmes de gestion de contenu.

Un système de gestion de contenu (SGC) est une application Web conçue pour faciliter la vie des utilisateurs non techniques pour ajouter, modifier et (vous l'aurez deviné) *gérer* un site Web. Un SGC est comme un site Web dopé : plus grand, plus fort et plus efficace. Cependant, un SGC peut être trop puissant dans certains cas et engendrer des effets indésirables.

Entre nous : vous pouvez maintenant fermer ce livre et utiliser SGC au lieu de HTML. Si seulement ça pouvait être vrai ! Beaucoup de personnes débutent avec HTML, XHTML et CSS et passent progressivement à SGC tandis que d'autres se lancent directement dans SGC et partent de là. Tout dépend de votre préférence et de votre aisance. Quoi qu'il en soit, que vous débutiez ou accédiez progressivement à SGC, sachez que vos connaissances en HTML, XHTML et CSS vous aideront pendant votre apprentissage de SGC (si vous choisissez cette option).

Comparer des sites SGC à des sites HTML

Le Tableau 17.1 décrit quelques différences entre un site SGC et un site HTML.

Tableau 17.1 : Comparaison de sites HTML et SGC.

Site SGC	Site HTML
Il se modifie n'importe où à l'aide d'un navigateur Web et d'un lien Internet.	Il se modifie dans les fichiers locaux et se charge sur un serveur Web.
Des connaissances en HTML, XHTML et CSS ne sont pas nécessaires mais utiles pour personnaliser.	Des connaissances en HTML, XHTML et CSS sont requises à moins d'utiliser un éditeur tel-tel (comme Dreamweaver).
L'accès peut être restreint pour certains utilisateurs.	Tout utilisateur avec un accès en écriture au dossier du serveur peut ajouter, modifier ou supprimer des fichiers HTML.
Difficile à installer à moins d'être assisté par un hébergeur Web.	Facile à installer.
Facile à mettre à jour, beaucoup de support automatisé.	Facile à mettre à jour, peu ou pas de support automatisé.
Nécessite une base de données pour stocker les informations.	Possible d'utiliser une base de données mais pas indispensable.

Sites et programmes SGC connus

Il existe certainement plus d'options SGC qu'il n'y a de pages dans ce livre. Les fans d'un SGC spécifique sont un peu comme les adeptes d'un art martial qui pensent que leur discipline est la meilleure de toutes. Sachez que nous ne nous attardons sur aucun SGC spécifique dans ce chapitre. En revanche, nous vous présentons trois des SGC les plus connus, WordPress, Drupal et Joomla! et en faisons rapidement le tour. Pour ceux qui veulent en savoir plus sur un ou plusieurs de ces systèmes, il existe des quantités de livres qui leur sont dédiés.

Nous avons fait le choix de ne pas traiter toutes les options SGC, d'une part parce qu'un chapitre n'est pas suffisant pour aborder tous les systèmes SGC et leurs possibilités, d'autre part parce qu'il est impossible de détailler chaque SGC dans si peu d'espace. Toutefois, nous comptons bien vous montrer pourquoi ils sont pratiques, intéressants et en vogue.

De nombreux hébergeurs Web proposent les systèmes SGC que nous avons choisi d'aborder (WordPress, Drupal et Joomla!) à leurs clients (souvent gratuitement, parfois non). Ce peut donc être un critère important lors du choix de votre hébergeur Web, notamment si vous décidez d'opter pour l'un de ces systèmes SGC.

WordPress

WordPress est communément connu en tant que système de blog mais s'est développé en un SGC complet. Il se présente sous forme de SGC multiplateforme dans une solution hébergée par ses développeurs (www.wordpress.com) et dans une solution auto-hébergée (www.wordpress.org). Les différences entre ces deux versions de WordPress sont minimes et votre choix dépendra de vos intentions et de la quantité de contrôle que vous souhaitez avoir sur votre site.

Généralement, la solution hébergée implique une installation plus simple et ne nécessite pas de téléchargement ni d'installation sur un serveur Web spécifique. D'un autre côté, la solution auto-hébergée offre plus d'options de personnalisation et un contrôle total de ses opérateurs. Dans les deux cas, une installation basique est gratuite (la version auto-hébergée est même libre ; vous pouvez donc télécharger, installer, modifier et partager le code WordPress). Avec une communauté de millions d'utilisateurs, des milliers de fonctionnalités sont disponibles avec des extensions et des thèmes que vous pouvez utiliser pour développer WordPress et sa liste déjà impressionnante de propriétés et de fonctions. La plupart des extensions et thèmes sont gratuits même si quelques produits payants font leur apparition.

WordPress se distingue des autres SGC car il est :

- extrêmement facile à utiliser ;
- très évolutif ;
- idéal pour les utilisateurs passionnés et les communautés de développeurs.

Drupal

Drupal est un SGC libre. Selon le site Web de Drupal (www.drupal.org), il s'agit d'un "kit logiciel gratuit qui permet à tout individu ou toute communauté d'utilisateurs de publier, de gérer et d'organiser facilement une grande variété de contenu sur un site Web". Drupal est réputé pour être un SGC robuste et bien conçu mais il est handicapé par une installation quelque peu difficile et une interface de gestion légèrement confuse. Comme WordPress, Drupal propose des modules supplémentaires que vous pouvez ajouter à un site Web pour étendre ses fonctionnalités. Aussi, des milliers de ces modules sont disponibles et prêts à être téléchargés et installés.

Les avantages de Drupal sont les suivants :

- Il est gratuit.
- Il supporte des options très flexibles en matière de mise en page et de création de page.
- Il est aussi très évolutif.

Il n'existe pas de version hébergée de Drupal disponible sur un site centralisé mais vous pouvez télécharger Drupal sur `www.drupal.org` et l'installer où bon vous semble !

Joomla!

Dans notre exposé de ce SGC, nous ignorons le point d'exclamation accolé à son nom, simplement pour le rendre plus lisible.

Joomla est un SGC libre offrant aux utilisateurs un contrôle total sur le site Web. Joomla est extrêmement puissant et fournit des fonctionnalités "prêtes à l'emploi" telles que la gestion des utilisateurs (comptes), le support multilingue, la gestion des modèles et un système d'aide et de support intégré. Tout comme WordPress et Drupal, Joomla supporte une multitude de fonctionnalités (appelées extensions) à télécharger et à installer.

Joomla se caractérise de la manière suivante :

- Il est gratuit.
- Il est facile à utiliser par les concepteurs de sites et les opérateurs pour installer des sites Web privés.
- Il est très évolutif et offre une série impressionnante d'outils de gestion et de support.

Joomla peut être téléchargé sur `www.joomla.org`. L'extrême puissance de Joomla impose une énorme responsabilité à ses opérateurs (qui exécutent les serveurs sur lesquels Joomla est utilisé pour installer et gérer des sites Web privés) et uniquement à ses opérateurs (qui créent et gèrent ces sites privés).

Personnaliser CSS sur un SGC

C'est bien beau de traiter de SGC mais c'est avant tout un livre sur HTML (plus XHTML et CSS). Nous nous devons de plonger un peu plus dans les détails. Une fois de plus, nous n'allons pas explorer le fond du sujet mais aborder certains points des systèmes SGC présentés dans la section précédente et vous expliquer comment mettre à jour le HTML/CSS dans chacun d'eux.

Les trois systèmes, WordPress, Drupal et Joomla, utilisent différentes méthodes pour modifier le CSS. Cependant, pour tous ces systèmes, modifier le "thème" est la clé pour accéder et gérer la présentation des pages des sites sous leur contrôle.

WordPress et CSS

Il est très facile d'installer et de gérer les thèmes dans WordPress. Avec les compétences en CSS que vous offre ce livre, vous devriez même trouver simple de mettre à jour et d'optimiser l'apparence de tout thème prédéfini. En fait, vous pouvez utiliser vos connaissances pour créer vos propres thèmes en partant d'un thème WordPress prédéfini.

Dans un premier temps, connectez-vous à la page d'administration WordPress de votre site. Dans le tableau de bord principal, cliquez sur le lien Appearance dans le volet de gauche (celui avec la petite icône représentant des sections de page). Cet écran affiche le thème courant, vous indique comment activer d'autres thèmes et vous permet d'installer de nouveaux thèmes, comme le montre la Figure 17.1.

Figure 17.1 : Gestion basique du thème dans WordPress.

Pour modifier le thème courant, cliquez sur le lien Editor dans le volet Appearance. Le contenu principal de la feuille de style s'affiche dans une zone de saisie de texte dans l'écran principal. Autre possibilité : sélectionnez le style à modifier dans la catégorie Styles, située à droite de la page.

Ensuite, pour mettre à jour le CSS, il ne vous reste qu'à choisir un élément dans la feuille de style, le modifier et cliquer sur le bouton Update File (sous la zone de saisie). Ainsi, vous enregistrez vos modifications qui sont intégrées au thème. Préparez-vous à passer du temps à améliorer et optimiser vos pages jusqu'à être entièrement satisfait.

Dans notre exemple, nous voulons augmenter la taille de la police du texte du corps de notre site Web, ce qui revient à modifier l'entrée `#content` de la feuille de style. Pour ce faire, nous repérons l'élément `#content`, augmentons la taille de la police de `.76em` à `1em` et cliquons sur le bouton Update File. Reportez-vous à la Figure 17.2 pour constater les résultats avant (en haut) et après (en bas) la modification de la taille de la police.

Figure 17.2 : Avant (en haut) et après (en bas) la modification de la taille de la police sur le site WordPress.

Si vous travaillez sur des feuilles de style de l'un de ces systèmes SGC, il est plus simple de les extraire et de les importer dans votre machine. Ainsi, vous pouvez utiliser un éditeur adapté à CSS (ou au moins un éditeur de texte avec la fonctionnalité rechercher et remplacer) plutôt que l'éditeur de texte bien trop basique que ces systèmes vous fournissent.

Vous pouvez aussi modifier le CSS dans WordPress en utilisant une méthode complètement différente :

1. **Connectez-vous à votre site Web avec un client FTP.**
2. **Localisez le dossier CSS (généralement dans `/www/wp-content/themes`).**
3. **Sélectionnez votre dossier de thème courant.**
4. **Téléchargez la feuille de style principale.**

   Attention, il risque d'y avoir plusieurs styles avec l'extension de fichier `.css`.

5. **Modifiez le fichier en utilisant un éditeur de site Web.**
6. **Replacez le fichier de la feuille de style là où vous l'avez téléchargé.**

Pour plus d'informations sur la mise à jour de CSS et des tonnes d'autres caractéristiques de WordPress, faites-vous offrir *WordPress pour les Nuls*, signé Lisa Sabin-Wilson.

Drupal et CSS

Dans Drupal, les thèmes sont un peu plus impliqués et nécessitent plus d'effort pour être mis à jour que dans WordPress. Malgré tout, nous pensons que la méthode est fascinante !

Tout d'abord, vous devez savoir quel est le thème considéré comme le thème Drupal par défaut. Pour le savoir, suivez ces étapes :

1. **Connectez-vous à votre page d'administration Drupal.**
2. **Dans le volet Administrator, cliquez sur Site Building>Themes.**
3. **Dans la page Themes, localisez le nom du thème activé (repérez la case à cocher sélectionnée dans la colonne Enabled, comme le montre la Figure 17.3).**

   Retenez ce nom.

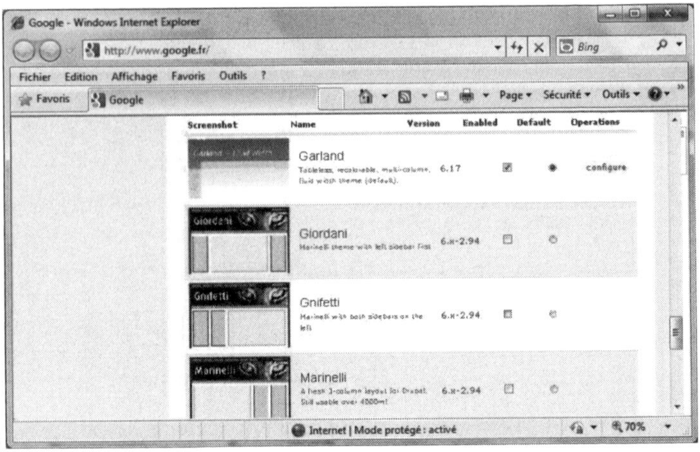

Figure 17.3 : La page Themes dans Drupal indique que le thème Garland est sélectionné.

4. **Connectez-vous à votre site Web avec un client FTP et localisez le dossier CSS.**

   Ce dossier se situe généralement dans le répertoire `/httpdocs/themes`.

5. **Sélectionnez le dossier du thème courant et téléchargez la feuille de style principale (stockée dans un fichier nommé** `style.css`**).**

   Dans cet exemple, nous voulons augmenter la taille du texte du corps de notre site donc nous ouvrons la feuille de style principale (attention, plusieurs fichiers se terminent par `.css` dans le dossier du thème).

6. **Modifiez ce fichier dans l'éditeur Web.**

   Nous ouvrons le fichier `style.css` avec un éditeur de site Web, localisons la balise `<body>` et modifions `font-size` de `12px` à `16px`.

7. **Rechargez le fichier modifié au même endroit.**

La Figure 17.4 montre la page d'origine (en haut) et la page modifiée (en bas).

Pour en savoir plus sur Drupal, lisez *Drupal for Dummies* de Lynn Beighley.

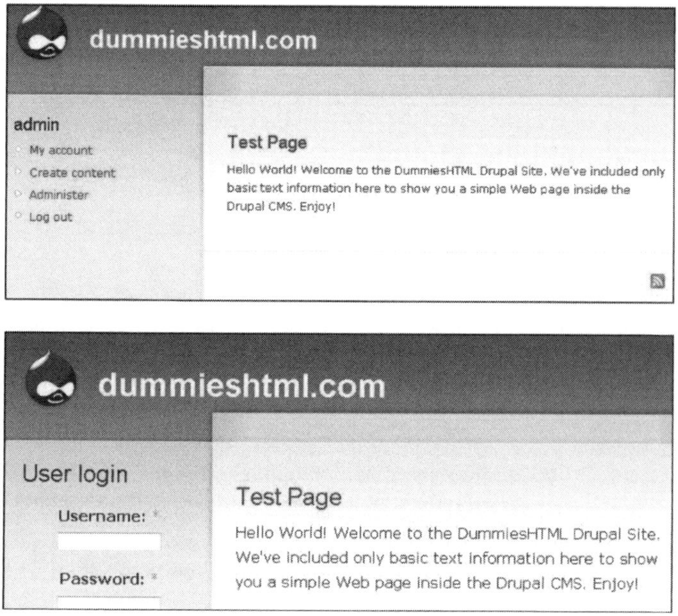

Figure 17.4 : Avant (en haut) et après (en bas) la modification de la taille de la police dans Drupal.

Joomla et CSS

Même si Joomla n'est pas aussi convivial que WordPress, la modification de thème dans Joomla est plus simple que dans Drupal mais pas basée sur FTP !

Pour modifier un thème en utilisant CSS dans Joomla, agissez comme suit :

1. **Connectez-vous à Joomla.**

2. **Dans la page Administration, cliquez sur Extensions>Template Manager.**

   Le gestionnaire de modèles est l'endroit où vous sélectionnez votre modèle, ce qui revient à sélectionner un thème dans WordPress ou Drupal.

   Vous disposez d'une liste de modèles installés et le modèle par défaut, activé pour votre site Web, est marqué d'une étoile jaune dans la colonne Default, comme le montre la Figure 17.5.

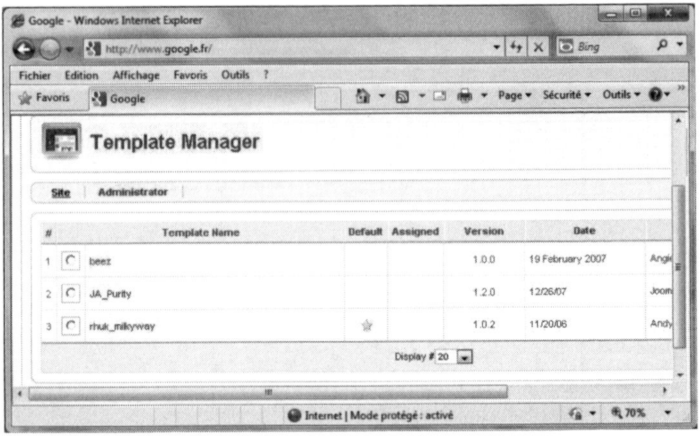

Figure 17.5 : Le gestionnaire de modèles Joomla marque le modèle actif d'une étoile jaune.

3. **Cliquez sur le nom du modèle désigné par l'étoile (c'est-à-dire la colonne la plus à gauche du tableau) pour avoir un aperçu de ce modèle.**

4. **Cliquez sur l'icône Edit CSS en haut à droite.**

   Une liste de fichiers CSS apparaît.

5. **Pour modifier l'un de ces fichiers, cliquez sur la case d'option située à gauche pour sélectionner un fichier spécifique puis cliquez sur l'icône Edit, située au-dessus du tableau, à droite.**

   Dans cet exemple, nous voulons augmenter la taille du texte du corps de notre site Web donc nous activons la case d'option à gauche du modèle CSS principal, appelé `template.css`. Puis nous cliquons sur l'icône Edit au-dessus du tableau. Le CSS du modèle sélectionné s'affiche dans une zone de saisie de texte.

6. **Modifiez le code CSS dans la zone de saisie de texte.**

   Par exemple, nous localisons la balise `<body>` et modifions `font-size` de `12px` à `16px`.

7. **Cliquez sur l'icône Save située au-dessus de la zone de saisie de texte pour appliquer vos modifications au fichier du modèle.**

   C'est tout ! Reportez-vous à la Figure 17.6 pour observer le site avant (en haut) et après (en bas) la modification de la taille de la police.

Pour plus d'informations sur Joomla, feuilletez *Joomla! pour les Nuls*, signé Steven Holzner et Nancy Conner.

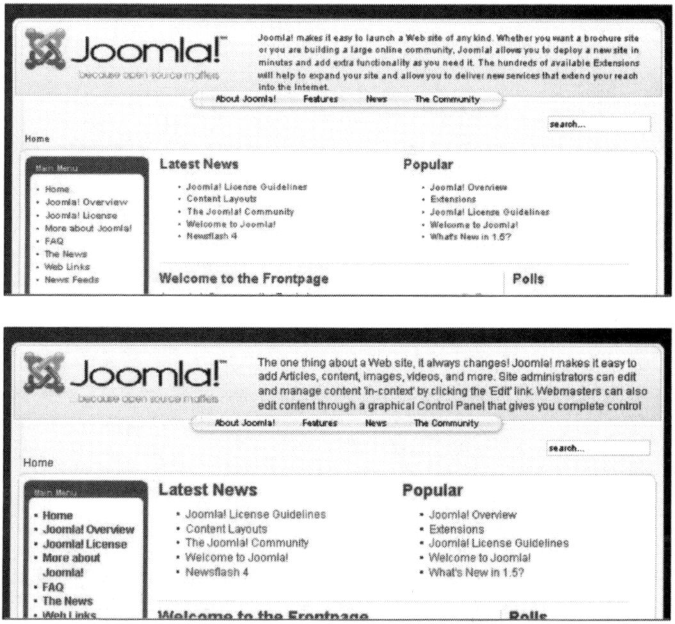

Figure 17.6 : Avant (en haut) et après (en bas) la modification de la taille par défaut de la police du corps de Joomla.

Partie V

Les Dix Commandements

"Depuis combien de temps est-ce qu'il programme nos balises META ?"

Dans cette partie

Dans cette partie, nous vous présentons de fascinants outils HTML, vous expliquons ce qu'il convient de faire et de ne pas faire avec le balisage HTML et vous aidons à traquer les bogues potentiels dans vos pages Web. Nous vous orientons aussi vers quelques sites de ressources et de spécifications sur HTML, XHTML et CSS. Profitez !

Chapitre 18

Dix choses à faire et à ne pas faire

Dans ce chapitre :

- Se concentrer sur le contenu.
- Ne pas abuser des images, des strass et des paillettes.
- Créer du HTML bien formulé puis le tester, le tester et le tester.
- Préserver l'intérêt d'un site après une première version.

HTML et XHTML ne sont ni particulièrement complexes, ni d'une difficulté insurmontable. Comme beaucoup de techniciens de haut vol l'affirment, HTML, ce n'est pas du chinois. Néanmoins, il convient de suivre quelques recommandations essentielles quant à ce qu'il faut faire et ce qu'il ne faut pas faire pour assurer le bon fonctionnement de pages Web que vous créez en HTML, XHTML et CSS. Considérez les humbles exhortations de ce chapitre comme des lignes de conduite à suivre pour ne pas vous écarter de votre objectif essentiel qui est de satisfaire vos utilisateurs.

Si certaines recommandations que nous avançons tout au long de ce livre semblent refaire surface dans ce chapitre (surtout en ce qui concerne l'usage correct ou incorrect du (X)HTML), ce n'est pas un hasard. Suivez nos prescriptions pour éviter les malédictions. Bien évidemment, ce sont de vos pages qu'il s'agit : vous pouvez faire ce que vous souhaitez. Mais au final, ce sont vos utilisateurs qui jugeront (nous ne dirons jamais "on vous l'avait dit !").

Se concentrer sur le contenu

Un site Web vit et meurt par son contenu. Qu'un site ait un sens, qu'il fournisse de l'information directement, facilement et efficacement, et qu'un utilisateur puisse raisonnablement s'attendre à trouver quelque chose de nouveau et d'intéressant à chaque visite ; ce sont des plus. Mais vous ne pouvez rien proposer de cela sans un contenu solide et utile, qui donne aux visiteurs une bonne raison de venir (et de revenir) sur votre site.

Nous en revenons donc à la question cruciale de la charge utile : le contenu de la page. Pourquoi ? Comme Darell Royal (un légendaire entraîneur de football des Longhorns de l'université du Texas dans les années 1960 et 1970) l'aurait prétendument dit à ses joueurs, "dansez avec qui vous êtes venu". En clair, cela signifie que vous devriez vous en remettre aux personnes qui vous ont toujours soutenu.

Nous ne savons pas très bien ce que cela peut vouloir dire pour le football mais en ce qui concerne le Web, cela signifie que vous devez garder foi en vos utilisateurs et considérer votre contenu comme essentiel. Si vous ne disposez pas d'un contenu solide et informatif, les utilisateurs ressentiront comme un vide lorsqu'ils liront vos pages Web. Ils repartiront alors vers des terres plus fertiles, à la recherche de contenu, où qu'il puisse se trouver.

TRUC

Pour satisfaire l'appétit de vos utilisateurs, faites figurer votre contenu le plus important sur les pages principales de votre site Web. Réservez le reste pour les pages secondaires. Le slogan qui résume ces paragraphes pourrait être : "Le balisage compte mais le contenu compte plus encore". Le Chapitre 3 vous explique comment proposer le meilleur contenu possible.

Structurer ses documents et son site

Pour les utilisateurs, une cartographie claire du contenu est aussi importante pour la page d'accueil de votre site que pour une encyclopédie en ligne. Lorsque des documents longs ou complexes se transforment en site Web équipé de toutes les options, cette cartographie devient évidemment encore plus essentielle. Idéalement, elle prend la forme d'un organigramme présentant l'organisation des pages et des liens. Si vous aimez utiliser des graphiques, vous pouvez afficher cet organigramme sous la forme d'une image dans la carte du site.

Nous sommes des adeptes de la conception *top-down* de pages : ne commencez pas à écrire votre contenu ou à placer des balises tant que vous ne savez pas ce que vous souhaitez dire ni comment vous souhaitez organiser votre propos. Commencez par créer votre document ou vos documents (X)HTML avec un papier et un crayon (ou tout autre outil de conception que vous préférez). Dessinez les relations à l'intérieur du contenu et entre vos pages. Sachez ce que vous voulez faire et quand vous souhaitez le faire avant de sortir l'artillerie lourde.

Un bon contenu découle d'une bonne organisation. Cette dernière vous aide à ne pas vous égarer durant la conception, le test, la mise en ligne et la maintenance de vos pages. L'organisation aide les utilisateurs à trouver leur chemin sur votre site. Est-il besoin d'en rajouter ? Oui, n'oubliez pas que *l'organisation change en permanence*. Revisitez et critiquez votre organisation régulièrement et n'hésitez pas à la modifier en fonction des changements du contenu.

Tirer le meilleur parti du minimum

Le balisage, le script et les feuilles de style offrent bien des possibilités. Mais toutes ne méritent pas d'être explorées, pas plus qu'un site Web ne peut se résumer à des images, des effets spéciaux et du texte clignotant. C'est votre conception et votre contenu qui doivent déterminer le balisage, les images et l'interaction pour que votre site Web n'égare pas les visiteurs.

Le mieux est parfois l'ennemi du bien, surtout en matière de pages Web. Essayez de concevoir et de réaliser vos pages en utilisant un minimum d'ornements et des agencements simples. Ne surchargez pas les pages avec des images ou de nombreux niveaux de titre. Veillez plutôt à ce que votre contenu soit facile à lire et à suivre pour limiter les défections des visiteurs et n'ajoutez que des liens qui apportent véritablement de la valeur ajoutée à votre site.

La multiplication gratuite de liens renvoyant vers des informations inutiles n'est l'amie de personne ; si vous êtes tenté de vous relier à une webcam qui filme un robinet qui fuit, résistez, résistez, résistez !

Les images existent pour *mettre en exergue* le contenu. Plus vous rajoutez de strass et de paillettes, plus vous détournez les visiteurs de votre contenu. Utilisez les images avec parcimonie, sagement, précautionneusement. Tout ce que vous rajoutez peut faire obstacle à l'accessibilité de votre contenu. Modérez le recours aux animations, aux liens et aux balises de mise en page ou votre message risque d'être dévoré par les fioritures.

Créer des pages attrayantes

Lorsque les utilisateurs visitent des pages Web structurées de manière cohérente pour mettre en valeur le contenu, il y a de grandes chances pour qu'ils se sentent bien accueillis. Ce qui est important, c'est de *compléter* le contenu avec des images et des liens et non d'assaillir les utilisateurs. Des pages jolies et où il est facile de naviguer ne font que rajouter à l'attrait de votre site pour la plus grande satisfaction de vos utilisateurs.

TRUC

Si vous avez besoin d'inspiration, naviguez sur le Web et recherchez les mises en page et les images qui vous plaisent. Prenez le temps d'analyser ce qui accroche votre regard : vous pourrez vous inspirer des principes de conception d'autrui sans avoir à voler les détails de ses dispositions ni son apparence (le plagiat n'est pas une solution).

Lorsque vous concevez vos documents Web, partez d'un agencement basique. Sélectionnez un jeu limité d'icônes et de symboles graphiques et adoptez un système de navigation sobre mais consistant. Utilisez les images avec parcimonie (oui, on vous l'a déjà dit) et faites-les aussi petites que possible ; limitez la taille, le nombre de couleurs, l'ombrage et ainsi de suite, tout en préservant leur attrait. Une fois que vous avez créé des outils de navigation simples et consistants, étiquetez-les clairement et utilisez-les partout. Vos pages peuvent être à la fois attrayantes et informatives si vous investissez un peu de temps et d'effort.

Garder la trace de ces balises

Si vous partez d'un balisage solide et d'un bon contenu et que vous vérifiez ensuite ce que vous avez construit pour vous assurer que tout fonctionne comme prévu (et véhicule ce qui est attendu), vous posez les bases d'un bon site Web. Mais une fois que votre construction est terminée, les tests commencent. Et c'est seulement quand les tests fournissent des résultats positifs que vous devez ouvrir vos portes virtuelles au public.

Lorsqu'on conçoit un document, il est facile d'oublier d'utiliser des balises fermantes, même si elles sont obligatoires (par exemple, le `</a>` qui ferme la balise ancre ouvrante `<a>`). Lorsque vous testez des pages Web, quelques navigateurs peuvent corriger automatiquement votre erreur, vous berçant dans une sécurité trompeuse.

N'OUBLIEZ PAS

Le Web est un monde cruel où il n'est pas possible de s'en remettre à la gentillesse des étrangers. Scrutez vos balises pour prévenir les problèmes qu'elles risquent de poser aux navigateurs qui pourraient alors se révéler peu tolérants face à vos erreurs. La validation est toujours une bonne solution (utilisez `http://validator.w3.or`) !

Quant aux messages publicitaires de quelques vendeurs d'outils de conception HTML ("Inutile de connaître HTML !"), tout ce que nous avons à dire c'est "Mais bien sûûûr...". HTML est à la base des pages Web ; si vous le comprenez, vous pouvez corriger les problèmes qu'il peut vous poser sans trop de difficultés. C'est pourquoi vous êtes bien le seul à pouvoir assurer que le fonctionnement interne de vos pages est correct, que vous les créiez vous-même ou à l'aide d'un programme quelconque.

Nous pourrions discuter du sujet sans relâche mais nous allons faire preuve de miséricorde et limiter nos remarques aux points les plus pertinents :

- **Conservez la trace de vos balises pendant que vous écrivez ou modifiez le HTML à la main.** Si vous ouvrez une balise (qu'il s'agisse d'une ancre, d'une zone de texte ou autre), créez la balise fermante correspondante immédiatement, même si vous devez ajouter du contenu entre les deux. Notez que la plupart des éditeurs HTML le feront automatiquement.
- **Utilisez un vérificateur de syntaxe pour valider votre travail durant le processus de test.** Les vérificateurs de syntaxe sont des outils automatiques qui trouvent les balises manquantes ou les erreurs. Utilisez-les lorsque vous créez vos pages à la main ou à l'aide d'un logiciel. Vous trouverez le validateur gratuit du W3C sur `http://validator.w3.org`.
- **Testez vos pages avec autant de navigateurs que possible.** Ainsi, vous pouvez non seulement détecter les balises manquantes mais aussi révéler des erreurs de conception ou des dépendances à des navigateurs (traitées dans la section "Eviter les dépendances aux navigateurs", plus loin dans ce chapitre). Cet exercice permet aussi de vérifier les textes alternatifs. C'est pourquoi nous testons nos pages avec Lynx (un navigateur en mode texte). Demandez à vos amis, collègues et collaborateurs de tester votre travail et d'utiliser autant de navigateurs que possible.
- **Respectez toujours la syntaxe et les règles de mise en page du document HTML.** Ce n'est pas parce que la plupart des navigateurs n'exigent pas la présence d'éléments tels que `<html>`, `<head>` et `<body>` que vous pouvez vous permettre de les omettre. Cela signifie que les navigateurs ne vous signalent pas que vous avez commis une erreur. Mais votre audience n'est pas

constituée de navigateurs ; elle est constituée de personnes qui peuvent utiliser des navigateurs moins tolérants.

Même si HTML n'est pas précisément un langage de programmation, il est toujours utile de le traiter comme tel. Respectez le format et la syntaxe pour vous éviter des ennuis, testez soigneusement et vérifiez votre travail plutôt deux fois qu'une pour vous assurer un haut degré de qualité, une conformité aux normes et un site Web sans erreurs.

Eviter les dépendances aux navigateurs

Quand vous créez des pages Web, la tentation est grande de visualiser le résultat uniquement avec votre navigateur favori. C'est pourquoi vous devez toujours garder à l'esprit que les utilisateurs naviguent sur le Web, sur vos pages en particulier, en utilisant des navigateurs différents.

Durant les phases de conception et de rédaction, vous allez probablement basculer régulièrement de votre éditeur de pages Web à la fenêtre du navigateur pour observer le résultat. À ce moment, vous devrez basculer de votre navigateur vers plusieurs autres navigateurs pour tester vos pages (dont au moins un navigateur en mode texte, tel que Lynx). Cela vous aidera à savoir comment vos pages sont visualisées et aussi à vous concentrer sur le contenu. Utiliser un navigateur en mode texte est aussi un excellent moyen pour vous assurer que votre site sera accessible aux déficients visuels.

Testez la page Spoon Browser Sandbox sur `www.spoon.net/browsers`. Elle vous permet d'émuler différents navigateurs sur un PC Windows, y compris plusieurs versions d'Internet Explorer, Firefox, Chrome, Safari et Opera. Vous pouvez aussi utiliser les serveurs Telnet gratuits avec Lynx (un navigateur en mode caractère). Sinon, visitez `http://brainstormsandraves.com/articles/browsers/lynx` pour une bonne discussion sur l'art et la manière d'utiliser Lynx pour tester des pages Web (vous trouverez aussi des liens pour télécharger Lynx pour Windows, DOS, Mac OS et d'autres plateformes). Il existe même une extension gratuite de Firefox pour prévisualiser une page dans une fenêtre simulant le fonctionnement de Lynx sur `https://addons.mozilla.org/en-US/firefox/addon/1944`.

Vous devez tester vos pages de différentes manières durant le test et la maintenance. Utilisez plusieurs plateformes ; essayez des navigateurs graphiques ou en mode texte pour visualiser chaque page. Tester prend du temps mais c'est à ce prix que les pages se révèlent faciles à lire pour tout le monde. Vous aidez aussi les visiteurs qui accèdent à votre contenu à partir de plateformes différentes de la vôtre en rendant vos pages indépendantes de ces dernières. Pourquoi limiter votre audience potentielle ?

Si plusieurs pages de votre site utilisent la même base de (X)HTML, créez un modèle pour ces pages. Testez le modèle avec autant de navigateurs que possible. Lorsque vous êtes certain que le modèle est indépendant du navigateur, utilisez-le pour créer d'autres pages. Ceci vous aide à présenter correctement chaque page, quels que soient les navigateurs que vos visiteurs utilisent, tout en vous donnant l'occasion d'enrichir votre connaissance en HTML.

Faciliter la navigation sur le site

Les utilisateurs qui visualisent la splendeur de votre site ne veulent pas s'entendre dire qu'*ils ne peuvent pas aller d'ici à là*. Les aides à la navigation sont essentielles sur un site Web. Une barre de navigation doit se trouver toujours au même emplacement et utiliser des contrôles pour aider les utilisateurs à se rendre de A à B. Une utilisation judicieuse des liens et une attention portée à la longueur des pages épargnent aux visiteurs la nécessité de faire défiler la fenêtre pour consulter le contenu. Des ancres permettent de se déplacer plus facilement dans les écrans suivant et précédent, de même que vers le haut, vers l'index et vers le bas de n'importe quel document. Il faut que tout soit simple, que ce soit facile de naviguer sur votre site ou du moins que cela apparaisse comme tel aux yeux de l'utilisateur.

Nous croyons en la règle du *défilement minimal* : les utilisateurs ne devraient pas avoir à faire défiler vos pages sur plus d'un écran à partir d'un certain point qui les intéresse pour parvenir à une aide à la navigation leur permettant de se rendre à un autre point. Et surtout, bannissez le défilement horizontal !

Nous ne pensons pas que les barres de navigation soient obligatoires, ni que les noms des liens qu'elle contient doivent toujours être les mêmes. Mais nous pensons que plus vous donnez de contrôle aux utilisateurs sur leur lecture, plus ils se sentent à l'aise. Plus un document est long, plus l'urgence d'un système de navigation interne à la page se fait sentir. Il est recommandé de le faire apparaître toutes les trente lignes dans vos documents (ou dans un cadre à part, si vous utilisez des cadres).

Penser évolution, pas révolution

La tendance à se reposer sur ses lauriers une fois un site Web mis en ligne est presque irrésistible. Rien n'interdit de se reposer mais il ne faut pas délaisser votre site trop longtemps, sans en rafraîchir le contenu. Si vous conservez de l'intérêt pour votre site après son lancement, votre contenu ne deviendra jamais obsolète. En un mot, faites ce que vous pouvez (et ce que vous devez) pour rester au top et vous trouverez de l'intérêt à y rester, tout comme vos visiteurs !

Avec le temps, les pages Web se modifient et s'allongent. Gardez un œil toujours neuf sur votre travail et sollicitez l'avis d'autres personnes qui n'ont jamais vu votre site auparavant pour éviter ce que nous appelons la *tolérance organique*.

Ce concept peut être illustré en recourant à la métaphore du miroir. Vous contemplez votre visage chaque matin dans le miroir ; vous le connaissez intimement, si bien que vous n'êtes pas sensible à la manière dont il change progressivement. Puis un jour, vous vous voyez sur une photo ou une vidéo ou à travers les yeux d'un vieil ami. À cet instant, vous réalisez l'ampleur des changements perceptibles par le reste du monde et vous vous exclamez : "J'ai carrément vieilli !"

Les modifications apportées aux pages Web sont généralement évolutives, pas révolutionnaires. Elles résultent de petites modifications apportées chaque jour ; les grands bouleversements sont rares. Néanmoins, vous devez rester calés sur la structure sous-jacente de vos pages et sur leurs exigences de lisibilité tandis que leur contenu évolue. Peut-être que le manque de liens à l'écran pour se rendre à chaque section de votre catalogue de produits n'importait pas lorsque ce dernier ne comprenait que trois articles mais maintenant que vous en proposez vingt-cinq, c'est devenu indispensable. Vous savez que la forme doit s'adapter à la fonction. Sur le Web, cela signifie que la structure de votre site doit suivre les modifications apportées au contenu. Si vous évaluez régulièrement la capacité de votre site Web à faire passer des messages, vous saurez quand il est temps de lui apporter de grandes ou de petites modifications.

C'est pourquoi l'avis des utilisateurs est essentiel. Si vous n'avez aucun retour ni par les formulaires, ni par e-mail, sollicitez plus clairement vos utilisateurs. Si vous ne savez pas ce que vous êtes en train de faire, comment pourrez-vous savoir si vous faites bien ?

Eviter le piège du texte à deux dimensions

Conditionnés par des siècles d'impression et du fait de la nature linéaire des livres, nos esprits ont besoin de s'habituer. La non-linéarité potentielle de l'hypermédia donne un sens nouveau au terme *document*, surtout sur le Web. Il peut être tentant de farcir des pages de fonctionnalités. Mais faites attention : ne recourez à l'hypermédia que si cela :

- Procure un intérêt.
- Enrichit votre contenu.
- Produit un impact important et pertinent sur les utilisateurs.

Dans la limite de ces contraintes, de tels matériaux peuvent nettement enrichir l'expérience de vos utilisateurs sur votre site.

Sortir avec intelligence du mode de raisonnement linéaire peut rendre la navigation plus intéressante sur votre site. C'est pourquoi nous vous incitons à utiliser des tables des matières, des renvois, des liens vers des documents pertinents et tout autre outil qui aide les utilisateurs à naviguer sur votre site. Considérez le rôle des liens lorsque vous contemplez les pages Web produites par autrui ; c'est le moyen le plus rapide pour sortir du piège du texte à deux dimensions (la presse imprimée était à la pointe en son temps mais c'était il y a presque 600 ans !). Si vous recherchez un modèle à suivre pour votre site Web, ne pensez pas à une brochure en quadrichromie, aussi accrocheuse qu'elle puisse être ; pensez à la manière dont votre service clientèle s'adresse chaque jour aux clients par téléphone ("*Que puis-je faire pour vous* ?").

Etre vigilant pour surmonter l'inertie

C'est humain de se dérober après avoir terminé un gros travail. La maintenance n'est pas un travail aussi valorisant mais elle n'en constitue pas moins une activité indispensable pour garder votre site en vie. Les sites qui ne sont pas maintenus deviennent souvent des sites fantômes. Les utilisateurs cessent de les visiter lorsque les développeurs cessent de travailler dessus. N'ayez pas peur ; un peu de travail et d'attention permet de conserver la fraîcheur de vos pages. Si vous commencez par quelque chose de valable et que vous continuez de lui ajouter de la valeur, votre site prendra de la valeur avec le temps, tout comme n'importe quel chef-d'œuvre. Commencez avec quelque chose de valable et laissez-le en jachère, il perdra bientôt toute sa valeur.

Gérez votre site Web comme un mécanicien gère un avion : une vraie maintenance est essentielle, vitale ; elle mérite que vous vous y consacriez pleinement sans quoi vous risquez le crash. Un site Web est un véhicule pour informations. Sa maintenance requiert discipline et respect. Rendez-vous sur `www.disobey.com/ghostsites/index.shtml` pour une présentation humoristique de sites Web.

Planifiez votre maintenance pour vous y tenir. Demandez à quelqu'un de passer du temps régulièrement sur le site ; vérifiez que ce travail est bien fait. Si quelqu'un est explicitement désigné pour procéder à des mises à jour, des modifications et des améliorations sur le site, il encouragera les autres contributeurs à s'investir lorsque le moment prévu pour la maintenance arrivera. Rapidement, chacun se trouvera impliqué dans la mise à jour des informations, comme ce devrait être le cas. Cela encouragera vos visiteurs à revenir pour en savoir plus !

Index

A

B

C

D

E

F

L

M

N

O

P

R

S

T

U

V

W

X

Y

Z

CPI
AUBIN IMPRIMEUR
Aubin Imprimeur - *Ligugé* D.L. décembre 2011 / Impr. : 1111.0774